EGU The Easiest Grammar & Usage 영문법
문법 써먹기

지은이	쎄듀 영어교육연구센터
디렉터	인지영
기획 • 개발 • 편집	TinyFolds
마케팅	콘텐츠 마케팅 사업본부
영업	문병구
제작	정승호
디자인	9th Design, 전수경
일러스트	김혜령
영문교열	Adam Miller, Matthew Williams

펴낸이	김기훈 · 김진희
펴낸곳	(주)쎄듀 / 서울시 강남구 논현로 305 (역삼동)
발행일	2018년 10월 15일 초판 1쇄
내용문의	www.cedubook.com
구입문의	콘텐츠 마케팅 사업본부
	Tel. 02-6241-2007
	Fax. 02-2058-0209
등록번호	제 22-2472호
ISBN	978-89-6806-130-1

문법
써먹기

PREVIEW

The **E**asiest **G**rammar & **U**sage
문법 써먹기

중학교 1학년 교과서에 나오는 문법을 빠짐없이 정리하고, 단계적 연습 문제를 통해
학교 서술형 시험에 효과적으로 대비할 수 있습니다.

써먹기 문법과 주제 확인하기
귀여운 캐릭터 Ben과 친구들이 등장하는 재미있는
만화를 통해 학습할 내용을 미리 알아봅니다.

Grammar 알고 써먹기
문법과 주제가 녹아 있는 짧은 글이나
대화를 읽으면서, 문법 학습을 준비합니다.

Training ❶ 기본 형태 연습하기
문법 형태를 알고 쓰는 연습을 통해
앞에서 학습한 내용을 확인합니다.

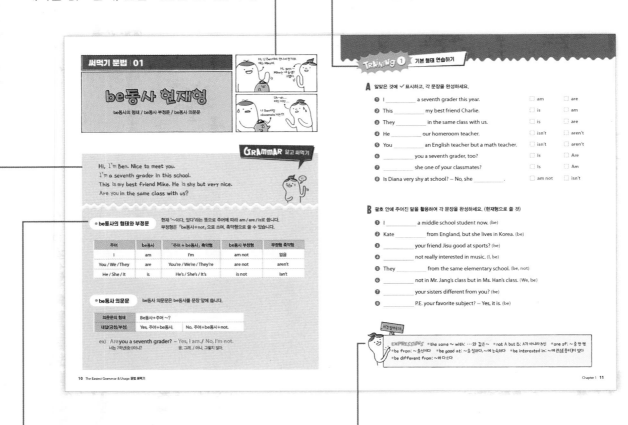

알기 쉽게 정리한 설명, 도표, 예문 등을 통해
문법을 이해하고 학습합니다.

이건 알아두기
예문에 들어있는 중요 표현들을 학습합니다.

Training ❷ 통문장 전환하기

해당 문법을 포함한 문장으로 바꿔 쓰는 연습을
통해, 문장 레벨에서 다시 한번 확인합니다.

Training ❸ 영어 문장 완성하기

우리말 의미에 맞게 단어를 배열하거나 주어진
표현을 활용하여 영어 문장을 완성합니다.

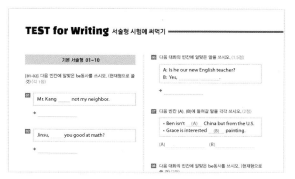

TEST for Writing 서술형 시험에 써먹기

학교 서술형 시험 유형으로 배운 문법을 실전모드에서
활용합니다.

Chapter Review로 복습하기

해당 Chapter에서 배운 써먹기 문법과 어휘들을
한데 모아, Chapter Review에서 마무리합니다.

WORKBOOK

워크북으로 배운 내용을 다시 한번 복습합니다.

부가서비스

www.cedubook.com에서 무료 부가서비스를 다운로드
하세요.

① 어휘리스트　　　② 어휘테스트

교사용 부가서비스

교강사 여러분께는 위 부가서비스를 비롯하여, 문제 출제
활용을 위한 한글 파일, 수업용 PPT/PDF 파일, 챕터별 추
가 서술형 문제를 제공해 드립니다.

파일 신청 및 문의는 book@ceduenglish.com

CONTENTS

WORKBOOK
정답 및 해설

Chapter 1

동사, 조동사 써먹기

be동사 현재형

be동사의 형태 / be동사 부정문 / be동사 의문문

GRAMMAR 알고 써먹기

Hi, I'm Ben. Nice to meet you.
I'm a seventh grader in this school.
This is my best friend Mike. He is shy but very nice.
Are you in the same class with us?

● **be동사의 형태와 부정문**

현재 '~이다, 있다'라는 뜻으로 주어에 따라 am / are / is로 씁니다.
부정형은 「be동사 + not」으로 쓰며, 축약형으로 쓸 수 있습니다.

주어	be동사	「주어 + be동사」 축약형	be동사 부정형	부정형 축약형
I	am	I'm	am not	없음
You / We / They	are	You're / We're / They're	are not	aren't
He / She / It	is	He's / She's / It's	is not	isn't

● **be동사 의문문**   be동사 의문문은 be동사를 문장 앞에 씁니다.

의문문의 형태	Be동사+주어 ~?	
대답(긍정/부정)	Yes, 주어+be동사.	No, 주어+be동사+not.

ex) **Are** you a seventh grader? – Yes, I am. / No, I'm not.
너는 7학년(중1)이니?   응, 그래. / 아니, 그렇지 않아.

TRAINING 1 · 기본 형태 연습하기

A 알맞은 것에 ✔ 표시하고, 각 문장을 완성하세요.

❶ I _____ a seventh grader this year. ☐ am ☐ are

❷ This _____ my best friend Charlie. ☐ is ☐ am

❸ They _____ in the same class with us. ☐ is ☐ are

❹ He _____ our homeroom teacher. ☐ isn't ☐ aren't

❺ You _____ an English teacher but a math teacher. ☐ isn't ☐ aren't

❻ _____ you a seventh grader, too? ☐ Is ☐ Are

❼ _____ she one of your classmates? ☐ Is ☐ Am

❽ Is Diana very shy at school? — No, she _____. ☐ am not ☐ isn't

B 괄호 안에 주어진 말을 활용하여 각 문장을 완성하세요. (현재형으로 쓸 것)

❶ I _____ a middle school student now. (be)

❷ Kate _____ from England, but she lives in Korea. (be)

❸ _____ your friend Jisu good at sports? (be)

❹ _____ not really interested in music. (I, be)

❺ They _____ from the same elementary school. (be, not)

❻ _____ not in Mr. Jang's class but in Ms. Han's class. (We, be)

❼ _____ your sisters different from you? (be)

❽ _____ P.E. your favorite subject? — Yes, it is. (be)

이건 알아두기!

EXPRESSIONS ▪ the same ~ with: …와 같은~ ▪ not A but B: A가 아니라 B인 ▪ one of: ~중 한 명 ▪ be from: ~출신이다 ▪ be good at: ~을 잘하다, ~에 능숙하다 ▪ be interested in: ~에 관심[흥미]이 있다 ▪ be different from: ~와 다르다

💥 다음 예시와 같이 문장을 바꿔 쓰세요.

> **Example)** She **is** our homeroom teacher. (부정문)
> → *She **isn't[is not]** our homeroom teacher.*

① I am a sixth grader at this school.
→

② You are in the same English class with us.
→

③ Ms. Jin is one of our teachers.
→

④ My friend Mina is shy and calm.
→

⑤ Amy and Tom are from a different school.
→

> **Example)** Mr. Green **is** nice to his neighbors. (의문문)
> → *__Is__ Mr. Green nice to his neighbors?*

⑥ You are a new student in this class.
→

⑦ Jenny is interested in the movie club.
→

⑧ Mr. Hardy is a nice and active person.
→

⑨ She is different from her friends.
→

⑩ Your friends are good at science.
→

✳ 우리말을 참고하여 다음 예시와 같이 문장을 완성하세요.

Example) 내 친구 Jason은 키가 크고 멋지다. (friend / and cool / Jason / tall / is / my / .)

→ _____ *My friend Jason is tall and cool.* _____

① 민지는 나의 반 친구가 아니다. (is / my / Minji / not / classmate / .)

→ _____

② 너는 Dona의 새로운 친구니? (new / you / Dona's / are / friend / ?)

→ _____

③ 그들은 우리에게 별로 친절하지 않다. (aren't / they / us / kind / very / to / .)

→ _____

④ Tom은 스포츠를 매우 잘한다. (good / is / very / sports / Tom / at / .)

→ _____

⑤ Kelly는 말랐지만 매우 튼튼하다. (very / is / Kelly / strong / skinny / but / .)

→ _____

Example) Rob은 나와 같은 학년이다. (the same)

→ Rob ____*is*____ in ____*the*____ ____*same*____ grade with me.

⑥ 나는 6학년이 아니라, 7학년이다. (not ~ but …)

→ _____ _____ a sixth grader _____ a seventh grader.

⑦ Jane은 내 이웃인데, 그녀는 영국 출신이다. (be from)

→ Jane is my neighbor, and she _____ _____ England.

⑧ 너는 음악과 미술에 흥미가 있니? (be interested in)

→ _____ you _____ _____ music and art?

⑨ Jessie는 내 여동생이 아니다. 그녀는 내 사촌들 중 한 명이다. (one of)

→ Jessie is not my sister. She _____ _____ _____ my cousins.

⑩ 우리 영어 반은 그들의 반과는 다르다. (different from)

→ Our English class _____ _____ _____ theirs.

TEST for Writing 서술형 시험에 써먹기

기본 서술형 01-10

[01-02] 다음 빈칸에 알맞은 be동사를 쓰시오. (현재형으로 쓸 것) (각 1점)

01
Mr. Kang _____ not my neighbor.

→ _____

02
Jinsu, _____ you good at math?

→ _____

03 다음 밑줄 친 부분을 축약형으로 각각 바꿔 쓰시오. (1점)

You are not an elementary school student.
You are a middle school student now.

→ _____, _____

[04-05] 다음 주어진 우리말과 일치하도록 빈칸에 알맞은 말을 쓰시오. (각 1.5점)

04
그녀는 나와 같은 반이 아니다.

→ _____ _____ in the same class with me.

05
그는 네 형들 중 한 명이니?

→ _____ _____ one of your brothers?

06 다음 대화의 빈칸에 알맞은 말을 쓰시오. (1.5점)

A: Is he our new English teacher?
B: Yes, _____ _____.

→ _____

07 다음 빈칸 (A), (B)에 들어갈 말을 각각 쓰시오. (2점)

• Ben isn't ___(A)___ China but from the U.S.
• Grace is interested ___(B)___ painting.

(A)_____ (B)_____

08 다음 대화의 빈칸 (A), (B)에 알맞은 be동사를 쓰시오. (현재형으로 쓸 것) (2점)

A: Is your sister's name Ann?
B: No, it ___(A)___ . It ___(B)___ Sally.

(A)_____ (B)_____

09 다음 대화의 밑줄 친 우리말을 영어로 바르게 옮기시오. (2점)

A: Are you in this English class?
B: 아니, 그렇지 않아.

→ _____

10 다음 문장에서 어색한 곳을 찾아 바르게 고치시오. (1.5점)

I aren't a student but a teacher in this school.

→ _____ → _____

수준별 서술형 11-13

11 괄호 안의 지시대로 문장을 바꿔 쓰시오. (3점)

(1) You are late for class. (부정문)

→ _____

(2) Is Ms. Han your new neighbor? (평서문)

→ _____

(3) Jisu is a new student in our class. (의문문)

→ _____

12 다음 영어 문장을 우리말로 바르게 옮기시오. (3점)

(1) Mira is very good at playing basketball.

→ _____

(2) Sam isn't from London but from New York.

→ _____

(3) Are you in the same math class with me?

→ _____

13 다음 각 질문에 대한 자신의 답을 영어 문장으로 쓰시오. (3점)

(1) Q: Are you a middle school student now?

A: _____

(2) Q: What subject are you interested in?

A: _____

고난도 서술형 14-15

14 다음 그림과 설명을 참고하여, 반 친구를 소개하는 글을 완성하시오. (3점)

Name: Daniel Anderson
Age: 13 years old
Country: the U.S.
Personality: honest and kind

Let me introduce one of my classmates.

His name (1) _____.

(2) _____ years old.

(3) _____ the U.S.

He's honest and kind.

15 다음 그림을 참고하여, 글에서 틀린 문장을 찾아 밑줄 긋고 바르게 고쳐 쓰시오. (3점)

Mr. Jackson is my new neighbor. He is tall and very nice. He's also my school teacher. He is a math teacher but an English teacher.

→ _____

일반동사 현재형

일반동사의 형태 / 일반동사 부정문 / 일반동사 의문문

오늘 아침에 엄청 busy했어.
8시에 get up해서 밥도 못 먹고 …

내가 아침형 인간의
know-how를
가르쳐 주지!

9시에 잔다니…
너 무슨 grandfather야?
난 6시에 일어나서
jogging하고 breakfast를
먹어. 너도 나처럼 9시에
go to bed하면 돼!

GRAMMAR 알고 써먹기

Mike gets up at 6 in the morning.
After that, he goes jogging and takes a shower.
He has breakfast at 8. He does not skip breakfast.
Unlike him, I don't get up early. So I hurry to school every day.

● **일반동사의 형태**

일반동사는 '~하다'라는 뜻을 가집니다. 주어가 1·2인칭이거나 복수일 때는 동사원형을 쓰고, 주어가 3인칭 단수일 때는 다음과 같이 형태가 달라집니다.

일반동사	3인칭 단수형	예
대부분의 동사	동사원형+s	come – comes / get – gets / play – plays
-o, -s, -x, -ch, -sh로 끝나는 동사	동사원형+es	do – does / go – goes / pass – passes / mix – mixes / catch – catches / finish – finishes
〈자음+y〉로 끝나는 동사	y를 i로 고친 후+es	cry – cries / study – studies / try – tries
기억해야 할 동사		have – **has**

● **부정문과 의문문**

일반동사 부정문과 의문문도 주어의 수에 따라 형태가 다릅니다.

	1·2인칭 / 복수	3인칭 단수
부정문	don't[do not]+동사원형	doesn't[does not]+동사원형
의문문	Do+주어+동사원형 ~?	Does+주어+동사원형 ~?
대답(긍정/부정)	Yes, 주어+do. / No, 주어+don't.	Yes, 주어+does. / No, 주어+doesn't.

A 알맞은 것에 ✔ 표시하고, 각 문장을 완성하세요.

❶ Mike _____ exercise in the morning. ☐ get ☐ gets

❷ I _____ my face and brush my teeth at 7:30. ☐ wash ☐ washes

❸ Heemin _____ a bus to school every day. ☐ take ☐ takes

❹ He _____ school at 3 and goes to the library. ☐ finishes ☐ finish

❺ I like healthy food. I _____ like fast food. ☐ don't ☐ doesn't

❻ Kelly _____ like horror movies. ☐ don't ☐ doesn't

❼ _____ you have English lessons today? ☐ Do ☐ Does

❽ Does he play badminton? – Yes, he _____. ☐ do ☐ does

B 괄호 안에 주어진 말을 활용하여 각 문장을 완성하세요. (현재형으로 쓸 것)

❶ We _____ lunch at 12:00 o'clock and then play soccer. **(have)**

❷ Ken gets up around 7 and _____ a shower. **(take)**

❸ Mr. Smith _____ to work on weekdays. **(drive)**

❹ She doesn't _____ meat. She likes vegetables. **(eat)**

❺ I _____ like sports, but I go jogging on the weekend. **(do, not)**

❻ He _____ sleep late on the weekend. **(do, not)**

❼ _____ he go to see a movie every Saturday? **(do)**

❽ Do you go to bed after 10 p.m.? – Yes, I _____. **(do)**

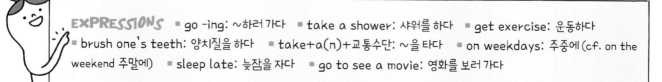

EXPRESSIONS ▪ go -ing: ~하러 가다 ▪ take a shower: 샤워를 하다 ▪ get exercise: 운동하다 ▪ brush one's teeth: 양치질을 하다 ▪ take+a(n)+교통수단: ~을 타다 ▪ on weekdays: 주중에 (cf. on the weekend 주말에) ▪ sleep late: 늦잠을 자다 ▪ go to see a movie: 영화를 보러 가다

💥 다음 예시와 같이 문장을 바꿔 쓰세요.

Example) I get up early every morning. (부정문)
→ _____ I **don't[do not]** get up early every morning. _____

❶ Bomi walks to school every day.

→ _____

❷ The boys play baseball after school.

→ _____

❸ Mr. Johns eats lunch at work.

→ _____

❹ My brothers come home at 6 on weekdays.

→ _____

❺ She goes shopping on the weekend.

→ _____

Example) You go to the library after school. (의문문)
→ _____ **Do** you go to the library after school? _____

❻ He drinks a cup of coffee every morning.

→ _____

❼ Bobbie skips lunch during the mid-terms.

→ _____

❽ You take piano lessons twice a week.

→ _____

❾ Anna drives home after work and has dinner.

→ _____

❿ Jina and her sister go to bed before 10.

→ _____

💥 우리말을 참고하여 다음 예시와 같이 문장을 완성하세요.

> **Example)** 미나는 지하철을 타고 학교에 간다. (takes / Mina / to / subway / school / the / .)
>
> → _____Mina takes the subway to school._____

① 너는 방과 후에 도서관에 가니? (to / after / you / the / school / go / library / do / ?)

→ _____

② Henry는 매일 아침 운동을 한다. (every / Henry / exercise / gets / morning / .)

→ _____

③ 그는 점심을 먹고 난 후 양치질을 하니? (lunch / he / does / his / after / teeth / brush / ?)

→ _____

④ 나는 주말에 집에서 TV를 본다. (watch / on / at / I / TV / weekend / home / the / .)

→ _____

⑤ 그녀는 여름에 수영하러 가지 않는다. (swimming / she / summer / go / doesn't / in / .)

→ _____

> **Example)** 나는 하루에 세 번 양치질을 한다. (brush, teeth)
>
> → I _____brush_____ _____my_____ _____teeth_____ three times a day.

⑥ 엄마는 8시에 집을 나서서 직장까지 버스를 타고 가신다. (take, bus)

→ Mom leaves home at 8 and _____ _____ _____ to work.

⑦ 나는 보통 저녁에 샤워를 한다. (take, shower)

→ I usually _____ _____ _____ in the evening.

⑧ 그는 휴일에 늦잠을 잔다. (sleep late)

→ He _____ _____ on holidays.

⑨ 우리는 그 가게에 쇼핑을 하러 가지 않는다. (go shopping)

→ We _____ _____ _____ at that store.

⑩ 그녀는 주말에 공부를 하지 않는다. (on the weekend)

→ She _____ study _____ _____ _____ .

TEST for Writing 서술형 시험에 써먹기

기본 서술형 01-10

[01-02] 다음 빈칸에 알맞은 do동사를 쓰시오. (현재형으로 쓸 것) (각 1점)

01

Jisu _____ not play tennis.

→ _____

02

_____ you wear uniforms at school?

→ _____

[03-04] 다음 주어진 우리말과 일치하도록 빈칸에 알맞은 말을 쓰시오. (각 1.5점)

03

그녀는 8시에 아침을 먹는다.

→ _____ _____ breakfast at 8.

04

그는 아침에 조깅을 하러 가니?

→ _____ he _____ jogging in the morning?

[05-06] 다음 대화의 빈칸에 알맞은 말을 쓰시오. (각 1.5점)

05

A: Do you go to the library after school?
B: No, _____ _____. I take English lessons.

→ _____

06

A: Does she take a bus to school?
B: No, she _____. She walks to school.

→ _____

07 다음 두 문장의 빈칸에 공통으로 들어갈 말을 쓰시오. (1.5점)

• Does she _____ a shower every day?
• They will _____ a train to Busan.

→ _____

08 다음 괄호 안의 단어들을 바르게 배열하여 문장을 완성하시오. (필요하면 형태를 바꿀 것) (2점)

A: Does he like comedy movies?
B: No. He (like / movies / horror).

→ _____

09 다음 대화의 밑줄 친 우리말을 영어로 바르게 옮기시오. (2점)

A: Does Mr. Jang teach art?
B: 아니, 그렇지 않아. He teaches music.

→ _____

10 다음 문장에서 어색한 곳을 찾아 바르게 고치시오. (1.5점)

Jen studys English hard for the mid-terms.

→ _____ → _____

수준별 서술형 11-13

11 괄호 안의 지시대로 문장을 바꿔 쓰시오. (3점)

(1) He gets up early in the morning. (부정문)

➜ _____

(2) Ms. Dane goes to work by car. (의문문)

➜ _____

(3) Frank gets exercise on the weekend.
(주어를 we로)

➜ _____

12 다음 영어 문장을 우리말로 바르게 옮기시오. (3점)

(1) Jen goes to see a movie every Sunday.

➜ _____

(2) I don't come back home late on weekdays.

➜ _____

(3) Does he brush his teeth after lunch?

➜ _____

13 다음 각 질문에 대한 자신의 답을 영어 문장으로 쓰시오.
(3점)

(1) Q: Do you get up early on the weekend?

A: _____

(2) Q: How do you go to school?

A: _____

고난도 서술형 14-15

14 다음 표를 보고, Jessie의 하루 일과를 설명하는 글을
완성하시오. (3점)

시간	하는 일
7:00 a.m.	get up
7:30 a.m.	eat breakfast
8:00 a.m.	leave home and take a bus to school
after school	play basketball with friends

Jessie gets up at 7 in the morning.

She (1) _____ at 7:30. She

leaves home at 8 and (2) _____

_____ . She (3) _____

_____ after school.

15 다음 그림을 참고하여, 글에서 틀린 곳을 두 군데 찾아 바
르게 고치시오. (3점)

Wendy eats breakfast at 9:30 on the weekend.
She don't drink milk. She drinks a glass of
juice. She likes toast and fruit for breakfast.
She want a fried egg, too.

(1) _____ ➜ _____

(2) _____ ➜ _____

조동사

조동사의 종류 / 조동사 부정문 / 조동사 의문문

We have to take mid-terms next week.
You can study hard for them.
You should do your best in every subject.
You shouldn't cheat on the tests! Good luck to you!

● **조동사의 종류**　조동사는 동사와 함께 쓰여 특정한 의미를 나타냅니다. 조동사 뒤에는 항상 동사원형을 씁니다.

조동사	용법	의미	유사 표현 (용법)
can	능력 / 가능 / 허가	～할 수 있다 / ～해도 된다	be able to+동사원형 (능력)
should	충고 / 의무	～해야 한다	have/has to+동사원형 (필요 / 의무)
must	강한 의무	(반드시) ～해야만 한다	

● **부정문과 의문문**　부정문은 조동사 뒤에 not을 붙입니다. 의문문은 조동사를 문장 앞에 써서 나타냅니다.

	can	**should**	**must**
부정문	cannot+동사원형 [can't]	should not+동사원형 [shouldn't]	must not+동사원형 [mustn't]
의문문	조동사+주어+동사원형 ～?		
대답(긍정/부정)	Yes, 주어+조동사. / No, 주어+조동사+not.		

※ have/has to의 부정형은 don't/doesn't have to로 쓰며, '～할 필요가 없다'는 의미를 나타냅니다.

A 알맞은 것에 ✔ 표시하고, 각 문장을 완성하세요.

❶ You _____ study with your friends.

❷ Terry _____ eat the vegetables in his meal.

❸ They _____ to enter the test room on time.

❹ You _____ get some exercise regularly.

❺ We _____ solve this math problem.

❻ You shouldn't _____ late for the test.

❼ _____ you come to my house after the test?

❽ _____ Jiwon able to read Chinese characters?

☐ am	☐ can
☐ do	☐ should
☐ have	☐ able
☐ should	☐ are
☐ aren't	☐ can't
☐ be	☐ are
☐ Are	☐ Can
☐ Is	☐ Does

B [보기]에서 알맞은 조동사를 사용해 각 문장을 완성하세요.

❶ Turn in your answer sheet. Then you _____ leave. (허가)

❷ You _____ do your best on the math test. (충고)

❸ We _____ turn off our cell phones during the test time. (충고 / 의무)

❹ You don't _____ come to school on the weekend. (필요)

❺ _____ I answer all the questions on the sheet? (의무)

❻ The traffic is bad now. I _____ get there by 2. (불가능)

❼ For a healthy life, children _____ sleep enough. (충고)

❽ You _____ eat too much fast food. (충고)

[보기]

can

can't

should

shouldn't

must

have to

이건 알아두기!

EXPRESSIONS ▪ do one's best: 최선을 다하다 ▪ cheat on the test: 시험에서 부정행위를 하다
▪ on time: 제시간에 ▪ be late for: ~에 늦다 ▪ Chinese character: 한자 ▪ turn in: ~을 제출하다
▪ turn off: ~의 전원을 끄다 (↔ turn on: ~의 전원을 켜다) ▪ during + 기간: ~ 동안 ▪ by + 시간: ~까지 (기한)

✹ 다음 예시와 같이 문장을 바꿔 쓰세요.

> **Example)** You **should** cheat on the test. (부정문)
> → _____ You **shouldn't[should not]** cheat on the test. _____

① You can leave the classroom by 12 o'clock.
→ _____

② I have to take the English test again.
→ _____

③ We must tell lies to our parents.
→ _____

④ You should use your smartphone during class time.
→ _____

⑤ Tony is able to pass the difficult test.
→ _____

> **Example)** You **can** help me with this math problem. (의문문)
> → _____ **Can** you help me with this math problem? _____

⑥ I can get a good score on my essay.
→ _____

⑦ We should eat more fresh food.
→ _____

⑧ He should read the English directions on the test.
→ _____

⑨ Helen is able to talk with foreigners in English.
→ _____

⑩ I have to finish my school project by today.
→ _____

✸ 우리말을 참고하여 다음 예시와 같이 문장을 완성하세요.

> **Example)** 나는 그 모든 질문에 답할 수 있다. (can / all / answer / I / questions / the / .)
> → _____ *I can answer all the questions.* _____

① 우리는 그 종이에 우리의 이름을 써야만 한다. (write / we / our / must / names / on / sheet / the / .)
→ _____

② 너는 다섯 시까지는 그 방에 머물 수 있다. (until / stay / can / you / room / in / 5 / the / .)
→ _____

③ 학생들은 시험을 치르는 동안 이야기를 해서는 안 된다. (shouldn't / students / talk / test / during / the / .)
→ _____

④ 너는 그 어려운 문제를 풀 수 있니? (you / difficult / solve / can / the / problem / ?)
→ _____

⑤ Suzy는 그 시험을 위해 공부할 필요가 없다. (the / study / doesn't / to / Suzy / have / for / test / .)
→ _____

> **Example)** 너는 시험에서 최선을 다해야 한다. (do one's best)
> → You should ____*do*____ ____*your*____ ____*best*____ on the exam.

⑥ 너는 다시는 수업에 늦어서는 안 된다. (late for)
→ You _____ _____ _____ _____ the class again.

⑦ 그녀는 에세이를 선생님께 제출해야 한다. (turn in)
→ She _____ _____ _____ her essay to the teacher.

⑧ 너는 과제를 제시간에 끝낼 수 있니? (on time)
→ _____ you finish your homework _____ _____?

⑨ 우리는 영화관에서 반드시 스마트폰을 꺼야 한다. (turn off)
→ We _____ _____ _____ our smartphones in the cinema.

⑩ 내 학급에서 너희들은 시험에서 부정행위를 저지를 수 없다. (cheat on)
→ You _____ _____ _____ tests in my class.

TEST for Writing 서술형 시험에 써먹기

기본 서술형 01-10

[01-02] 다음 빈칸에 알맞은 조동사를 주어진 철자로 시작하여 쓰시오. (각 1점)

01
> I c_____ take the test again. (가능)

→ _____

02
> You s_____ eat vegetables. (충고)

→ _____

03 다음 괄호 안에서 알맞은 것을 골라 쓰시오. (1점)

> A: Can you help me with my essay?
> B: Yes, I (can / can't).

→ _____

[04-05] 다음 주어진 우리말과 일치하도록 빈칸에 알맞은 말을 쓰시오. (각 1.5점)

04
> 너는 반드시 교복을 입어야 한다.

→ You _____ _____ your uniform.

05
> 그가 시험에서 좋은 성적을 받을 수 있니?

→ _____ he _____ a good score on the exam?

06 다음 대화의 빈칸에 알맞은 말을 쓰시오. (1.5점)

> A: Should I turn in the report by today?
> B: Yes, _____ _____.

→ _____

07 다음 두 문장의 뜻이 같도록 빈칸에 알맞은 말을 쓰시오. (2점)

> He can read the English words.
> = He _____ _____ to read the English words.

08 다음 밑줄 친 부분과 바꿔 쓸 수 있는 말을 주어진 철자로 시작하여 쓰시오. (1.5점)

> You <u>have to</u> go to school during weekdays.

→ m_____

09 다음 대화의 밑줄 친 우리말을 주어진 〈조건〉에 맞게 영어로 바르게 옮기시오. (2점)

> A: Can you come to my house after school?
> B: No, I can't. I <u>병원에 가야 해</u>.

> 〈조건〉 should, go, hospital을 포함해 5단어로 쓸 것

→ _____

10 다음 문장에서 <u>어색한</u> 곳을 찾아 바르게 고치시오. (2점)

> John can finishes his homework by 6.

_____ → _____

수준별 서술형 11-13

11 괄호 안의 지시대로 문장을 바꿔 쓰시오. (3점)

(1) Jane can speak English very well. (부정문)

→ _____

(2) I should answer the teacher's question.
(의문문)

→ _____

(3) He must take the English exam.
(have to를 써서)

→ _____

12 다음 영어 문장을 우리말로 바르게 옮기시오. (3점)

(1) You should be on time for class.

→ _____

(2) We can't take pictures in the museum.

→ _____

(3) I can do my best on the test next time.

→ _____

13 다음 각 질문에 대한 자신의 답을 영어 문장으로 쓰시오.
(3점)

(1) Q: Can you help your friend with his or her
homework?

A: _____

(2) Q: What do you have to do today?

A: _____

고난도 서술형 14-15

14 다음은 민수와 민지가 할 수 있는 일과 할 수 없는 일을 나타낸 표이다. 이를 참고하여 글을 완성하시오. (3점)

	민수	민지
play basketball	O	X
make pizza	O	X
speak Chinese	X	O
play the piano	O	O

Minsu can play basketball, but Minji can't.

Minsu (1) _____, but Minji can't.

Minji is (2) _____,

but Minsu can't. Minsu and Minji (3) _____

_____.

15 다음 그림을 참고하여, 글에서 틀린 문장을 두 개 찾아 밑줄 긋고 바르게 고쳐 쓰시오. (3점)

Library Rules

1. You should turn off your smartphone.
2. You can eat food.
3. You should be noisy.
4. You shouldn't write in the books.

(1) _____

(2) _____

Word Review

01
- ☐ active 활동적인, 활달한
- ☐ art 미술, 예술
- ☐ calm 차분한
- ☐ classmate 반 친구, 동급생
- ☐ cousin 사촌
- ☐ elementary school 초등학교
- ☐ England 영국, 잉글랜드
- ☐ English 영어
- ☐ grader 학년생
- ☐ homeroom teacher 담임
- ☐ math 수학
- ☐ middle school 중학교
- ☐ neighbor 이웃
- ☐ same 같은
- ☐ science 과학
- ☐ seventh 7번째의
- ☐ shy 수줍음을 타는
- ☐ sixth 6번째의
- ☐ sports 스포츠, 운동 종목
- ☐ subject 과목

02
- ☐ exercise 운동
- ☐ fast food 패스트푸드
- ☐ finish 끝내다, 끝나다
- ☐ healthy 건강에 좋은
- ☐ horror movie 공포 영화
- ☐ hurry 서두르다
- ☐ lesson 교습, 수업
- ☐ library 도서관
- ☐ mid-term 중간고사
- ☐ skip 건너뛰다, 거르다
- ☐ subway 지하철
- ☐ try 노력하다
- ☐ twice 두 번, 2회
- ☐ unlike ~와는 다르게
- ☐ vegetable 채소
- ☐ weekday 평일
- ☐ weekend 주말
- ☐ work 직장, 일터

03
- ☐ answer sheet 답안지
- ☐ cheat 부정행위를 하다
- ☐ cinema 영화관
- ☐ difficult 어려운
- ☐ direction 지시 사항
- ☐ essay 작문, 글짓기
- ☐ exam 시험
- ☐ foreigner 외국인
- ☐ luck 운, 행운
- ☐ meal 식사
- ☐ parents 부모
- ☐ problem 문제
- ☐ project 프로젝트, 과제
- ☐ regularly 규칙적으로
- ☐ report 보고서, 리포트
- ☐ score 점수
- ☐ solve 풀다, 해결하다
- ☐ stay 머물다, 지내다
- ☐ traffic 교통
- ☐ uniform 교복

More Words 알고 써먹기

- **subject** (교과목) ┃ **English** (영어) ┃ **mathematics / math** (수학) ┃ **science** (과학) ┃ **music** (음악) ┃ **art** (미술) ┃ **history** (역사)

You are our ¹ _____ teacher. 당신이 우리의 영어 선생님이시군요.

I'm so interested in ² _____ . 나는 음악에 매우 흥미가 있습니다.

- **서수** (기수) ┃ **1** (first) ┃ **2** (second) ┃ **3** (third) ┃ **4** (fourth) ┃ **5** (fifth) ┃ **6** (sixth) ┃ **7** (seventh) ┃ **8** (eighth) ┃ **9** (ninth) ┃ **10** (tenth) ┃ **11** (eleventh) ┃ **12** (twelfth) ┃ **13** (thirteenth)

I'm a(n) ³ _____ grader in this school. 나는 이 학교의 7학년(중1)입니다.

I'm not a(n) ⁴ _____ grader. 저는 6학년이 아닙니다.

Grammar Review 주어진 우리말을 참고하여 각 빈칸에 알맞은 말을 쓰세요.

써먹기 문법 | 01 be동사 현재형

- **be**동사의 형태   They ¹ _____ in the same class. 그들은 같은 반이다.

- **be**동사 부정문   Julie ² _____ my sister but my friend. Julie는 내 여동생이 아니라 내 친구이다.

- 축약형(주어+**be**동사)   ³ _____ Diana. I'm a seventh grader. 저는 Diana입니다. 7학년(중1)입니다.

- 부정형 축약형   You ⁴ _____ our math teacher. 당신은 우리 수학 선생님이 아닙니다.

- 의문문/대답   A: ⁵ _____ she one of your classmates? 그녀는 너의 반 친구들 중 한 명이니?

                B: Yes, she is. 응. 그래.

써먹기 문법 | 02 일반동사 현재형

- 일반동사의 형태   Dennis ⁶ _____ at six in the morning. Dennis는 아침 6시에 일어난다.

- 일반동사 부정문   I ⁷ _____ like horror movies. 나는 공포 영화를 좋아하지 않는다.

- 부정형 축약형   He ⁸ _____ skip breakfast every day. 그는 매일 아침밥을 거르지 않는다.

- 의문문/대답   A: ⁹ _____ Kelly like pop music? Kelly는 대중음악을 좋아하니?

                B: Yes, she ¹⁰ _____ . 응. 그래.

써먹기 문법 | 03 조동사

- 조동사의 종류   You ¹¹ _____ be on time for the test. 너는 시험에 정시에 와야 한다.

                I ¹² _____ finish my essay by 6 today. 나는 내 에세이를 오늘 6시까지는 끝낼 수 있다.

- 조동사의 부정문   I ¹³ _____ solve this math problem. 나는 이 수학 문제를 풀지 못한다.

                We ¹⁴ _____ cheat on the test. 우리는 시험에서 부정행위를 해서는 안 된다.

- 의문문/대답   A: ¹⁵ _____ you come to my party this weekend?

                이번 주말 내 파티에 올 수 있니?

                B: Yes, I can. 응, 갈 수 있어.

Chapter 2

시제 써먹기

과거 시제1: be동사

be동사의 과거형 / 과거 시제 부정문 / 과거 시제 의문문

GRAMMAR 알고 써먹기

Last weekend, the weather was sunny and bright.
My family was at the river park. There were so many people.
The wind was fresh, and it wasn't cold at all.
We were all happy.

● **be동사의 과거형**

과거에 '～이었다, 있었다'라는 뜻을 나타낼 때 쓰며 주어가 단수이면 was, 복수이면 were를 씁니다. 부정형은 「be동사+not」으로 쓰고, 축약형으로 쓸 수 있습니다.

주어	be동사 과거형	부정형	부정형 축약형
단수	was	was not	wasn't
복수	were	were not	weren't

ex) There weren't many people in the store. 그 상점에는 사람들이 많이 없었다.

● **과거 시제 의문문**

Be동사 과거형을 문장 앞에 써서 의문문을 만듭니다.

의문문의 형태	Be동사 과거형+주어 ～?	
대답(긍정/부정)	Yes, 주어+be동사 과거형.	No, 주어+be동사 과거형+not.

ex) Were you at home yesterday? – Yes, I was. / No, I wasn't.
너는 어제 집에 있었니?   응, 그랬어. / 아니, 없었어.

A 알맞은 것에 ✔ 표시하고, 각 문장을 완성하세요.

❶ I _____ in Paris last summer. ☐ am ☐ was

❷ Where _____ you last weekend? ☐ were ☐ are

❸ They _____ 12 years old last year. ☐ was ☐ were

❹ The weather _____ cloudy yesterday. ☐ was ☐ were

❺ We _____ very young at that time. ☐ was ☐ were

❻ He _____ at school this morning. ☐ wasn't ☐ weren't

❼ There _____ buildings here 10 years ago. ☐ wasn't ☐ weren't

❽ _____ you happy on your last birthday? ☐ Was ☐ Were

B 괄호 안에 주어진 말을 활용하여 각 문장을 완성하세요. (과거형으로 쓸 것)

❶ Ten years ago, I _____ only 5. (be)

❷ We _____ happy and excited after the movie. (be)

❸ The park _____ full of people on the weekend. (be)

❹ The town _____ famous for its festival in the past. (be)

❺ My dog is big now. But he _____ so big last year. (be, not)

❻ The stories were sad, but they _____ interesting. (be, not)

❼ _____ it rainy all last week? – Yes, it was. (be)

❽ _____ you in the library all weekend? (be)

이건 알아두기!

EXPRESSIONS ▪ there is/are ~: ~(들)이 있다 ▪ not at all: 전혀 ~않은 ▪ at home: 집에 ▪ at that time: (과거) 그때, 그 당시에 ▪ 시간 표현＋ago: ~전에 ▪ be full of: ~로 가득 차다 ▪ be famous for: ~로 유명하다 ▪ in the past: 과거에 ▪ all weekend: 주말 내내

✱ 다음 예시와 같이 문장을 바꿔 쓰세요.

Example) My family **is** at the river park on Sunday. (과거 시제)
→ _____ *My family **was** at the river park on Sunday.* _____

① We are in the library after school.
→ _____

② There are many people at the restaurant.
→ _____

③ The weather isn't cool and pleasant.
→ _____

④ The hero movies aren't very exciting.
→ _____

⑤ I am not at home on Friday night.
→ _____

Example) This island **was** clean and beautiful. (의문문)
→ _____ ***Was** this island clean and beautiful?* _____

⑥ It was very hot and humid last summer.
→ _____

⑦ There were many visitors in this city.
→ _____

⑧ The forest was thick and green before.
→ _____

⑨ Andy was at his grandma's on Saturday.
→ _____

⑩ All the boys in the room were his classmates.
→ _____

TRAINING ③ 영어 문장 완성하기

🌟 우리말을 참고하여 다음 예시와 같이 문장을 완성하세요.

> **Example)** 나는 지난 주말에 이모 집에 있었다. (was / aunt's / I / at / weekend / my / last / .)
> → _____ *I was at my aunt's last weekend.* _____

① 이번 주에 날씨가 화창했다. (week / sunny / the / was / weather / this / .)

→ _____

② 공원에는 사람이 많지 않았다. (not / people / park / many / were / in / there / the / .)

→ _____

③ 어제 하늘이 파랗고 깨끗했니? (yesterday / sky / was / and / the / blue / clear / ?)

→ _____

④ 일요일에 너는 영화관에 있었니? (Sunday / theater / you / were / at / on / movie / the / ?)

→ _____

⑤ 그 산은 아주 높거나 가파르지 않았다. (wasn't / the / or / mountain / very / steep / high / .)

→ _____

> **Example)** 그 학교는 축구팀으로 유명했다. (famous for)
> → The school ___*was*___ ___*famous*___ ___*for*___ its soccer team.

⑥ 그 연못은 작은 물고기들로 가득 차 있었다. (full of)

→ The pond _____ _____ _____ small fish.

⑦ 그들은 지난 방학 동안 집에 없었다. (at home)

→ They _____ _____ _____ during the last vacation.

⑧ 어제 경기장에는 많은 사람이 있었니? (there)

→ _____ _____ many people in the stadium yesterday?

⑨ 그는 과거에 유명한 가수였니? (the past)

→ _____ he a famous singer _____ _____ _____ ?

⑩ 너는 한 시간 전에 어디에 있었니? (ago)

→ Where _____ you _____ _____ _____ ?

TEST for Writing 서술형 시험에 써먹기

기본 서술형 01-10

[01-02] 다음 빈칸에 알맞은 be동사를 쓰시오. (각 1점)

01
> They _____ in Seoul last year.

→ _____

02
> _____ he in the library yesterday?

→ _____

03 다음 빈칸에 알맞은 말을 쓰시오. (1점)
> I _____ at home last weekend. I was at my grandparents' house.

→ _____

[04-05] 다음 주어진 우리말과 일치하도록 빈칸에 알맞은 말을 쓰시오. (각 1.5점)

04
> 그녀는 어제 나와 함께 공원에 있었다.

→ _____ _____ in the park with me yesterday.

05
> 그들은 지난 토요일에 백화점에 있었니?

→ _____ _____ at the department store last Saturday?

06 다음 대화의 빈칸에 알맞은 말을 쓰시오. (1.5점)
> A: Were there many people in the store?
> B: Yes, _____ _____.

→ _____

07 다음 빈칸 (A), (B)에 들어갈 말을 각각 쓰시오. (2점)
> • The box was full __(A)__ paper.
> • The mountain was famous __(B)__ pine trees.

(A) _____   (B) _____

08 다음 대화의 빈칸 (A), (B)에 알맞은 말을 쓰시오. (2점)
> A: Was Danny at school this morning?
> B: No, he __(A)__. He __(B)__ at home.

(A) _____   (B) _____

09 다음 대화의 밑줄 친 우리말을 영어로 바르게 옮기시오. (2점)
> A: Was the weather nice last weekend?
> B: 아니, 그렇지 않았어.

→ _____

10 다음 글에서 어색한 곳을 찾아 바르게 고치시오. (1.5점)
> Yesterday, Cindy is sick in her bed all day long. She is better now.

_____ → _____

수준별 서술형 11-13

11 괄호 안의 지시대로 문장을 바꿔 쓰시오. (3점)

(1) Jason is short and small at twelve. (과거 시제)

→ _____

(2) We were at the park yesterday. (부정문)

→ _____

(3) There was a ship on the river. (의문문)

→ _____

12 다음 영어 문장을 우리말로 바르게 옮기시오. (3점)

(1) Stella was not happy at all.

→ _____

(2) Was the boy 10 years old at that time?

→ _____

(3) There were not many people in the theater.

→ _____

13 다음 각 질문에 대한 자신의 답을 영어 문장으로 쓰시오. (3점)

(1) Q: Were you and your family at home last Sunday?

A: _____

(2) Q: Where were you this morning?

A: _____

고난도 서술형 14-15

14 다음은 진수가 지난 주말에 있었던 장소를 나타낸 표이다. 이를 참고하여 글을 완성하시오. (3점)

Day / Time	Place
Saturday / 8:00 a.m.	at home
Saturday / 2:00 p.m.	at the river park
Sunday / 11:00 a.m.	at his grandparents' house

Last weekend, Jinsu was busy.

He (1) _____ on Saturday

morning. But in the afternoon, (2) _____

_____. On Sunday, was

he at home? No, (3) _____. He was

at his grandparents' house.

15 다음은 지난겨울에 찍은 Brad의 가족사진을 묘사한 글이다. 글에서 틀린 문장을 찾아 밑줄 긋고 바르게 고쳐 쓰시오. (3점)

It was a snowy day. Brad's family was in front of their house. There was five people in the picture. Brad's dog was so big!

→ _____

써먹기 문법 | 05

과거 시제 2: 일반동사

일반동사의 과거형 / 과거 시제 부정문 / 과거 시제 의문문

GRAMMAR 알고 써먹기

The war happened in 1950. Many people fought and died.
After the war, the country became two countries.
People lost their homes and families. I can't imagine it!

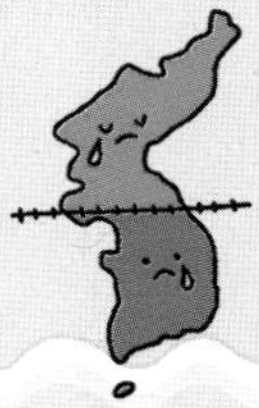

● 일반동사의 과거형

과거에 한 일이나 일어났던 사건을 나타낼 때 쓰며, 대부분 주어의 인칭이나 수에 관계없이 동사원형에 -ed를 붙여 만듭니다. 그 외에는 다음과 같습니다.

동사의 끝	과거형	예 시
-e	동사+d	like**d** / live**d** / love**d** / dance**d** / die**d**
〈자음+y〉	y를 i로 고친 후+ed	stud**ied** / cr**ied** / tr**ied** / carr**ied**
〈단모음+단자음〉	끝의 자음을 하나 더 붙인 후+ed	stop**ped** / plan**ned** / drop**ped**
불규칙 변화형	come – **came** / go – **went** / get – **got** / have – **had** / take – **took** make – **made** / build – **built** / fight – **fought** / lose – **lost** / find – **found** 등	

● 부정문과 의문문

과거 시제 부정문은 동사원형 앞에 didn't[did not]를 붙입니다.
의문문은 Did ~?로 나타냅니다.

부정문	주어+didn't[did not]+동사원형 ~.
의문문	Did+주어+동사원형 ~?
대답(긍정/부정)	Yes, 주어+did. / No, 주어+didn't.

A 알맞은 것에 ✔ 표시하고, 각 문장을 완성하세요.

❶ Thomas Edison _____ many great things.　　☐ invent　☐ invented

❷ Long ago, a magician _____ in the woods.　　☐ lived　☐ lives

❸ The Wright Brothers _____ the first airplane.　　☐ build　☐ built

❹ In the end, the countries _____ one in 1990.　　☐ became　☐ become

❺ The team _____ win the game last night.　　☐ doesn't　☐ didn't

❻ Beethoven didn't _____ the song in 1808.　　☐ write　☐ wrote

❼ _____ she take care of poor children in the past?　　☐ Did　☐ Do

❽ Did the Korean War _____ in 1953?　　☐ ended　☐ end

B 괄호 안에 주어진 말을 활용하여 각 문장을 완성하세요. (과거형으로 쓸 것)

❶ Her dream _____ true, so she became a pilot. (come)

❷ Two days ago, I _____ a call from my friend. (get)

❸ They _____ for peace, and they finally won. (fight)

❹ The director _____ not make any movies last year. (do)

❺ They _____ live next door at that time. (do, not)

❻ The new machine was great, but people didn't _____ it. (use)

❼ _____ you have a good time on the weekend? (do)

❽ Did they _____ the bridge 30 years ago? – Yes, they _____. (build, do)

이건 알아두기!

EXPRESSIONS ▪ long ago: 오래전에　▪ in the end: 결국　▪ take care of: ～을 돌보다
▪ come true: 실현되다　▪ get a call from: ～에게 전화를 받다　▪ fight for: ～을 위해 싸우다
▪ live next door: 이웃에 살다　▪ have a good time: 좋은 시간을 보내다

✹ 다음 예시와 같이 문장을 바꿔 쓰세요.

> Example) People **paint** the wall beautifully. (과거 시제)
> → _People **painted** the wall beautifully._

❶ Mother Teresa takes care of many poor children.

→ _____

❷ The actor doesn't die after the accident.

→ _____

❸ We fight with each other over very small things.

→ _____

❹ The doctor goes to Africa and helps people.

→ _____

❺ The president doesn't say anything about the matter.

→ _____

> Example) The French soldiers **won** the battle. (의문문)
> → _**Did** the French soldiers **win** the battle?_

❻ The artist created many great works.

→ _____

❼ They built the castle in the 1800s.

→ _____

❽ The prince became king after 13 years.

→ _____

❾ The famous pianist died in 1869.

→ _____

❿ Your friends had a good time in the museum.

→ _____

💥 우리말을 참고하여 다음 예시와 같이 문장을 완성하세요.

> **Example)** 그는 1963년에 훌륭한 연설을 했다. (a / he / speech / made / in 1963 / great / .)
>
> → _____ *He made a great speech in 1963.* _____

1 그들은 전쟁 후에 평화를 다시 찾았다. (they / peace / after / found / again / war / the / .)

→ _____

2 그 영화는 두 시간 후에 끝났니? (later / end / did / hours / movie / the / two / ?)

→ _____

3 우리는 방과 후에 집에 돌아가지 않았다. (come / after / we / home / school / back / didn't / .)

→ _____

4 그녀는 유명한 만화가가 되었니? (she / did / become / a / cartoonist / famous / ?)

→ _____

5 그의 팀은 1953년에 에베레스트에 올랐다. (in 1953 / climbed / Mt. Everest / team / his / .)

→ _____

> **Example)** 오래전, 그 나라에는 위대한 왕이 살았다. (ago, live)
>
> → ___*Long*___ ___*ago*___ , a great king ___*lived*___ in the country.

6 그 노부부는 손녀 손자들을 돌보았다. (take care)

→ The old couple _____ _____ _____ their grandchildren.

7 결국, 그들은 그들의 삶에서 행복을 찾았다. (end, find)

→ In _____ _____ , they _____ happiness in their lives.

8 어제, 나는 Daniel에게서 전화 한 통을 받았다. (get, call)

→ Yesterday, I _____ _____ _____ from Daniel.

9 그들은 과거에 옆집에 살았었니? (live, next)

→ Did they _____ _____ _____ in the past?

10 마침내 그의 꿈이 현실이 되었니? (dream, come)

→ Did his _____ finally _____ _____ ?

TEST for Writing 서술형 시험에 써먹기

기본 서술형 01-10

[01-02] 다음 빈칸에 알맞은 말을 쓰시오. (각 1점)

01

I _____ not stay at home yesterday.

→ _____

02

_____ the war happen in 1950?

→ _____

[03-04] 다음 주어진 우리말과 일치하도록 빈칸에 알맞은 말을 쓰시오. (각 1.5점)

03

그는 1900년에 그 그림을 완성했다.

→ _____ _____ the painting in 1900.

04

우리는 주말에 영화를 보지 않았다.

→ We _____ _____ the movie on the weekend.

05 다음 괄호 안에서 알맞은 것을 골라 쓰시오. (1점)

A: Did she sing at the party?
B: Yes, she (did / didn't). She sang very well.

→ _____

06 다음 대화의 빈칸에 알맞은 말을 쓰시오. (1.5점)

A: Did we win the soccer game?
B: No, _____ _____ . We lost the game.

→ _____

07 다음 두 문장의 빈칸에 공통으로 들어갈 말을 쓰시오. (2점)

• They _____ up early this morning.
• I _____ a call from my teacher yesterday.

→ _____

08 다음 괄호 안의 단어들을 바르게 배열하여 문장을 완성하시오. (필요하면 형태를 바꿀 것) (2점)

A: Did he meet his parents in Korea?
B: No. But he (cousins / meet / his).

→ _____

09 다음 대화의 밑줄 친 (A), (B)를 올바른 형태로 쓰시오. (2점)

A: Did the king (A) created the language?
B: Yes. Many people (B) help him.

(A) _____ (B) _____

10 다음 문장에서 어색한 곳을 찾아 바르게 고치시오. (1.5점)

Did you had a good time last Sunday?

_____ → _____

수준별 서술형 11-13

11 괄호 안의 지시대로 문장을 바꿔 쓰시오. (3점)

(1) The war ends after three years. (과거 시제)

→ _____

(2) They fought for peace and love. (부정문)

→ _____

(3) The people lost their families. (의문문)

→ _____

12 다음 영어 문장을 우리말로 바르게 옮기시오. (3점)

(1) She took care of the dog and cat.

→ _____

(2) Long ago, people didn't use fire.

→ _____

(3) Did you drink tea after lunch?

→ _____

13 다음 각 질문에 대한 자신의 답을 영어 문장으로 쓰시오. (3점)

(1) Q: Did you finish your homework?

A: _____

(2) Q: When did you come back home yesterday?

A: _____

고난도 서술형 14-15

14 다음 표를 보고, Leonardo da Vinci에 대한 글을 완성하시오. (3점)

연도	일어난 일
1452	be born in Italy
1466	take lessons in art and science
1472	become a painter
1506	paint the *Mona Lisa*

Leonardo da Vinci was born in Italy in 1452.

In 1466, he (1) _____.

In 1472, he (2) _____.

In 1506, he (3) _____.

15 다음 그림을 참고하여, 글에서 틀린 곳을 두 군데 찾아 바르게 고치시오. (3점)

Last night, Juwon didn't study hard for the test. He slept until 1 a.m. today. He is very tired now. He is sleeping during the test.

(1) _____ → _____

(2) _____ → _____

진행형과 미래 시제

현재진행형 / 과거진행형 / 미래 시제

GRAMMAR 알고 써먹기

We are talking about last summer.
We were swimming and snorkeling at Jeju Island.
You know what? This year, we will go to Hawaii!
I'm going to make a plan!

● **현재진행형과 과거진행형**   지금 현재 하고 있는 동작이나 행동을 묘사할 때 현재진행형을 쓰며, 과거의 특정 시점에 하고 있었던 일을 묘사할 때는 과거진행형을 씁니다.

진행형	형태 (의미)	부정문/의문문
현재진행형	be동사 현재형+동사원형 -ing (~하는 중이다)	be동사 현재형+not+동사원형 -ing / Be동사 현재형+주어+동사원형 -ing ~?
과거진행형	be동사 과거형+동사원형 -ing (~하는 중이었다)	be동사 과거형+not+동사원형 -ing / Be동사 과거형+주어+동사원형 -ing ~?

● **미래 시제**   앞으로 일어날 미래의 일을 나타낼 때 씁니다. 조동사 will과 「be going to+동사원형」을 써서 나타낼 수 있습니다.

형태	용법 (의미)	부정문/의문문
will+동사원형	미래의 일 (~할 것이다) / 주어의 의지 (~하겠다)	won't[will not]+동사원형 / Will+주어+동사원형 ~?
be going to+동사원형	미래에 예정된 계획 (~할 예정이다)	be동사 현재형+not+going to+동사원형 / Be동사 현재형+주어+going to+동사원형 ~?

ex) **Will you go to Hawaii this summer?** – Yes, I will. / No, I won't.
너는 이번 여름에 하와이에 갈 거니?   응, 갈 거야. / 아니, 안 갈 거야.

A 알맞은 것에 ✔ 표시하고, 각 문장을 완성하세요.

① Sara is _____ her bag for vacation. ☐ packs ☐ packing

② Yesterday, they were _____ soccer all day. ☐ played ☐ playing

③ I will _____ on a trip to London next week. ☐ go ☐ going

④ Jim _____ going to make a reservation for a seat. ☐ be ☐ is

⑤ He _____ leave for Paris next month. ☐ won't ☐ isn't

⑥ They _____ going to buy tickets soon. ☐ doesn't ☐ aren't

⑦ _____ you get on the flight tomorrow? ☐ Are ☐ Will

⑧ _____ you planning your trip now? ☐ Are ☐ Were

B 괄호 안에 주어진 말을 활용하여 각 문장을 완성하세요.

① In this picture, you _____ _____ in the water. (be, swim)

② They _____ not _____ bicycles. They are running. (be, ride)

③ We _____ _____ to transfer flights in Tokyo. (be, go)

④ I _____ _____ in Europe last fall. (be, travel)

⑤ They _____ going to _____ Korean food. (be, not, eat)

⑥ _____ you _____ a bus from Seoul to Busan? – No, I won't. (will, take)

⑦ Is Willy _____ to _____ a new camera again? (go, buy)

⑧ _____ they going to _____ the mountain this weekend? (be, climb)

이건 알아두기!

EXPRESSIONS ■ talk about: ~에 대해 이야기하다 ■ make a plan: 계획을 짜다
■ go on a trip to: ~로 여행을 가다 ■ make a reservation for: ~을 예약하다 ■ leave for: ~로 떠나다
■ get on: ~을 타다 (cf. get off: ~에서 내리다) ■ ride a bicycle: 자전거를 타다 ■ from A to B: A에서 B까지

✸ 다음 예시와 같이 문장을 바꿔 쓰세요.

> Example) Jake **plays** basketball with his friends. (진행형)
> → _Jake **is playing** basketball with his friends._

1 They ride bikes in the park.

→ _____

2 She doesn't go to the department store.

→ _____

3 We had fun on the island last summer.

→ _____

4 Sam didn't cook dinner for his family.

→ _____

5 Did you ski on the mountain?

→ _____

> Example) They **move** to another city soon. (미래 시제)
> → _They **will move** to another city soon._

6 We stay here for one week and then leave.

→ _____

7 He gets on the plane to Beijing at 2 p.m.

→ _____

8 I don't go to the festival during the holidays.

→ _____

9 The train to Seoul doesn't leave on time.

→ _____

10 Do you try foreign foods during your trip?

→ _____

✷ 우리말을 참고하여 다음 예시와 같이 문장을 완성하세요.

> **Example)** 그는 우리와 함께 여행을 가지 않을 것이다. (go / he / on / won't / trip / us / with / a / .)
>
> → _____He won't go on a trip with us._____

1 우리는 해변에서 사진을 찍고 있었다. (the beach / at / taking / we / pictures / were / .)

→ _____

2 너는 파리에서 런던까지 기차를 탈 거니? (you / are / from / to / going / to take / Paris / London / a train / ?)

→ _____

3 나는 그 여행 동안 지도를 가지고 다니지 않을 것이다. (won't / I / map / a / trip / during / the / carry / .)

→ _____

4 그녀는 지금 이 호텔에 머무르고 있니? (hotel / at / staying / she / this / now / is / ?)

→ _____

5 그들은 이틀 후에 서울을 떠날 예정이다. (two / going / leave / they / Seoul / days / to / after / are / .)

→ _____

> **Example)** 그는 자신의 제주도 여행에 대해 이야기하고 있다. (talk about)
>
> → He ___ *is* ___ *talking* ___ *about* ___ his trip to Jeju Island.

6 우리는 다음 역에서 내릴 예정이다. (get off)

→ We're going _____ _____ _____ at the next station.

7 내가 테이블을 예약할게. (make, reservation)

→ I'll _____ _____ _____ _____ a table.

8 토요일에 그들은 강가에서 자전거를 타고 있었다. (ride bicycles)

→ On Saturday, they _____ _____ _____ at the river.

9 네가 우리 소풍 계획을 짤 거니? (make, plan)

→ Will you _____ _____ _____ for our picnic?

10 그는 인천에서 중국까지 배를 탈 것이다. (take, from)

→ He will _____ a ship _____ Incheon _____ China.

TEST for Writing 서술형 시험에 써먹기

기본 서술형 01-10

[01-02] 다음 빈칸에 알맞은 말을 쓰시오. (각 1점)

01

We _____ not go to school tomorrow.

→ _____

02

Jane _____ reading in her room at this time yesterday.

→ _____

03 다음 괄호 안에서 알맞은 것을 골라 쓰시오. (1점)

A: Will you go on a trip with us?
B: No, I (don't / won't).

→ _____

[04-05] 다음 우리말과 일치하도록 주어진 말을 사용해 빈칸에 알맞은 말을 쓰시오. (각 1.5점)

04

우리는 여기서 버스를 탈 예정이다. (go)

→ We _____ _____ to take a bus here.

05

그는 지금 가방에 짐을 싸고 있니? (pack)

→ _____ he _____ his bag now?

06 다음 대화의 빈칸에 알맞은 말을 쓰시오. (1.5점)

A: Sally, were you staying in New York?
B: Yes, _____ _____.

→ _____

07 다음 두 문장의 뜻이 같도록 빈칸에 알맞은 말을 쓰시오. (2점)

We will get off at the next stop.
= We _____ _____ _____
_____ off at the next stop.

08 다음 두 문장의 빈칸에 공통으로 들어갈 말을 쓰시오. (1.5점)

• I'll leave _____ Canada tomorrow.
• Kathy is making a reservation _____ a room.

→ _____

09 다음 대화의 밑줄 친 우리말을 주어진 〈조건〉에 맞게 영어로 바르게 옮기시오. (2점)

A: Are they playing basketball now?
B: No. They <u>지금 축구를 하고 있다</u>.

〈조건〉 soccer, now를 포함해 4단어로 쓸 것

→ _____

10 다음 문장에서 어색한 곳을 찾아 바르게 고치시오. (2점)

My brother isn't cleanning his room.

_____ → _____

수준별 서술형 11-13

11 괄호 안의 지시대로 문장을 바꿔 쓰시오. (3점)

(1) Yuna talks about her cats. (현재진행형)

➔ _____

(2) We take a taxi to the restaurant. (미래 시제)

➔ _____

(3) He read an interesting book. (과거진행형)

➔ _____

12 다음 영어 문장을 우리말로 바르게 옮기시오. (3점)

(1) They will make a plan for vacation.

➔ _____

(2) I won't go to the park again.

➔ _____

(3) Are you going to have dinner at home?

➔ _____

13 다음 각 질문에 대한 자신의 답을 영어 문장으로 쓰시오.
(3점)

(1) Q: Will you go on a trip next month?

A: _____

(2) Q: What is your friend doing now?

A: _____

고난도 서술형 14-15

14 다음은 오후 1시에 수진이와 그녀의 여동생의 일과를 나타낸 표이다. 이를 참고하여 글을 완성하시오. (3점)

	Sujin	Sujin's sister
1 p.m. (right now)	eat lunch with friends	play the piano at school
1 p.m. (yesterday)	watch TV at home	watch TV at home

It's 1 o'clock now. Sujin (1) _____

with her friends. Sujin's sister (2) _____

_____ at school. At this time yesterday,

Sujin and her sister (3) _____

_____ .

15 다음 기차 시간표를 보고, 대화에서 틀린 곳을 두 군데 찾아 바르게 고치시오. (3점)

TRAIN SCHEDULE

출발지	출발 시각		도착지	도착 시각
Seoul	11:00	⟶	Busan	13:33
Seoul	11:05	⟶	Jinju	14:07

A: We'll go to Jinju by train today.
B: What time were you going to leave?
A: We are going to take the train at 11:05.
B: Then, you'll arrive at Jinju at 13:33.

(1) _____ ➔ _____

(2) _____ ➔ _____

Word Review

04			
☐ better 더 나은	☐ humid 습한	☐ stadium 경기장
☐ cloudy 흐린, 구름이 낀	☐ island 섬	☐ steep 가파른
☐ department store 백화점	☐ past 과거	☐ thick 빽빽한, 울창한
☐ exciting 신이 난, 흥분한	☐ pine tree 소나무	☐ vacation 휴가, 방학
☐ famous 유명한	☐ pleasant 쾌적한, 즐거운	☐ visitor 방문객
☐ festival 축제	☐ rainy 비가 오는	☐ weather 날씨
☐ forest 숲	☐ snowy 눈이 오는	

05			
☐ accident 사고	☐ grandchild 손자, 손녀	☐ pianist 피아니스트
☐ artist 예술가	☐ happen 일어나다, 발생하다	☐ pilot 파일럿
☐ bridge 다리	☐ happiness 행복	☐ president 대통령
☐ cartoonist 만화가	☐ machine 기계	☐ speech 연설
☐ castle 성	☐ magician 마법사	☐ tired 피곤한
☐ director 감독	☐ matter 문제, 사안	☐ war 전쟁
☐ fight 싸우다	☐ peace 평화	

06			
☐ arrive 도착하다	☐ leave 떠나다	☐ ski 스키를 타다
☐ carry 들고 다니다	☐ pack 짐을 싸다	☐ snorkel 스노클링을 하다
☐ during ～ 동안에	☐ picnic 소풍	☐ stay 머무르다
☐ flight 비행편	☐ plan 계획	☐ transfer 갈아타다, 환승하다
☐ foreign 외국의	☐ reservation 예약	☐ trip 여행
☐ holiday 휴가, 방학	☐ seat 자리, 좌석	

More Words 알고 써먹기

● **jobs** (직업) | **artist** (예술가) | **cartoonist** (만화가) | **director** (감독) | **pianist** (피아니스트) | **actor** (배우) | **pilot** (파일럿) | **president** (대통령) | **doctor** (의사) | **musician** (음악가)

She became a famous ¹ _____. 그녀는 유명한 만화가가 되었다.

The ² _____ made a speech about the matter. 대통령은 그 사안에 대해 연설을 했다.

● **날씨를 나타내는 명사** (형용사) | **sun** (sunny) | **rain** (rainy) | **cloud** (cloudy) | **fog** (foggy) | **snow** (snowy) | **wind** (windy)

It was ³ _____ and rainy yesterday. 어제는 구름이 끼고 비가 왔다.

Grammar Review 주어진 우리말을 참고하여 각 빈칸에 알맞은 말을 쓰세요.

써먹기 문법 | 04 과거 시제 1: be동사

- **be동사의 과거형**

  The weather ¹ _____ sunny and bright. 날씨가 맑고 화창했다.

  There ² _____ so many people in the park. 공원에는 사람들이 무척 많았다.

- **과거 시제 부정문**

  He ³ _____ at home this morning. 그는 오늘 오전에 집에 있지 않았다.

  The stories ⁴ _____ interesting at all. 그 이야기들은 전혀 재미있지 않았다.

- **의문문/대답**

  A: ⁵ _____ it sunny yesterday? 어제는 화창했니?

  B: Yes, it ⁶ _____. 응, 그랬어.

써먹기 문법 | 05 과거 시제 2: 일반동사

- **일반동사의 과거형**

  He ⁷ _____ many good things. 그는 많은 좋은 것들을 발명했다.

  The musician ⁸ _____ the song in 1807. 그 음악가가 1807년에 그 곡을 썼다.

- **과거 시제 부정문**

  They ⁹ _____ live in the same town. 그들은 같은 마을에 살지 않았다.

- **의문문/대답**

  A: ¹⁰ _____ you move to this city last year? 너는 작년에 이 도시로 이사 왔니?

  B: No, I ¹¹ _____. 아니, 그렇지 않아.

써먹기 문법 | 06 진행형과 미래 시제

- **현재진행형**

  We ¹² _____ playing soccer at the park. 우리는 공원에서 축구를 하고 있다.

  Is she ¹³ _____ lunch now? 그녀는 지금 점심을 먹고 있니?

- **과거진행형**

  I ¹⁴ _____ reading a book in my room. 나는 내 방에서 책을 읽고 있었다.

  We ¹⁵ _____ cooking for him. 우리는 그를 위해 요리하고 있지 않았다.

- **미래 시제**

  Terry ¹⁶ _____ take a train to Seoul. Terry는 서울까지 기차를 탈 것이다.

  They are ¹⁷ _____ to eat Korean food. 그들은 한국 음식을 먹을 예정이다.

Chapter 3

문장의 종류 써먹기

명령문과 청유문

명령문의 형태 / 부정 명령문 / 청유문

A: Achoo! I caught a bad cold.

B: Put on warm clothes, and don't go out.

A: Okay. Could you make a cup of tea for me?

B: No problem. Go to bed and take a rest. Let's go to a doctor tomorrow.

GRAMMAR 알고 써먹기

● **명령문** '~해라'라는 의미로 상대방에게 명령이나 요청을 할 때 쓰며, 주어 없이 동사의 원형으로 시작합니다. 부정 명령문은 앞에 Don't[Do not]나 Never를 붙입니다.

	의미	be동사 명령문	일반동사 명령문
긍정	~해라.	Be ~.	동사원형 ~.
부정	~하지 마라.	Don't[Do not/Never]+be ~.	Don't[Do not/Never]+동사원형 ~.

ex) **Be** kind to your big sister, please. 큰 언니한테 친절하게 대하렴.

Do not lie to your parents. 부모님에게 거짓말하지 마라.

Never come here again. 다시는 여기에 오지 마라.

● **청유문** '~하자'라는 의미로 상대방에게 제안할 때 쓰며, Let's 뒤에 동사원형을 씁니다.

형태	Let's+동사원형 ~.
대답(긍정)	Okay. / That's a good idea. / Sounds good[great]. 등
대답(부정)	(I'm) Sorry, (but) I can't. / I'm afraid I can't. 등

ex) **Let's have** lunch together. — **Sorry, I can't.** 점심 같이 먹자. — 미안하지만, 안 돼.

A 알맞은 것에 ✔ 표시하고, 각 문장을 완성하세요.

① _____ nice to your brother and sister.

② _____ a lot of warm water for your cold.

③ Please _____ both sides of the street.

④ _____ be rude to your parents.

⑤ Don't _____ bad words to your friends.

⑥ _____ ride your bike without this helmet.

⑦ _____ open the windows and get fresh air.

⑧ Let's _____ about healthy habits.

☐ Is	☐ Be
☐ Drink	☐ Drinking
☐ watch	☐ watched
☐ Not	☐ Don't
☐ say	☐ said
☐ Doesn't	☐ Never
☐ Let	☐ Let's
☐ think	☐ thought

B 각 문장에서 밑줄 친 부분을 바르게 고치세요.

① Take your medicine and <u>got</u> enough sleep.   → _____

② <u>Washes</u> your hands before every meal.   → _____

③ <u>Are</u> polite to your school teachers.   → _____

④ Don't <u>stayed</u> up late at night.   → _____

⑤ <u>Doesn't</u> play in the parking lot.   → _____

⑥ Never <u>entering</u> the room without knocking.   → _____

⑦ Let's go out and <u>had</u> dinner tonight. – Okay.   → _____

⑧ Let's <u>taking</u> a walk at the park. – Sounds good.   → _____

이건 알아두기!

EXPRESSIONS ▪ catch a cold: 감기에 걸리다 ▪ put on: ~을 입다 (↔ take off: ~을 벗다)
▪ go out: 외출하다 ▪ a cup of: 한 잔의 ~ ▪ take (a) rest: 휴식을 취하다 ▪ go to a doctor: 의사에게
진료를 받으러 가다 ▪ think about: ~에 대해 생각하다 ▪ take medicine: 약을 먹다
▪ stay up late: 늦게까지 깨어 있다 ▪ take a walk: 산책하다

💥 다음 예시와 같이 문장을 바꿔 쓰세요.

Example) You **should drink** warm tea for your cold. (명령문)
→ _**Drink** warm tea for your cold._

❶ You should be quiet in the library.
→ _____

❷ You should say sorry to your friend first.
→ _____

❸ You shouldn't eat too much cold food.
→ _____

❹ You shouldn't be rude to the teacher.
→ _____

❺ You shouldn't go out late at night.
→ _____

Example) **Will you** go to see a movie **with me**? (청유문)
→ _**Let's** go to see a movie._

❻ Will you clean the classroom with me?
→ _____

❼ Will you help old people with me?
→ _____

❽ Will you go on a trip with me this summer?
→ _____

❾ Will you go jogging with me in the morning?
→ _____

❿ Will you learn a foreign language with me?
→ _____

💥 우리말을 참고하여 다음 예시와 같이 문장을 완성하세요.

> **Example)** 규칙적으로 약간의 운동을 해라. (regularly / some / get / exercise / .)
> → _____ *Get some exercise regularly.* _____

❶ 매일 아침 식사를 거르지 마라. (breakfast / do / day / skip / not / every / .)

→ _____

❷ 부모님께 절대 거짓말을 하지 마라. (lies / tell / parents / never / your / to / .)

→ _____

❸ 학교에서는 정직하고 열심히 공부해라. (at / honest / hard / study / school / be / and / .)

→ _____

❹ 주말에 게으름을 피우지 마라. (lazy / the / be / weekend / on / don't / .)

→ _____

❺ 선생님께 가서 조언을 얻자. (advice / and get / the / go / let's / to / teacher / some /.)

→ _____

> **Example)** 추운 날에 외출을 하지 마라. (go out)
> → ___*Don't*___ ___*go*___ ___*out*___ on a cold day.

❻ 약을 먹고 침대에서 쉬어라. (take, rest)

→ Take medicine and _____ _____ _____ in bed.

❼ 점심 식사 후에 산책을 하자. (take, walk)

→ Let's _____ _____ _____ after lunch.

❽ 나쁜 일들에 대해 생각하지 마라. (think about)

→ _____ _____ _____ the bad things.

❾ 밤에 늦게까지 깨어 있지 마라. (stay up)

→ Don't _____ _____ _____ at night.

❿ 목도리를 해서 너의 목을 보호해라. (put, protect)

→ _____ _____ a muffler and _____ your neck.

TEST for Writing 서술형 시험에 써먹기

기본 서술형 01-10

01 다음 빈칸에 알맞은 말을 쓰시오. (1점)

> Don't _____ late for the appointment.

→ _____

[02-03] 다음 두 문장의 의미가 같도록 빈칸에 알맞은 말을 쓰시오. (각 1점)

02
> You should wear a helmet.
> = _____ a helmet, please.

→ _____

03
> Will you go swimming with me?
> = _____ go swimming.

→ _____

[04-05] 다음 주어진 우리말과 일치하도록 빈칸에 알맞은 말을 쓰시오. (각 1.5점)

04
> 패스트푸드를 너무 많이 먹지 마라.

→ _____ _____ too much fast food.

05
> 학교까지 걸어서 가자.

→ _____ _____ to school.

06 괄호 안의 단어들을 바르게 배열하여 대화를 완성하시오. (2점)

> A: Let's get some exercise on the weekend.
> B: (good / that's / idea / a /.)

→ _____

07 다음 두 문장의 빈칸에 공통으로 들어갈 말을 쓰시오. (대소문자 구분 없음) (2점)

> • _____ some medicine.
> • Go to bed and _____ a rest.

→ _____

08 다음 문장에서 밑줄 친 부분과 바꿔 쓸 수 있는 말을 주어진 철자로 시작하여 쓰시오. (1.5점)

> Don't tell lies again.

→ N_____

09 다음 대화의 밑줄 친 우리말을 영어로 바르게 옮기시오. (2점)

> A: Let's play basketball after school.
> B: 미안하지만, 안 돼.

→ _____

10 다음 글에서 어색한 곳을 찾아 바르게 고치시오. (1.5점)

> Sam, don't skipping your meals. Get some exercise and live a healthy life.

→ _____ → _____

수준별 서술형 11-13

11 괄호 안의 지시대로 문장을 바꿔 쓰시오. (3점)

(1) You should clean your room. (명령문)

→ _____

(2) You shouldn't be greedy. (부정 명령문)

→ _____

(3) Will you go to see a movie with me? (청유문)

→ _____

12 다음 영어 문장을 우리말로 바르게 옮기시오. (3점)

(1) Be friendly to your family and friends.

→ _____

(2) Don't take a walk at night.

→ _____

(3) Let's think about the problem.

→ _____

13 다음 상황에서 할 수 있는 말을 주어진 〈조건〉에 맞게 쓰시오. (3점)

> Lily should make dinner for her little sister. But the kitchen is dirty. What would Lily say to her sister?

〈조건〉 clean, together를 포함하여 청유문으로 쓸 것.

→ _____
_____

고난도 서술형 14-15

14 다음은 건강한 생활 유지에 관한 글이다. 괄호 안에 주어진 어구를 바르게 배열하여 글을 완성하시오. (3점)

> For a healthy life, we can do several things.
> First, (1) (of / lots / eat / salad / green).
> Second, get some exercise regularly.
> Next, (2) (late / up / night / stay / don't / at).

(1) _____

(2) _____

15 다음은 교내에서 지켜야 할 규칙을 나타낸 그림이다. 그림과 다른 문장을 찾아 밑줄 긋고 바르게 고쳐 쓰시오. (3점)

Let's follow the rules at school.

1. Don't ride a bicycle.
2. Keep off the grass.
3. Let's throw garbage in the hallway.

→ _____

의문사 의문문

의문사 의문문 / 선택 의문문

GRAMMAR 알고 써먹기

We're planning a surprise party for Ben's birthday.
What present does he want?
Which will he like more, a surprise party or a big present?

● **의문사 의문문**

의문사는 의문문의 맨 앞에 위치하며 '묻는 대상'을 나타냅니다. What(무엇), Who(누가), When(언제), Where(어디서), How(어떻게), Why(왜) 등이 있습니다. 의문사 의문문은 「Yes/No.」로 답하지 않으며, 묻는 내용에 맞게 구체적으로 답변합니다.

의문문의 종류	의문사 의문문의 형태	의문사 활용 형태
be동사 의문문	의문사(주어)+be동사 ~? 의문사+be동사+주어 ~?	What/Which/Whose+명사 How many+셀 수 있는 명사 How much+셀 수 없는 명사 How old ~ (나이) How long ~ (기간) How often ~ (횟수)
조동사 의문문	의문사(주어)+조동사+동사원형 ~? 의문사+조동사+주어+동사원형 ~?	
일반동사 의문문	의문사(주어)+일반동사 ~? 의문사+do/does/did+주어+동사원형 ~?	

● **선택 의문문**

의문사 which는 '어느 것' 또는 '어느 ~'을 뜻하며, 정해진 대상들 중에서 선택할 때 씁니다. 뒤에 「A or B」 형태를 붙이기도 합니다.

ex) **Which** is yours, this **or** that? 어느 것이 네 거니, 이거니 아니면 저거니?
 – This is mine. 이게 내 거야.

A 알맞은 것에 ✔ 표시하고, 각 문장을 완성하세요.

❶ _____ does Hana want for her birthday? ☐ What ☐ How

❷ _____ will you have a party for her? ☐ Who ☐ When

❸ _____ did they make a plan for the party? ☐ How ☐ What

❹ _____ present is this? – It's Sam's. ☐ Who ☐ Whose

❺ _____ do you go shopping for gifts? ☐ Where ☐ What

❻ _____ do you like cheesecake? – Because it's sweet. ☐ Which ☐ Why

❼ _____ color does she like, blue or grey? ☐ How ☐ Which

❽ Which day do you like, Christmas _____ New Year's Eve? ☐ or ☐ and

B 괄호 안에 주어진 말을 참고하여 빈칸에 알맞은 의문사를 쓰세요.

❶ _____ should we prepare for the party? (some flowers)

❷ _____ did you hear the good news? (from Tina)

❸ _____ kind of food do they like the most? (fried chicken)

❹ _____ are you making a sad face? (Because my dog is missing.)

❺ _____ should we arrive at her house? (1 hour later)

❻ _____ long did you wait for the bus? (10 minutes)

❼ _____ many people will come to the party? (10 people)

❽ _____ is your cake, this or that? (This is mine.)

이건 알아두기!

EXPRESSIONS ▪ have a party: 파티를 하다 ▪ prepare A for B: B를 위해 A를 준비하다
▪ what kind of: 무슨 종류의 ~ ▪ make a(n) ~ face: ~한 표정을 짓다 ▪ arrive at: ~에 도착하다
▪ wait for: ~을 기다리다

✳ 다음 예시와 같이 문장을 바꿔 쓰세요.

Example) She wants <u>a new dress</u> for her birthday. **(what)**
→ ___**What** does she want for her birthday?___

❶ James went <u>to his friend's house</u> after school. **(where)**
→ _____

❷ They will come to her house <u>at 3 p.m.</u> today. **(when)**
→ _____

❸ <u>We</u> can prepare some food for the party. **(who)**
→ _____

❹ She baked the cake <u>for 30 minutes</u>. **(how long)**
→ _____

❺ Hana felt <u>happy and surprised</u> at the party. **(how)**
→ _____

Example) Mom will like <u>a present or some flowers</u>. **(which − 선택 의문문)**
→ ___**Which** will Mom like, a present **or** some flowers?___

❻ You like <u>strawberry pie or chocolate pie</u>. **(which)**
→ _____

❼ They are watching <u>a horror or a comedy</u>. **(which movie)**
→ _____

❽ She will like <u>a teddy bear or a dress</u>. **(which present)**
→ _____

❾ He wants <u>a computer or a bicycle</u> for his birthday present. **(which)**
→ _____

❿ Her family eats <u>steak or barbecue</u> on birthdays. **(which food)**
→ _____

✹ 우리말을 참고하여 다음 예시와 같이 문장을 완성하세요.

> **Example)** 너는 오늘 몇 시에 일어났니? (did / today / you / time / get / what / up / ?)
> → _____ *What time did you get up today?*

❶ 우리는 어디서 그를 기다려야 하니? (for / we / where / wait / him / should / ?)
→ _____

❷ 누가 내일 풍선들을 준비할 거니? (prepare / will / tomorrow / balloons / who / ?)
→ _____

❸ 너는 오늘 기분이 어떠니? (today / you / are / how / feeling / ?)
→ _____

❹ 그는 왜 그 꽃들을 그녀에게 주었니? (he / did / give / her / flowers / the / to / why / ?)
→ _____

❺ 너는 저녁 식사로 어느 것을 원하니, 소고기를 원하니 생선을 원하니? (beef / for / do / which / dinner / want / or / you / fish / , / ?)
→ _____

> **Example)** 그들은 언제 집에 도착하니? (arrive at)
> → __*When*__ will they __*arrive*__ __*at*__ their home?

❻ 그는 무슨 종류의 케이크를 좋아하니? (kind of)
→ _____ _____ _____ cake does he like?

❼ 너희들은 어디에서 그녀를 위한 파티를 열 거니? (have, party)
→ _____ will you _____ _____ _____ for her?

❽ 그녀는 왜 화난 표정을 하니? (make, face)
→ _____ does she _____ an angry _____ ?

❾ 너는 여기서 나를 얼마나 오래 기다렸니? (wait for)
→ _____ long did you _____ _____ me here?

❿ Sara의 생일을 위해 무슨 선물을 준비했니? (prepare for)
→ _____ present did you _____ _____ Sara's birthday?

TEST for Writing 서술형 시험에 써먹기

기본 서술형 01-10

[01-02] 다음 빈칸에 알맞은 의문사를 쓰시오. (각 1점)

01

I can't find Minho. _____ is he now?

→ _____

02

This is not my pen. _____ pen is it?

→ _____

[03-04] 다음 주어진 우리말과 일치하도록 빈칸에 알맞은 말을 쓰시오. (각 1.5점)

03

어느 가방이 네 것이니, 이것이니 아니면 저것이니?

→ _____ _____ is yours, this or that?

04

그는 무슨 종류의 파티를 원하니?

→ _____ _____ of party does he want?

05 다음 괄호 안에서 알맞은 것을 골라 쓰시오. (1점)

A: (How old / How long) is your brother?
B: He's 16 years old.

→ _____

06 다음 대화의 빈칸에 알맞은 말을 쓰시오. (1.5점)

A: Which language can you speak,
   Chinese or Japanese?
B: I _____ _____ Chinese.

→ _____

07 다음 두 문장의 빈칸에 공통으로 들어갈 말을 쓰시오. (2점)

• Why is he waiting _____ her?
• What will you prepare _____ the party?

→ _____

08 다음 문장들을 선택 의문문으로 바꿔 쓸 때, 빈칸에 알맞은 말을 쓰시오. (1.5점)

Does Jason like red? Or does he like blue?

→ Which _____ does Jason like, red _____ blue?

09 다음 대화의 (A), (B)에 알맞은 의문사를 쓰시오. (2점)

A: __(A)__ was Kevin late today?
B: Because he missed the bus this morning.
A: __(B)__ did you know that?
B: I saw him. I was late, too.

(A) _____ (B) _____

10 다음 문장에서 어색한 곳을 찾아 바르게 고치시오. (2점)

When year were you born in?

_____ → _____

수준별 서술형 11~13

11 괄호 안의 지시대로 문장을 바꿔 쓰시오. (3점)

(1) He bought a T-shirt for his mom.
(a T-shirt를 답으로 하는 의문문)

→ _____

(2) They will have a party next Friday.
(next Friday를 답으로 하는 의문문)

→ _____

(3) She made a cake or a pizza for him.
(둘 중 하나를 고르는 선택 의문문)

→ _____

12 다음 영어 문장을 우리말로 바르게 옮기시오. (3점)

(1) What kind of animals do you like?

→ _____

(2) When is she going to arrive at Jeju Island?

→ _____

(3) How much did you like the present?

→ _____

13 다음 대화의 밑줄 친 우리말을 영어로 바르게 옮기시오.
(괄호 안에 주어진 어구를 활용할 것) (3점)

> A: (1) 어버이날이 언제니? (Parents' Day)
> Let's do something for Mom and Dad.
> B: OK. (2) 우리가 그분들을 위해 무엇을 할 수 있을까?
> (what, can, for them)
> A: Let's cook for them. Or we can buy some gifts.

(1) _____

(2) _____

고난도 서술형 14~15

14 다음은 한 영화감독이 인터뷰 질문에 답변한 내용이다.
이를 참고하여 인터뷰 질문지를 완성하시오. (3점)

질문	답변
(1)	I make horror movies.
(2)	I made my first movie in 1998.
(3)	I made about 20 movies.
(4)	I like my first movie the most.

<Interview Questions>

(1) What kind of movies do you make?

(2) _____ _____ _____ _____ _____
your first movie?

(3) _____ _____ _____ movies _____
_____ _____ ?

(4) _____ _____ _____ _____ _____
like the most?

15 다음 그림을 참고하여, 글에서 틀린 곳을 두 군데 찾아 바르게 고치시오. (3점)

> We had a party for Hana yesterday. We prepared a cake, a dress, and a big present to her. We asked Hana, "Which present do you like, the dress and the teddy bear?" She said, "I like both!"

(1) _____ → _____

(2) _____ → _____

부가 의문문과 감탄문

부가 의문문 / 감탄문

GRAMMAR 알고 써먹기

A: My dog is very friendly, isn't he?

B: Yes, he is! My cat can do amazing tricks.
   What a smart cat he is!

A: How lovely they are! Just like us!

● **부가 의문문** 앞의 진술에 대해 상대방에게 확인이나 동의를 구할 때, 뒤에 덧붙이는 짧은 의문문을 말합니다.

앞 문장	부가 의문문의 형태 (의미)
긍정	be동사/조동사/do동사의 부정형+대명사 주어? (~하다, 그렇지 않니?)
부정	be동사/조동사/do동사의 긍정형+대명사 주어? (~하지 않다, 그렇지?)

※ 부가 의문문에서 be동사/조동사/do동사의 부정형은 축약형으로 씁니다.

ex) Dogs can hear very low sounds, can't they? – Yes, they can.
개들은 매우 낮은 소리를 들을 수 있어. 그렇지 않니?　　　　응, 할 수 있어.

● **감탄문** 기쁨, 놀라움, 슬픔 등 감탄을 나타낼 때 쓰며, 다음과 같은 형태를 가집니다.

What 감탄문	What+a(n)+형용사+명사(+주어+동사)!
How 감탄문	How+형용사/부사(+주어+동사)!

ex) **What** a scary animal it is! (= It is a very scary animal.)
그것은 얼마나 무서운 동물인가! (= 그것은 정말 무서운 동물이다.)

How surprising the monkeys were! (= The monkeys were very surprising.)
얼마나 놀라운 원숭이들이었는가! (= 그 원숭이들은 정말 놀라웠다.)

TRAINING 1 기본 형태 연습하기

A 알맞은 것에 ✔ 표시하고, 각 문장을 완성하세요.

❶ Monkeys stand on two feet, _____ they?　　☐ do　☐ don't

❷ The deer ran away from the lions, _____ it?　　☐ did　☐ didn't

❸ Dogs can't jump up to a high place, _____ they?　　☐ can　☐ can't

❹ We should save wild animals, shouldn't _____ ?　　☐ we　☐ they

❺ Pigs and hippos _____ have long tails, do they?　　☐ do　☐ don't

❻ _____ a beautiful bird it is!　　☐ What　☐ When

❼ I love this puppy. What _____ lovely puppy it is!　　☐ a　☐ the

❽ Look at that cheetah! _____ fast the cheetah is!　　☐ Why　☐ How

B 괄호 안에 주어진 말을 참고하여 각 문장을 완성하세요.

❶ Dogs have a good sense of smell, _____ _____ ? (부가 의문문)

❷ You didn't water the plant during the holidays, _____ _____ ? (부가 의문문)

❸ Dolphins _____ help each other, can't they? (부가 의문문)

❹ They are getting close to us, _____ they? (부가 의문문)

❺ _____ a cute rabbit it is! (감탄문)

❻ _____ clever the whale is! (감탄문)

❼ _____ a smart bird the parrot is! (감탄문)

❽ _____ big and scary the bear was! (감탄문)

이건 알아두기!

EXPRESSIONS ■ do tricks: 재주[묘기]를 부리다 ■ stand on ~ foot[feet]: ~발로 서다
■ run away from: ~로부터 도망치다 ■ jump up to: ~위로 뛰어오르다 ■ a good sense of: 좋은 ~ 감각
■ water the plant: 식물에 물을 주다 ■ help each other: 서로서로 돕다 ■ get close to: ~에 다가가다

💥 다음 예시와 같이 문장을 바꿔 쓰세요.

> Example) Hamsters have very soft fur. (부가 의문문)
> → Hamsters have very soft fur, ___**don't they**___ ?

❶ Sam takes care of stray dogs.
→ Sam takes care of stray dogs, _____ ?

❷ The camels are drinking water.
→ The camels are drinking water, _____ ?

❸ Frogs can live both in water and on land.
→ Frogs can live both in water and on land, _____ ?

❹ You don't like sea animals.
→ You don't like sea animals, _____ ?

❺ Animals can't use language.
→ Animals can't use language, _____ ?

> Example) This is a very sad animal story. (what 감탄문)
> → _____**What a sad animal story this is!**_____

❻ The stones were very heavy. (how 감탄문)
→ _____

❼ The elephants are very big. (how 감탄문)
→ _____

❽ We saw a very tall giraffe. (what 감탄문)
→ _____

❾ The horses had a very good race. (what 감탄문)
→ _____

❿ The desert was very large and dry. (how 감탄문)
→ _____

✺ 우리말을 참고하여 다음 예시와 같이 문장을 완성하세요.

> **Example)** 거북이는 수영을 잘하지, 그렇지 않니? (well / swims / it / a / doesn't / turtle / , / ?)
> → _____ *A turtle swims well, doesn't it?* _____

❶ 개구리는 높이 뛰어오를 수 있어, 그렇지 않니? (jump / they / high / can / can't / frogs / , / ?)

→ _____

❷ Mary는 금붕어들에게 먹이를 주지 않았어, 그렇지? (goldfish / feed / she / didn't / the / Mary / did / , / ?)

→ _____

❸ 너의 개는 나무 위에 올라갈 수 없어, 그렇지? (tree / climb / dog / it / up / your / a / can / can't / , / ?)

→ _____

❹ 그 알들은 얼마나 크고 딱딱했는지! (and / were / hard / how / eggs / the / big / !)

→ _____

❺ 너는 정말 귀여운 아기 고양이를 가졌구나! (kitten / have / what / you / cute / a / !)

→ _____

> **Example)** 너는 오늘 식물에 물을 주었어, 그렇지 않니? (water, plant)
> → You _*watered*_ the _*plant*_ today, _*didn't*_ you?

❻ 동물들은 서로 돕지, 그렇지 않니? (help, other)

→ Animals _____ _____ _____, don't they?

❼ 너의 개가 두 발로 일어섰어, 그렇지 않니? (stand, feet)

→ Your dog _____ on two _____, didn't _____?

❽ 그녀의 고양이가 네 무릎에 뛰어올랐어, 그렇지 않니? (jump up)

→ Her cat _____ _____ to your lap, _____ it?

❾ 우리는 그 늑대로부터 도망치면 안 돼, 그렇지? (should, run away)

→ We _____ _____ _____ from the wolf, should we?

❿ 돼지들은 얼마나 좋은 후각을 가졌는가! (sense, have)

→ _____ a good _____ of smell pigs _____!

TEST for Writing 서술형 시험에 써먹기

기본 서술형 01-10

[01-02] 다음 부가 의문문의 빈칸에 알맞은 말을 쓰시오. (각 1점)

01

It isn't a mountain, _____ it?

→ _____

02

Animals are friends to people, _____ they?

→ _____

03 다음 괄호 안에서 알맞은 것을 골라 쓰시오. (1점)

A: A dog can't see the color, can it?
B: No, it (can / can't).

→ _____

[04-05] 다음 우리말과 일치하도록 빈칸에 알맞은 말을 쓰시오. (각 1.5점)

04

낙타들은 사막에 살아, 그렇지 않니?

→ Camels live in the desert, _____
_____?

05

그것은 얼마나 멋진 말인가!

→ What a nice horse _____ _____!

06 다음 대화의 빈칸에 들어갈 말을 쓰시오. (1.5점)

A: You keep goldfish, don't you?
B: Yes, _____ _____. I keep 5 goldfish.

→ _____

07 다음 괄호 안의 단어들을 바르게 배열하여 문장을 완성하시오. (1.5점)

How fresh (are / oranges / those)!

→ _____

08 다음 빈칸 (A), (B)에 들어갈 말을 각각 쓰시오. (2점)

• We should run away __(A)__ the tiger.
• It's getting close __(B)__ us, isn't it?

(A) _____ (B) _____

09 다음 대화의 밑줄 친 우리말을 주어진 〈조건〉에 맞게 영어로 바르게 옮기시오. (2점)

A: 몇몇 동물들은 서로 돕는다, don't they?
B: Yes, they do.

〈조건〉 help, each other를 포함해 5단어로 쓸 것

→ _____

10 다음 문장에서 어색한 곳을 찾아 바르게 고치시오. (2점)

The birds lost their nest, don't they?

→ _____ → _____

수준별 서술형 11-13

11 괄호 안의 지시대로 문장을 바꿔 쓰시오. (3점)

(1) The parrot speaks very well. (부가 의문문)

→ _____

(2) He isn't walking with his dog. (부가 의문문)

→ _____

(3) The cat is a very clean animal. (what 감탄문)

→ _____

12 다음 영어 문장을 우리말로 바르게 옮기시오. (3점)

(1) We saw a big bear in the forest, didn't we?

→ _____

(2) Jerry can ride a horse, can't he?

→ _____

(3) How interesting the animal story was!

→ _____

13 다음 각 질문에 대한 자신의 답을 영어 문장으로 쓰시오. (3점)

(1) Q: You like animals, don't you?

A: _____

(2) Q: You don't keep a pet at home, do you?

A: _____

고난도 서술형 14-15

14 다음 대화의 밑줄 친 우리말을 영어로 바르게 옮기시오. (3점)

Sally: Tom, you don't like animals, do you?

Tom: (1) <u>아니, 좋아하지 않아.</u> I like plants. I love trees so much. You like plants too, don't you?

Sally: Yes. I like flowers.

Tom: Look at that! It's a sunflower.

Sally: (2) <u>그것은 얼마나 아름다운 해바라기인가!</u>

(1) _____

(2) _____

15 다음은 정글 속 풍경을 묘사한 그림이다. 글에서 틀린 곳을 두 군데 찾아 바르게 고치시오. (3점)

The monkeys are eating bananas, aren't they? The crocodile is swimming in the water, is it? It's getting close to the snake. It will eat the snake, won't it? How a poor snake it is!

(1) _____ → _____

(2) _____ → _____

Word Review

07
- advice 충고, 조언
- appointment 일정, 약속
- follow 지키다, 따르다
- friendly 다정한
- garbage 쓰레기
- greedy 욕심이 많은
- healthy 건강한
- honest 정직한
- lie 거짓말; 거짓말하다
- muffler 목도리, 머플러
- parking lot 주차장
- polite 예의 바른
- protect 보호하다
- quiet 조용한
- regularly 규칙적으로
- ride (자전거 등을) 타다
- rude 무례한
- several 여럿의
- side ~ 편, ~ 쪽
- skip 거르다, 빼먹다

08
- barbecue 바비큐
- bake 굽다
- beef 소고기
- comedy 코미디 (영화)
- face 얼굴, 표정
- grey 회색
- horror 공포 (영화)
- miss 놓치다
- missing 없어진
- prepare 준비하다
- strawberry 딸기
- surprise party 깜짝 파티
- surprised 놀란
- teddy bear 테디 베어

09
- amazing 멋진, 놀라운
- camel 낙타
- cheetah 치타
- clever 영리한
- close 가까운; 가까이
- crocodile 악어
- deer 사슴(들)
- dolphin 돌고래
- fur 털(가죽)
- giraffe 기린
- goldfish 금붕어
- hard 딱딱한, 견고한
- hippo 하마
- lovely 사랑스러운
- parrot 앵무새
- plant 식물
- save 구하다, 보존하다
- scary 무서운
- sense 감각
- stray 길 잃은, 떠도는
- trick 재주, 묘기
- whale 고래
- wild animal 야생 동물

More Words 알고 써먹기

● **사람의 성격/특성** | friendly (다정한) | greedy (욕심이 많은) | honest (정직한) | quiet (조용한) | rude (무례한) | polite (예의 바른)

Be ¹_____ and don't tell lies. 정직하고 거짓말을 하지 마라.

Don't be ²_____ to your teachers. 너의 선생님들께 무례하게 굴지 마라.

● **야생 동물** | camel (낙타) | cheetah (치타) | crocodile (악어) | deer (사슴) | dolphin (돌고래) | hippo (하마) | giraffe (기린) | parrot (앵무새) | snake (뱀) | whale (고래)

The ³_____ ran away from the hunter. 그 사슴은 사냥꾼으로부터 도망쳤다.

Grammar Review 주어진 우리말을 참고하여 각 빈칸에 알맞은 말을 쓰세요.

- 명령문의 형태
  - [1] _____ on warm clothes. 따뜻한 옷을 입어라.
  - [2] _____ nice to your neighbors. 네 이웃들에게 친절하게 대해라.

- 부정 명령문
  - [3] _____ play on the road. 도로 위에서 놀지 마라.
  - [4] _____ be late for a meeting. 회의에 절대로 늦지 마라.

- 청유문 / 대답
  - A: [5] _____ go shopping after school. 방과 후에 쇼핑하러 가자.
  - B: That sounds good. 그거 좋겠다.

- 의문사 의문문 / 대답
  - [6] _____ kind of movie do you like? 너는 어떤 종류의 영화를 좋아하니?
  - A: [7] _____ were they late today? 그들은 오늘 왜 늦었니?
  - B: It is because they had an accident. 그들이 사고를 당했기 때문이야.

- 선택 의문문 / 대답
  - A: [8] _____ will she like, the cat or the dog?
    그녀는 어느 것을 좋아할까, 고양이일까 아니면 개일까?
  - B: She will like the dog. 그녀는 개를 좋아할 거야.

- 부가 의문문
  - Animals can be our good friends, [9] _____ ?
    동물들은 우리의 좋은 친구가 될 수 있어, 그렇지 않니?
  - The dogs don't jump up the trees, [10] _____ ?
    그 개들은 나무에 뛰어오르지 않아, 그렇지?

- 감탄문
  - [11] _____ a lovely kitten it is! 그것은 얼마나 사랑스런 아기 고양이인가!
  - [12] _____ interesting the movie was! 얼마나 재미있는 영화였는가!

Chapter 4

문장의 형식 써먹기

2형식

2형식 / 감각동사

GRAMMAR 알고 써먹기

Churros are a famous dessert from Spain.
They smell sweet and taste delicious.
They look like long sticks with sugar and cinnamon powder.
They became very popular in Korea, too.

● **2형식**

2형식 문장은 「주어+2형식 동사+주격보어」로 이루어진 문장을 말합니다. 2형식 동사로는 주로 be동사나 become, get이 쓰입니다.

2형식 동사와 문장 형태	be동사 (~이다 / 있다)	주어+be동사+주격보어 (명사/형용사)
	become (~이 되다 / ~하게 되다)	주어+become+주격보어 (명사/형용사)
	get (~하게 되다)	주어+get+주격보어 (형용사)

ex) Mr. Brown became a famous baker. Brown 씨는 유명한 제빵사가 되었다.
The soup will get cold soon. 그 수프는 금방 식을 거야.

● **감각동사**

감각동사에는 look, sound, taste, smell, feel이 있으며, 다음과 같은 뜻을 가질 때 2형식으로 쓰입니다. 뒤에 주격보어로 형용사가 옵니다.

감각동사+형용사	look+형용사: ~하게 보이다 (cf. look like+명사: ~처럼 보인다)	
	taste+형용사: ~한 맛이 나다	sound+형용사: ~하게 들리다
	feel+형용사: ~하게 느껴지다	smell+형용사: ~한 냄새가 나다

ex) The air feels freshly. (x) → The air feels fresh. 공기가 상쾌하게 느껴진다.

A 알맞은 것에 ✔ 표시하고, 각 문장을 완성하세요.

❶ The chefs were _____ .　　　　　　　☐ excellent　☐ excellently

❷ They will become _____ in 2 years.　　☐ greatly　☐ bakers

❸ The ice cream tastes _____ and delicious.　☐ sweet　☐ sweetly

❹ The restaurant gets _____ at this time of the year.　☐ busily　☐ busy

❺ He looked _____ after work yesterday.　☐ tire　☐ tired

❻ The bread looked just like _____ .　　☐ a donut　☐ sweet

❼ Your idea doesn't sound _____ to me.　☐ help　☐ helpful

❽ Did you feel _____ about the cooking class?　☐ excite　☐ excited

B [보기]에서 알맞은 동사를 사용해 각 문장을 완성하세요. (각 동사를 한 번씩만 쓸 것)

❶ We'll _____ hungry soon. Let's hurry home.

❷ The dough _____ bigger in two hours.

❸ Why do you _____ down today?

❹ This cheese _____ awful but tastes great.

❺ It didn't _____ funny at all.

❻ The white apron _____ great on you.

❼ You will _____ better after eating chocolate.

❽ The bread feels hard and _____ a little salty.

[보기]

get

look

feel

became

looks

smells

sound

tastes

이건 알아두기!

EXPRESSIONS ■ look just like: 마치 ~처럼 보이다　■ become popular: 인기를 얻게 되다
■ in + 시간 표현: ~이 지나서[경과되어]　■ at this time of the year: 해마다 이맘때
■ hurry home: 집으로 급히 가다　■ look down: 우울해 보이다　■ look great[good] on: ~에게 잘 어울리다
■ feel better: 기분이[상태가] 나아지다

💥 다음 예시와 같이 문장을 바꿔 쓰세요.

Example) She **looks** nice today. (부정문)
→ _She **doesn't[does not] look** nice today._

❶ It's getting warm outside.
→ _____

❷ The sauce will become sticky in 30 minutes.
→ _____

❸ The sandwiches look fresh.
→ _____

❹ The pie looks like the full moon.
→ _____

❺ Jason felt tired after making pizza.
→ _____

Example) It **gets** cool at this time of the year. (의문문)
→ _**Does** it **get** cool at this time of the year?_

❻ The new restaurant became popular.
→ _____

❼ It's becoming summer now.
→ _____

❽ This tomato spaghetti tasted hot and spicy.
→ _____

❾ She's feeling hungry during class.
→ _____

❿ The bagels look like donuts.
→ _____

TRAINING 3 영어 문장 완성하기

✹ 우리말을 참고하여 다음 예시와 같이 문장을 완성하세요.

> **Example)** 그는 오늘 행복해 보이지 않는다. (today / happy / he / look / doesn't / .)
>
> → _____ *He doesn't look happy today.* _____

1 너는 이제 상태가 나아졌니? (feel / do / now / you / better / ?)

→ _____

2 그 국수는 냄새가 좋지 않았다. (good / didn't / noodles / smell / the / .)

→ _____

3 그 브라우니는 아이스크림과 함께 먹으면 맛이 더 좋다. (brownie / better / the / with / tastes / ice cream / .)

→ _____

4 일년 중 이맘 때 날씨가 더워져. (year / gets / it / time / at / hot / the / this / of / .)

→ _____

5 그 빵은 오븐에서 약간 갈색이 되었다. (the / in / became / oven / bread / brownish / the / .)

→ _____

> **Example)** 날이 어두워져서, 우리는 집으로 급히 갔다. (hurry home)
>
> → It became ____*dark*____ , so we ___*hurried*___ ___*home*___ .

6 프레첼은 뉴욕에서 인기를 얻게 되었다. (popular, in)

→ Pretzels _____ _____ _____ New York.

7 2주가 지나서 그 우유는 신맛이 날 것이다. (sour, in)

→ The milk will _____ _____ _____ two weeks.

8 그는 해마다 이맘때 우울해 보인다. (down, year)

→ He _____ _____ at this time of the _____ .

9 그 흰 모자는 그녀에게 잘 어울린다! (great on)

→ The white hat _____ _____ _____ her!

10 그건 마치 한국의 비빔밥 같아 보인다. (just like)

→ It _____ _____ _____ *bibimbap* from Korea.

TEST for Writing 서술형 시험에 써먹기

기본 서술형 01-10

[01-02] 다음 괄호 안에서 알맞은 것을 고르시오. (각 1점)

01

It'll become (spring / greatly) next month.

→ _____

02

You look (pretty / beautifully) today.

→ _____

[03-04] 다음 문장에서 밑줄 친 부분을 바르게 고치시오. (각 1.5점)

03

The music tastes terrible to me.

→ _____

04

The wind gets coldly in winter.

→ _____

05 다음 우리말과 일치하도록 빈칸에 알맞은 말을 쓰시오. (2점)

이 오렌지는 시큼해 보이지만 맛은 달다.

→ This orange looks _____ but _____ sweet.

06 괄호 안에 주어진 단어들을 바르게 배열하여 대화를 완성하시오. (1.5점)

A: It's spring, but it's too cold outside.
B: It (become / will / warm) soon.

→ _____

07 다음 두 문장의 빈칸에 공통으로 들어갈 말을 쓰시오. (1.5점)

• We _____ this donut. It's delicious.
• The donut looks just _____ a ring.

→ _____

08 다음 두 문장의 뜻이 같도록 빈칸에 알맞은 말을 쓰시오. (1.5점)

This soup has a good smell.
= This soup _____ _____.

09 다음 대화의 밑줄 친 우리말을 영어로 바르게 옮기시오. (현재형으로 쓸 것) (2점)

A: How does your mother feel today?
B: She 상태가 나아지셨어.

→ _____

10 다음 글에서 어색한 곳을 찾아 바르게 고치시오. (1.5점)

The fish doesn't look like fresh for dinner.

_____ → _____

수준별 서술형 11-13

11 괄호 안의 단어들을 사용해 다음 우리말을 영어로 바르게 옮기시오. (필요하면 형태를 바꿀 것) (3점)

(1) 이 케이크는 맛이 달다. (cake, taste, sweet)

→ _____

(2) 그는 오늘 우울해 보인다. (look, down, today)

→ _____

(3) 곧 여름이 될 것이다. (it, become, soon)

→ _____

12 다음 영어 문장을 우리말로 바르게 옮기시오. (3점)

(1) This food tastes salty but yummy.

→ _____

(2) The hat looks great on you.

→ _____

(3) The air in this room doesn't feel fresh.

→ _____

13 다음 각 질문에 대한 자신의 답을 영어 문장으로 쓰시오. (3점)

(1) How do you feel today?

→ _____

(2) What age did you become this year?

→ _____

고난도 서술형 14-15

14 다음은 츄러스와 베이글의 특징에 대해 정리한 표이다. 이를 참고하여 글을 완성하시오. (3점)

	Churros	Bagels
Look	long sticks	donuts
Smell	sweet	good
Taste	delicious	delicious

Churros look like long sticks. They (1) _____

_____. Bagels look (2) _____.

They smell good. Both (3) _____.

15 다음은 Lisa가 빵을 만든 과정을 차례대로 나타낸 그림이다. 글에서 틀린 곳을 세 군데 찾아 바르게 고치시오. (3점)

First, she made dough with flour. It felt very softly. Second, she wrapped it with plastic. It became big on 30 minutes. Then, she made a shape. Finally, she baked it in the oven. The fresh bread smelled well.

(1) _____ → _____

(2) _____ → _____

(3) _____ → _____

3형식과 4형식

3형식과 타동사 / 4형식 / 3, 4형식 문장 전환

My teacher showed us a movie in class. It was very sad
and touching. It gave an important lesson to us.
I'll live a good life from now on.

● 3형식과 타동사 3형식은 동사 뒤에 '~을/를'에 해당하는 목적어가 하나 있는 문장입니다.
목적어를 가지는 동사를 타동사라고 합니다.

3형식 문장	주어+타동사+목적어+(부사어: 부사, 전치사구 등)

ex) My parents give **an allowance** to me. 부모님은 나에게 용돈을 주신다.
　　　　　　　　　　　목적어

● 4형식 4형식은 '~을/를'에 해당하는 목적어 앞에 '~에게'에 해당하는 목적어가 하나 더 있는 문장입니다.

4형식 문장	주어+타동사+간접목적어(사람: ~에게)+직접목적어(사물: ~을/를)

ex) My parents give **me an allowance**. 부모님은 나에게 용돈을 주신다.
　　　　　　　　간접목적어　직접목적어

● 4형식 ↔ 3형식 4형식 문장을 3형식으로 전환할 때는 동사에 따라 특정 전치사가 필요합니다.
동사 뒤에 「목적어(사물)+특정 전치사+사람」의 순서로 전환합니다.

사물 *to* 사람	give, send, show, teach, tell, *bring, write, lend, pass
사물 *for* 사람	buy, find, make, cook, *bring
사물 *of* 사람	ask

※ bring은 전치사 to와 for가 모두 올 수 있습니다.

ex) I sent **you a letter**. ↔ I sent **a letter to** you. 나는 너에게 편지를 보냈어.
　　　간접목적어 직접목적어　　　　　　목적어　전치사+사람

A 각 문장에서 목적어에 밑줄을 긋고, 알맞은 형식에 ✓ 표시하세요.

❶ I bought a bunch of flowers for my dad.　☐ 3형식　☐ 4형식

❷ The teacher told an interesting story to us.　☐ 3형식　☐ 4형식

❸ They'll show you the way to the station.　☐ 3형식　☐ 4형식

❹ Mom gave me 30 dollars a week.　☐ 3형식　☐ 4형식

❺ He brought some books to the children.　☐ 3형식　☐ 4형식

❻ I will write you a Christmas card this year.　☐ 3형식　☐ 4형식

❼ She made me a cake for my birthday.　☐ 3형식　☐ 4형식

❽ Can you cook some food for your parents?　☐ 3형식　☐ 4형식

B 각 문장의 괄호 안에서 알맞은 전치사를 고르세요.

❶ The woman gave a useful tip (to / of) us.

❷ Did you ask the same question (for / of) him?

❸ You're out of money. I'll lend 10 dollars (to / for) you.

❹ James made chocolate cookies (to / for) me.

❺ Could you pass the plate on the table (to / of) me?

❻ Dad bought a piggy-bank (to / for) me.

❼ Mr. Johns taught math (to / of) us last year.

❽ Don't send a text message (to / of) me at night.

이건 알아두기!

EXPRESSIONS ▪ live a(n) ~ life: ~한 삶을 살다　▪ from now on: 지금부터　▪ a bunch of: 한 다발의　▪ show A the way to B: A에게 B로 가는 길을 알려 주다　▪ give a tip: 조언을 해 주다　▪ be out of: ~을 다 써서 없다, ~가 떨어지다　▪ send a text message: 문자를 보내다

💥 다음 예시와 같이 문장을 바꿔 쓰세요.

Example) She gave **a hand-made sweater to me**. (3형식 → 4형식)
→ _She gave **me a hand-made sweater**._

❶ Bob lent 5 dollars to me yesterday.
→ _____

❷ Ms. Dwain tells old stories to her grandson.
→ _____

❸ Could you make a hamburger for me?
→ _____

❹ We'll ask some questions of our science teacher.
→ _____

❺ Did you write a thank-you letter to him?
→ _____

Example) The story gives **us a life lesson**. (4형식 → 3형식)
→ _The story gives **a life lesson to us**._

❻ I'll send you a text message this afternoon.
→ _____

❼ The teacher asked me an easy question.
→ _____

❽ Did you buy Danny a present for his birthday?
→ _____

❾ Can you teach him the Korean language?
→ _____

❿ Who showed them the way to the library?
→ _____

💥 우리말을 참고하여 다음 예시와 같이 문장을 완성하세요.

Example) 그는 나에게 자신의 노트북 컴퓨터를 빌려주었다. (me / laptop / he / his / lent / .)
→ _He lent me his laptop._

① 너의 삼촌은 너에게 용돈을 주시니? (you / allowance / does / uncle / your / an / give / ?)
→ _____

② Jane은 그녀의 아빠에게 목도리를 만들어 드렸다. (for / made / her / muffler / Jane / dad / a / .)
→ _____

③ 그 책들은 우리에게 중요한 메시지들을 준다. (to / messages / give / the / us / books / important / .)
→ _____

④ 누가 어젯밤에 나에게 이 문자를 보냈니? (night / text message / sent / who / this / me / last / ?)
→ _____

⑤ 너는 네 여동생에게 선물을 사 줄 거니? (for / buy / you / a / will / present / sister / your / ?)
→ _____

Example) 그 선생님은 나에게 좋은 조언을 하나 해 주셨다. (give, tip)
→ The teacher ___gave___ ___me___ a good ___tip___.

⑥ 너는 나에게 꽃을 한 다발 사 줄 수 있니? (buy, bunch)
→ Can you _____ _____ a _____ of flowers?

⑦ Ted는 나에게 그 버스 정류장에 가는 길을 알려 주었다. (show, way)
→ Ted _____ _____ the _____ to the bus stop.

⑧ 그들은 너에게 전화하거나 문자를 보내지 않을 거야. (send, text)
→ They won't call or _____ _____ a _____ message.

⑨ 나에게 아이스크림을 사 줄래? 난 돈을 다 썼어. (out of)
→ Would you buy ice cream _____ me? I'm _____ _____ money.

⑩ 내가 지금부터 너에게 재미있는 이야기들을 해 줄게. (tell, now)
→ I'll _____ _____ interesting stories from _____ on.

TEST for Writing 서술형 시험에 써먹기

기본 서술형 01-10

[01-02] 다음 빈칸에 알맞은 전치사를 쓰시오. (각 1점)

01
> I won't lend money _____ you.

→ _____

02
> Who bought that sweater _____ her?

→ _____

[03-04] 다음 주어진 우리말과 일치하도록 빈칸에 알맞은 말을 쓰시오. (각 1.5점)

03
> 그는 학교에서 우리에게 영어를 가르친다.

→ He _____ _____ English at school.

04
> 그녀가 오늘 너에게 저녁을 요리해 줄 것이다.

→ She'll _____ _____ dinner today.

05 다음 괄호 안에서 알맞은 것을 골라 쓰시오. (1점)

> Can I ask a question (of / for) you?

→ _____

06 다음 괄호 안의 단어들을 바르게 배열하여 대화를 완성하시오. (1.5점)

> A: How can I get to the station?
> B: I'll (way / you / the / show). Follow me.

→ _____

07 다음 빈칸 (A), (B)에 들어갈 말을 각각 쓰시오. (2점)

> • We won't tell you anything from now __(A)__ .
> • The printer is out __(B)__ ink.

(A) _____   (B) _____

08 다음 문장을 3형식으로 바꿔 쓸 때 빈칸에 알맞은 말을 쓰시오. (2점)

> Mom bought me a present yesterday.

→ Mom _____ _____ _____ _____ _____ yesterday.

09 다음 대화의 밑줄 친 우리말을 주어진 〈조건〉에 맞게 영어로 옮기시오. (2점)

> A: Did you write her a thank-you card?
> B: No. But I 그녀에게 문자 메시지를 보냈다.

〈조건〉 send, text를 포함해 4형식으로 쓸 것 (5단어)

→ _____

10 다음 문장에서 어색한 곳을 찾아 바르게 고치시오. (1.5점)

> Could you bring to me a glass of water?

_____ → _____

수준별 서술형 11-13

11 괄호 안의 지시대로 문장을 바꿔 쓰시오. (3점)

(1) He bought me a bunch of flowers. (3형식)

→ _____

(2) They asked me a silly question. (3형식)

→ _____

(3) I'll show my family picture to you. (4형식)

→ _____

12 다음 영어 문장을 우리말로 바르게 옮기시오. (3점)

(1) The doctor gave me a health tip.

→ _____

(2) Mom won't give you an allowance.

→ _____

(3) Could you make pancakes for me?

→ _____

13 다음 대화의 밑줄 친 우리말을 영어로 바르게 옮기시오.
(괄호 안에 주어진 어구를 활용할 것) (3점)

> A: Lisa taught me English. She's so kind.
> B: She lent me her books. She helps us a lot.
> A: Let's do something for her.
> B: That's a good idea. (1) 나는 그녀에게 선물을 하나 사 줄 거야. (buy, for)
> A: (2) 나는 그녀에게 꽃을 좀 보낼게. (send, flowers)

(1) _____

(2) _____

고난도 서술형 14-15

14 다음은 진수의 용돈 지출 내역을 나타낸 표이다. 이를 참고하여 글을 완성하시오. (3점)

Jinsu's Expenses	
a book for Tim	$15
a drink for Jen	$5
give to the poor	$10
TOTAL	$30

Last week, Mom gave Jinsu 30 dollars. Jinsu

bought (1) _____.

He bought (2) _____.

Next, he gave (3) _____

_____. Now, he is out of money!

15 다음 그림을 참고하여, 글에서 틀린 문장을 두 개 찾아 밑줄 긋고 바르게 고쳐 쓰시오. (3점)

Lucy went shopping with her friend Tom. She picked a nice muffler for her dad, but it was expensive. Tom lent her to some money. Lucy could buy the muffler her dad.

(1) _____

(2) _____

5형식

5형식 문장 / 5형식 동사

요즘 너 기분이 down되어 보여. 무슨 일이야?

응...나 요새 살이 훅 쪘거든... 흑흑 대체 왜지...?

난 그 reason을 알 것 같다... 얼른 초콜릿 치워!

우울할 땐 초콜릿이 최고야. 스트레스 받으면 살도 더 안 빠진대.

GRAMMAR 알고 써먹기

I found my friend a little down.
That's because she gained weight.
She always waits for snack time.
Eating chocolate makes her happy.

● **5형식 문장**　5형식 문장은 타동사의 목적어가 있고, 그 뒤에 목적어를 설명해 주는 목적격보어가 있는 형태입니다.

5형식 문장	주어＋타동사＋목적어＋목적격보어(명사/형용사 등)

ex) We call **milk** **a complete food.** 우리는 우유를 완전 식품이라고 부른다.
　　　　　목적어　　목적격보어: 명사구

　　Regular exercise made **me** **healthy.** 규칙적인 운동은 나를 건강하게 만들었다.
　　　　　　　　　　　목적어　목적격보어: 형용사

● **5형식 동사**　대표적인 5형식 동사에는 call, make, keep, name, find, leave가 있습니다.

call＋목적어＋명사/대명사: ～을 …라고 부르다	make＋목적어＋형용사: ～을 …하게 만들다
keep＋목적어＋형용사: ～을 …하게 유지하다	name＋목적어＋명사/대명사: ～을 …라고 이름 짓다
find＋목적어＋형용사: ～가 …하다고 여기다 / 알다	leave＋목적어＋형용사: ～을 …하게 두다

ex) Leave **the windows closed** for a while. 창문을 잠시 닫은 채로 두어라.
　　I found **the story mysterious.** 나는 그 이야기가 기이하다는 걸 알았다.

A 알맞은 것에 ✔ 표시하고, 각 문장을 완성하세요.

❶ Listening to music makes me _____ .   ☐ happy   ☐ happily

❷ Keep the windows _____ for fresh air.   ☐ open   ☐ opening

❸ Bike riding made us _____ .   ☐ cheer   ☐ cheerful

❹ Do I have to keep this yogurt _____ ?   ☐ cool   ☐ coldly

❺ We found the story a bit _____ .   ☐ strange   ☐ strangely

❻ Please leave me _____ in the room.   ☐ myself   ☐ alone

❼ Too many sweets will make you _____ .   ☐ fat   ☐ grew

❽ Don't leave your shirt _____ .   ☐ dirt   ☐ dirty

B 괄호 안에 주어진 말을 참고하여 [보기]에서 알맞은 말을 골라 쓰세요.

❶ Keep _____ warm on a cold day. (목적어)

❷ I found these sneakers _____ . (목적격보어)

❸ They _____ salmon one of the super foods. (동사)

❹ We don't find _____ interesting. (목적어)

❺ The book _____ him famous all around the world. (동사)

❻ We _____ the road dangerous for runners. (동사)

❼ She keeps her dog clean and _____ . (목적격보어)

❽ Who _____ your pet Edward? It's a nice name. (동사)

[보기]

call

yourself

comfortable

found

healthy

this movie

made

named

이건 알아두기!

EXPRESSIONS ▪ wait for: ~을 기다리다 ▪ for a while: 잠시 동안 ▪ a (little) bit: 조금, 약간
▪ leave ~ alone: ~을 혼자 두다 ▪ keep oneself warm[clean]: 몸을 따뜻하게[깨끗하게] 유지하다
▪ all around the world: 전 세계적으로

✳ 다음 예시와 같이 문장을 바꿔 쓰세요.

> **Example)** Fast food **made** him fat. (부정문)
> → _Fast food **didn't[did not]** make him fat._

❶ My friends call my dog Little Genius.
→ _____

❷ Leave the soup cold on the table.
→ _____

❸ I found the movie boring.
→ _____

❹ Dancing to music makes us happy.
→ _____

❺ This kind of food will make you strong.
→ _____

> **Example)** Playing outside **makes** the children happy. (의문문)
> → _**Does** playing outside **make** the children happy?_

❻ You keep your room clean all the time.
→ _____

❼ He will keep the salad fresh for me.
→ _____

❽ She found the exercise dangerous.
→ _____

❾ They call running the perfect sport.
→ _____

❿ A balanced diet makes people healthy.
→ _____

💥 우리말을 참고하여 다음 예시와 같이 문장을 완성하세요.

Example) 나를 Sweaty라고 부르지 마! (me / call / Sweaty / don't / !)
→ *Don't call me Sweaty!*

① 누가 너를 Samantha라고 이름 지었니? (named / Samantha / who / you / ?)
→ _____

② 너는 그 영화가 왜 슬프다고 생각했니? (movie / find / you / why / the / sad / did / ?)
→ _____

③ 너의 음식은 할머니를 기쁘게 해 드렸다. (Grandma / your / made / pleased / food / .)
→ _____

④ 그 채소들을 시원하고 건조하게 유지해라. (and / the / dry / vegetables / keep / cool / .)
→ _____

⑤ 충분한 수면은 우리를 활기차게 만들어 줄 것이다. (will / us / enough / cheerful / make / sleep / .)
→ _____

Example) 우리는 항상 손을 깨끗이 유지해야 한다. (keep, clean)
→ We should always ___*keep*___ our ___*hands*___ ___*clean*___ .

⑥ 잠시 문을 열어 두어라. (leave, while)
→ _____ the door open for _____ _____ .

⑦ 나는 그가 조금 화가 난 것을 알았다. (find, bit)
→ I _____ _____ a _____ angry.

⑧ 수영을 하고 나서는 몸을 따뜻하게 유지해라. (keep oneself, warm)
→ _____ _____ _____ after swimming.

⑨ 그 영화는 그 배우를 전 세계적으로 유명하게 만들었다. (make, world)
→ The movie _____ the actor _____ all around the _____ .

⑩ 저를 제발 혼자 두지 마세요. 무서워요! (leave, alone)
→ Please don't _____ _____ _____ . I'm scared!

TEST for Writing 서술형 시험에 써먹기

기본 서술형 01-10

[01-02] 다음 문장의 빈칸에 알맞은 동사를 쓰시오. (현재형으로 쓸 것) (각 1점)

01
> The game _____ me excited. (~하게 만들다)

→ _____

02
> Please _____ the food warm. (~하게 유지하다)

→ _____

[03-04] 다음 괄호 안에서 알맞은 것을 골라 쓰시오. (각 1점)

03
> I found the movie (bore / boring).

→ _____

04
> Leave the pot (open / openly). It's still hot.

→ _____

05 다음 주어진 우리말과 일치하도록 빈칸에 알맞은 말을 쓰시오. (1.5점)

> 나는 내 고양이의 이름을 Mimi라고 지었다.

→ I _____ _____ _____ Mimi.

06 다음 대화의 밑줄 친 우리말을 영어로 바르게 옮기시오. (1.5점)

> A: What's your nickname?
> B: My friends 나를 Genius라고 불러.

→ _____

07 다음 괄호 안의 단어들을 바르게 배열하여 문장을 완성하시오. (2점)

> Vegetables (strong / make / body / your).

→ _____

08 다음 두 문장의 빈칸에 공통으로 들어갈 말을 쓰시오. (2점)

> • We waited _____ them in the park.
> • Leave the room empty _____ a while.

→ _____

09 다음 대화의 밑줄 친 우리말을 주어진 〈조건〉에 맞게 영어로 바르게 옮기시오. (2점)

> A: How should I keep these dry flowers?
> B: Please 그것들을 시원하고 건조하게 유지하세요.

〈조건〉 keep, cool, dry를 포함해 5형식으로 쓸 것

→ Please _____ .

10 다음 문장에서 어색한 곳을 찾아 바르게 고치시오. (2점)

> Did you find the way danger?

_____ → _____

수준별 서술형 11-13

11 괄호 안의 지시대로 문장을 바꿔 쓰시오. (3점)

(1) You will leave the door open. (의문문)

→ _____

(2) Keep the fruit warm. (부정문)

→ _____

(3) My pet makes me happy. (미래 시제)

→ _____

12 다음 영어 문장을 우리말로 바르게 옮기시오. (3점)

(1) Grandpa named me Noah.

→ _____

(2) People called him a hero.

→ _____

(3) Did you keep the water cool?

→ _____

13 다음 각 질문에 대한 자신의 답을 영어 문장으로 쓰시오.
(3점)

(1) Q: What do your friends call you?

A: _____

(2) Q: What makes you happy?

A: _____

고난도 서술형 14-15

14 다음 대화의 밑줄 친 우리말을 영어 문장으로 바르게 옮기시오. (주어진 단어를 포함할 것) (3점)

> Mom: Mira, where is the milk?
> Mira: It's on the table.
> Mom: Oh, no! (1) 너는 그것을 차게 유지해야 한다.
> (should, cold)
> Mira: Sorry, Mom. I left it open for you.
> Mom: (2) 그것을 연 채로 두지 마라. (leave, open)
> Keep it closed and put it in the refrigerator.

(1) _____

(2) _____

15 그림을 참고하여, 글에서 틀린 문장을 두 개 찾아 밑줄 긋고 바르게 고쳐 쓰시오. (3점)

For a healthy life ...
1. Keep yourself warmly.
2. Keep your hands clean.
3. Make your food health.
4. Don't leave your clothes dirty.

(1) _____

(2) _____

Word Review

10
- ☐ bagel (빵) 베이글
- ☐ baker 제빵사
- ☐ brownish 갈색을 띠는
- ☐ cinnamon 계피
- ☐ delicious 맛있는
- ☐ dessert 후식, 디저트

- ☐ famous 유명한
- ☐ fresh 신선한, 쾌적한
- ☐ helpful 도움이 되는
- ☐ hurry 서둘러 가다
- ☐ popular 인기 있는
- ☐ powder 파우더, 가루

- ☐ salty 짠, 소금기 있는
- ☐ spicy 양념이 강한
- ☐ stick 막대
- ☐ sticky 끈적거리는
- ☐ terrible 끔찍한, 형편없는
- ☐ try 먹어보다

11
- ☐ allowance 용돈
- ☐ bunch 다발, 묶음
- ☐ expensive 값비싼
- ☐ follow 따라오다[가다]
- ☐ grandson 손자
- ☐ hand-made 손으로 만든, 수제의

- ☐ laptop 휴대용[노트북] 컴퓨터
- ☐ lend 빌려주다
- ☐ lesson 교훈
- ☐ life 삶, 생활
- ☐ pick 고르다
- ☐ piggy-bank 돼지 저금통

- ☐ silly 어리석은
- ☐ text message 문자 메시지
- ☐ tip 조언
- ☐ touching 감동을 주는
- ☐ useful 유용한

12
- ☐ balanced 균형 잡힌
- ☐ cheerful 생기를 주는
- ☐ comfortable 편안한
- ☐ complete 완전한
- ☐ dangerous 위험한
- ☐ diet 식이요법
- ☐ down 우울한

- ☐ find 알다, 생각하다
- ☐ gain 얻다
- ☐ genius 천재
- ☐ mysterious 불가사의한
- ☐ perfect 완벽한
- ☐ regular 규칙적인

- ☐ runner 주자
- ☐ salmon 연어
- ☐ scared 무서운
- ☐ sneakers 운동화 한 켤레
- ☐ strange 이상한
- ☐ weight 무게, 체중

More Words 알고 써먹기

● 음식에 관한 형용사 | **delicious** (맛있는) | **tasty** (맛있는) | **sweet** (달콤한) | **salty** (짠)
  | **hot** (매운) | **spicy** (양념이 강한) | **bland** (특별한 맛이 없는, 싱거운)

Churros smell ___¹___ . 츄러스는 달콤한 냄새가 난다.

The spaghetti tasted ___²___ . 그 스파게티는 양념이 강한 맛이 났다.

● -ful로 끝나는 형용사 | **colorful** (색이 화려한) | **helpful** (도움이 되는) | **useful** (유용한)
  | **cheerful** (유쾌한) | **beautiful** (아름다운) | **wonderful** (멋진, 훌륭한)

The leaves will become ___³___ . 그 잎들은 색이 화려해질 것이다.

She gave a ___⁴___ tip to me. 그녀는 내게 유용한 조언을 하나 해 주었다.

Grammar **Review** 주어진 우리말을 참고하여 각 빈칸에 알맞은 말을 쓰세요.

써먹기 문법 | 10 2형식

- 2형식 문장
  The bakers were [1]_____. 그 제빵사들은 십대였다.

  It gets [2]_____ in spring. 봄이 되면 따뜻해진다.

- 감각동사
  The bread [3]_____ salty. 그 빵은 짠맛이 난다.

  This fruit smells [4]_____. 이 과일은 신선한 냄새가 난다.

  The cake looks [5]_____ cheese. 그 케이크는 치즈같이 생겼다.

써먹기 문법 | 11 3형식과 4형식

- 3형식 문장
  Mr. Han teaches [6]_____ at the school. 한 선생님은 학교에서 영어를 가르친다.

- 4형식 문장
  My mom gave [7]_____ 5 dollars every day.
  엄마는 매일 내게 5달러를 주신다.

- 4형식 ↔ 3형식
  He bought me a donut. ↔ He bought a donut [8]_____ me.
  그는 내게 도넛을 하나 사주었다.

써먹기 문법 | 12 5형식

- 5형식 문장
  The movie made me [9]_____. 그 영화는 나를 행복하게 만들었다.

- 5형식 동사
  We [10]_____ the bird Bobbie. 우리는 그 새를 Bobbie라고 이름 지었다.

  I found him [11]_____ in the room. 나는 그가 방에 혼자 있는 것을 알았다.

  Please keep this bottle [12]_____. 이 병을 차게 유지해 주세요.

Chapter 5

동명사, to부정사 써먹기

동명사

동명사의 형태와 쓰임 / 동명사를 목적어로 취하는 동사

Hi, I'm David from London.
This is my first time in Korea. Everything is new and exciting!
Using chopsticks at the table is hard for me.
But I enjoy eating various Korean foods!

● **동명사의 형태와 쓰임**   동명사는 동사원형에 -ing를 붙인 형태로 문장에서 명사처럼 주어, 목적어, 보어로 쓰입니다. (주어로 쓰일 때는 단수로 취급합니다.)

ex) <u>Wearing shoes</u> **is** unusual inside a Korean house. 한국의 집 안에서 신발을 신는 것은 흔치 않다.
      동명사 주어   단수형 동사

     She is good at <u>learning</u> foreign languages. 그녀는 외국어를 배우는 것을 잘한다.
               전치사의 목적어

     Her hobby is <u>traveling</u> all around the world. 그녀의 취미는 세계 곳곳을 여행하는 것이다.
             동명사 보어

● **동명사를 목적어로 취하는 동사**   다음 동사들은 동명사를 목적어로 취합니다.

> enjoy(즐기다), finish(끝내다), keep(계속하다), practice(연습하다), dislike(싫어하다), mind(꺼리다),
> deny(부인하다), avoid(피하다), give up(포기하다), stop(멈추다), *try(시도하다), *hate(싫어하다),
> *love/like(좋아하다), *start/begin(시작하다)

                                         * 표시한 동사들은 동명사와 to부정사를 모두 목적어로 취합니다.

ex) We don't **mind** <u>staying</u> late. 우리는 늦게까지 머무는 것을 꺼리지 않는다.
                목적어

A 알맞은 것에 ✓ 표시하고, 각 문장을 완성하세요.

❶ _____ *hanbok* is a wonderful experience.　　☐ Wear　　☐ Wearing

❷ _____ nice to foreign people is good manners.　　☐ Being　　☐ Be

❸ One difference is _____ off shoes at the door.　　☐ takes　　☐ taking

❹ My hobby is _____ foreign languages.　　☐ learning　　☐ learn

❺ They practice _____ chopsticks at the table.　　☐ use　　☐ using

❻ The British are famous for _____ tea.　　☐ drinking　　☐ to drink

❼ We enjoyed _____ bagels in New York.　　☐ to eat　　☐ eating

❽ Do you mind _____ with foreigners in English?　　☐ talking　　☐ to talking

B 괄호 안에 주어진 동사를 활용하여 각 문장을 완성하세요. (동명사로 쓸 것)

❶ _____ turkey is a Thanksgiving tradition. **(eat)**

❷ _____ one's head can have different meanings. **(shake)**

❸ Did you finish _____ the table for the guests? **(set)**

❹ She doesn't mind _____ friends from other countries. **(meet)**

❺ Josh practiced _____ a bow to old people in Korea. **(give)**

❻ Wilson dislikes _____ new food or meeting new people. **(try)**

❼ I am not familiar with _____ Korean food, such as *bibimbap*. **(cook)**

❽ One important thing is _____ on the door. **(knock)**

이건 알아두기!

EXPRESSIONS ▪ one's first time in: ~에 처음인　▪ take off: ~을 벗다
▪ shake one's head: ~의 고개를 젓다　▪ set the table: 식탁을 차리다　▪ give a bow: (고개 숙여) 절하다
▪ be familiar with: ~에 익숙하다　▪ such as: ~와 같은　▪ knock on the door: 문을 두드리다[노크하다]

💥 다음 예시와 같이 문장을 바꿔 쓰세요.

> **Example)** He **denies** using rude words. (부정문)
> → _He **doesn't[does not] deny** using rude words._

① Speaking in English is difficult for me.

→ _____

② Decorating a Christmas tree is a world-wide tradition.

→ _____

③ Dad finished cooking dinner for the guests.

→ _____

④ Harry minds eating the food with his fingers.

→ _____

⑤ People will keep traveling to Europe.

→ _____

> **Example)** They **enjoyed** shopping at the market. (의문문)
> → _**Did** they **enjoy** shopping at the market?_

⑥ Riding a horse is a popular activity on the island.

→ _____

⑦ Clark gave up walking to the old castle.

→ _____

⑧ Irene avoids meeting people from other countries.

→ _____

⑨ The foreigners are familiar with sleeping in _hanok_.

→ _____

⑩ Walking around the palace was an exciting activity.

→ _____

💥 우리말을 참고하여 다음 예시와 같이 문장을 완성하세요.

> **Example)** 그들은 바닥에 앉는 것을 좋아하지 않는다. (don't / the / they / sitting / like / on / floor / .)
> → _____ *They don't like sitting on the floor.* _____

❶ 외국인 친구를 사귀는 것은 흥미로운 일이다. (interesting / foreign / an / friend / making / is / thing / a / .)
→ _____

❷ 한국을 방문한 것은 좋은 경험이었니? (experience / visiting / good / was / Korea / a / ?)
→ _____

❸ Ben은 신발을 벗는 것을 꺼렸다. (off / minded / his / Ben / shoes / taking / .)
→ _____

❹ 그는 초밥 먹는 것을 싫어하니? (hate / sushi / he / eating / does / ?)
→ _____

❺ 윷놀이를 하는 것은 하나의 유명한 새해 전통이다. (famous / a / tradition / *yunnori* / is / playing / New Year's / .)
→ _____

> **Example)** 불고기와 같은 한국 음식을 먹은 것은 대단히 좋았다. (eat, such)
> → __*Eating*__ Korean foods, __*such*__ __*as*__ *bulgogi*, was great.

❻ 그들은 익히지 않은 생선을 먹는 것에 익숙하지 않다. (familiar, eat)
→ They're not _____ _____ _____ raw fish.

❼ 한 가지 차이점은 서로 머리 숙여 절한다는 것이다. (give, bow)
→ One difference is _____ _____ _____ to each other.

❽ 그녀는 파티를 위해 식탁 차리는 것을 끝냈다. (finish, set)
→ She _____ _____ the _____ for the party.

❾ 그의 습관들 중 하나는 자주 고개를 젓는다는 것이다. (shake, head)
→ One of his habits is _____ _____ _____ often.

❿ 들어가기 전에 문에 노크를 하는 것은 규칙이다. (knock, enter)
→ _____ _____ the door before _____ is a rule.

TEST for Writing 서술형 시험에 써먹기

기본 서술형 01-10

[01-02] 괄호 안에 주어진 동사를 알맞은 형태로 빈칸에 쓰시오. (각 1점)

01

_____ Thailand was a good experience. (visit)

→ _____

02

Did you enjoy _____ at the restaurant? (eat)

→ _____

03 다음 밑줄 친 (A), (B)를 각각 알맞은 형태로 쓰시오. (2점)

(A) Speak English is very important. So, you should practice (B) speak English.

(A) _____   (B) _____

[04-05] 다음 주어진 우리말과 일치하도록 빈칸에 알맞은 말을 쓰시오. (각 1.5점)

04

그는 영어로 말하는 것을 꺼리지 않는다.

→ He doesn't _____ _____ in English.

05

나는 매운 음식 먹는 것을 싫어한다.

→ I _____ _____ spicy food.

06 다음 대화의 빈칸에 알맞은 말을 쓰시오. (1.5점)

A: How are you doing in Korea?
B: Well, living in a foreign country _____ not easy.

→ _____

07 다음 빈칸 (A), (B)에 들어갈 말을 각각 쓰시오. (1.5점)

• The actor kept __(A)__ a bow on the stage.
• __(B)__ off your shoes inside is a rule.

(A) _____   (B) _____

08 다음 대화의 밑줄 친 우리말을 영어로 바르게 옮기시오. (주어진 어구를 사용할 것) (2점)

A: Is Clare studying French?
B: No. She 그것을 공부하는 것을 포기했어.
(give up, study)

→ _____

09 다음 괄호 안의 단어들을 바르게 배열하여 문장을 완성하시오. (1.5점)

Jane finished (the table / setting / her / for / guests).

→ _____

10 다음 문장에서 어색한 곳을 찾아 바르게 고치시오. (1.5점)

He avoided take his hat off.

_____ → _____

수준별 서술형 11-13

11 밑줄 친 부분을 동명사로 고쳐 문장을 다시 쓰시오. (3점)

(1) <u>Ride</u> a horse is not easy.

→ _____

(2) <u>Be</u> polite is important etiquette.

→ _____

(3) Sara avoids <u>eat</u> raw fish.

→ _____

12 다음 영어 문장을 우리말로 바르게 옮기시오. (3점)

(1) Eating rice is a big difference.

→ _____

(2) Do you mind knocking on the door?

→ _____

(3) He's not familiar with eating Korean food.

→ _____

13 다음 대화의 밑줄 친 우리말을 영어로 바르게 옮기시오.
(주어진 어구를 활용할 것) (3점)

> A: What is a New Year's tradition in Korea?
> B: (1) <u>떡국을 먹는 것이 하나의 전통이야.</u>
>   (eat *tteokguk*, tradition)
> A: Wow! Anything else?
> B: We wear *hanbok* and play *yunnori*.
>   (2) <u>나는 윷놀이 하는 것을 좋아해.</u> (play *yunnori*)

(1) _____

(2) _____

고난도 서술형 14-15

14 다음 표를 보고, 한국의 추석(Chuseok)과 미국의 추수감사절(Thanksgiving)을 비교하는 글을 완성하시오. (3점)

On Thanksgiving, people in the U.S. enjoy eating turkey. They also like going shopping. On Chuseok, people in Korea enjoy (1) _____ . They like (2) _____ . In both countries, (3) _____ is a tradition.

15 다음 그림을 참고하여, 글에서 틀린 문장을 두 개 찾아 밑줄 긋고 바르게 고쳐 쓰시오. (3점)

Hi, I'm Priyanka from India. This is my first time in Korea. Take off shoes inside is important in India too. Eating rice is also similar. But using chopsticks are not easy for me. I'm familiar with eating with my hands.

(1) _____

(2) _____

to부정사 1

to부정사의 명사적 용법 / to부정사를 목적어로 취하는 동사

GRAMMAR 알고 써먹기

In the future, I want to be an Italian chef.
I want to make delicious pizza and pasta.
Becoming a chef is not easy.
But I will try to realize my dream!

● **to부정사의 명사적 용법**   to부정사가 문장에서 명사의 용법, 즉 주어, 목적어, 보어로 쓰이는 것을 말합니다. to부정사는 「to+동사원형」의 형태입니다.

ex) To see is to believe. 보는 것이 믿는 것이다.
    주어(명사) 주격보어(명사)

I want to become a pilot in the future. 나는 미래에 파일럿이 되길 원한다.
     목적어(명사)

My dream is to become a dentist. 나의 꿈은 치과의사가 되는 것이다.
          주격보어(명사)

● **to부정사를 목적어로 취하는 동사**   다음 동사들은 목적어로 to부정사를 취합니다.

> want(원하다), hope(희망하다), wish(소망하다), plan(계획하다), decide(결정하다), learn(배우다), *hate(싫어하다),
> *love/like(좋아하다), *start/begin(시작하다), **forget(잊어버리다), **remember(기억하다), **try(노력하다)

* 표시 동사들은 to부정사와 동명사를 모두 목적어로 취합니다.   ** 표시 동사들은 to부정사와 동명사를 둘 다 목적어로 취하지만 의미가 다릅니다.

ex) I forget / remember **to set** the goal. 나는 목표를 설정해야 하는 것을 잊어버린다/기억한다.

I forgot / remembered **setting** the goal. 나는 목표를 설정했던 것을 잊어버렸다/기억했다.

A 알맞은 것에 ✔ 표시하고, 각 문장을 완성하세요.

❶ _____ a movie director is my dream. ☐ To be ☐ Be

❷ _____ good pictures is her hobby. ☐ Takes ☐ To take

❸ Ron wants _____ about space science. ☐ knowing ☐ to know

❹ We hope _____ abroad after high school. ☐ to go ☐ going

❺ They'll try _____ their goals. ☐ achieved ☐ to achieve

❻ Her dream is _____ a musician. ☐ to become ☐ become

❼ My plan is _____ all over the world. ☐ traveled ☐ to travel

❽ Our goal is _____ a happy life. ☐ to live ☐ lives

B 괄호 안에 주어진 동사를 활용하여 각 문장을 완성하세요.

❶ I'm planning _____ to art school. **(go)**

❷ She decided _____ to Seoul for university. **(move)**

❸ Mr. Jackson tries to _____ about teenagers' interests. **(learn)**

❹ Greg doesn't want _____ his mom's advice. **(follow)**

❺ Will you start _____ for the exam today? **(study)**

❻ Should we begin _____ about our future jobs? **(think)**

❼ We wish _____ working with you. **(continue)**

❽ Remember to _____ responsibility for your actions. **(take)**

이건 알아두기!

EXPRESSIONS ▪ realize one's dream: ~의 꿈을 실현하다 (= make one's dream come true)
▪ go abroad: 해외에 나가다 ▪ achieve one's goal: ~의 목표를 달성하다 ▪ move to: ~로 이사 가다
▪ follow one's advice: ~의 조언을 따르다 ▪ work for: ~을 위해 일하다 ▪ take responsibility for: ~에 책임이 있다

✸ 다음 예시와 같이 문장을 바꿔 쓰세요.

> **Example)** He **wants** to study abroad. (부정문)
> → ___He **doesn't[does not] want** to study abroad.___

❶ He hopes to get a job in the U.S.

→ _____

❷ They tried to find their own interests.

→ _____

❸ She wants to work for the company.

→ _____

❹ I began to think about my dreams for the future.

→ _____

❺ The best way is to follow others' opinions.

→ _____

> **Example)** Somin **planned** to work for sick people. (의문문)
> → ___**Did** Somin **plan** to work for sick people?___

❻ You want to become a car designer.

→ _____

❼ She hates to try new things.

→ _____

❽ He decided to think about going to university.

→ _____

❾ You wish to realize your dream.

→ _____

❿ Jimin forgot to visit his counselor.

→ _____

💥 우리말을 참고하여 다음 예시와 같이 문장을 완성하세요.

> **Example)** 그녀는 사진작가가 되기를 희망한다. (a / become / hopes / she / photographer / to / .)
> → _____ *She hopes to become a photographer.* _____

① 나는 스무 살에 자동차 운전을 배울 것이다. (at / will / to / I / drive / car / a / 20 / learn / .)

→ _____

② 너의 꿈들에 대해서 생각하기 시작해라. (dreams / think / begin / your / to / about / .)

→ _____

③ 그의 직업은 학생들에게 수학을 가르치는 것이다. (math / is / teach / job / to / students / his / .)

→ _____

④ 그녀는 중국으로 이사를 갈 계획이니? (she / move / China / is / to / to / planning / ?)

→ _____

⑤ 너는 다른 나라에서 공부하길 원하니? (want / country / study / you / do / in / to / another / ?)

→ _____

> **Example)** 그녀는 미국으로 이주하려고 계획했다. (move to)
> → She planned ___*to*___ ___*move*___ ___*to*___ the U.S.

⑥ 그들은 자신들의 꿈을 실현하기를 바란다. (realize, dreams)

→ They wish _____ _____ their _____ .

⑦ 나는 그 시험에서 나의 목표를 달성하길 희망한다. (achieve, goals)

→ I hope _____ _____ my _____ on the exam.

⑧ 너는 그 장난감 회사를 위해 일하길 원하니? (work for)

→ Do you want _____ _____ _____ the toy company?

⑨ 우리는 우리의 행동에 책임을 지려고 노력할 것이다. (take responsibility)

→ We'll try _____ _____ _____ for our actions.

⑩ 나는 부모님의 조언을 따르기로 결심했다. (follow, advice)

→ I decided _____ _____ my parents' _____ .

TEST for Writing 서술형 시험에 써먹기

기본 서술형 01-10

[01-02] 다음 주어진 동사를 알맞은 형태로 빈칸에 쓰시오.
(각 1점)

01
Jehun wants _____ a scientist. (be)

→ _____

02
We hope _____ you again soon. (see)

→ _____

[03-04] 다음 주어진 우리말과 일치하도록 빈칸에 알맞은 말을
쓰시오. (to부정사로 쓸 것) (각 1.5점)

03
그의 직업은 이탈리아 음식을 만드는 것이다.

→ His job is _____ _____ Italian food.

04
그는 한국에서 살기로 결심했다.

→ He decided _____ _____ in Korea.

05 다음 괄호 안에서 알맞은 것을 골라 쓰시오. (1점)

My dream is (become / to become) a counselor.

→ _____

06 다음 두 문장의 뜻이 같도록 빈칸에 알맞을 말을 쓰시오.
(1.5점)

We started learning English 5 years ago.
= We _____ _____ _____
English 5 years ago.

07 다음 두 문장의 빈칸에 공통으로 들어갈 말을 쓰시오. (1.5점)

- I want to work _____ a bank.
- Don't forget to take responsibility _____ your actions.

→ _____

08 다음 괄호 안의 단어들을 바르게 배열하여 문장을 완성하
시오. (필요하면 형태를 바꿀 것) (2점)

I'll try to (my / come / make / true / dream).

→ _____

09 다음 대화의 밑줄 친 우리말을 영어로 바르게 옮기시오.
(주어진 동사를 활용할 것) (2점)

A: What do you want to be in the future?
B: I 영어 교사가 되길 원한다. (want, become)

→ _____

10 다음 문장에서 어색한 곳을 찾아 바르게 고치시오. (2점)

She learned playing the game at the camp.

_____ → _____

수준별 서술형 11–13

11 괄호 안의 지시대로 문장을 바꿔 쓰시오. (3점)

(1) We planned to go abroad last year. (부정문)

→ _____

(2) You wish to become a movie star. (의문문)

→ _____

(3) Fred hates following his father's advice.
(목적어를 to부정사로)

→ _____

12 다음 영어 문장을 우리말로 바르게 옮기시오. (3점)

(1) They decided to move to Seoul.

→ _____

(2) Try to think about the problem.

→ _____

(3) He doesn't want to go to university.

→ _____

13 다음 각 질문에 대한 자신의 답을 영어 문장으로 쓰시오.
(to부정사를 사용할 것) (3점)

(1) Q: What's your dream?

A: _____

(2) Q: What language do you want to learn?

A: _____

고난도 서술형 14–15

14 다음은 민조와 세원의 장래희망에 대한 표이다. 이를 참고하여 글을 완성하시오. (3점)

	Minjo	Sewon
dream	a pilot	a chef
plan after high school	go to college	study abroad
work for	an airline company	an Italian restaurant

Minjo's dream is to become a pilot. He's planning to go to college after high school. He wants to work for an airline company. Sewon's dream is (1) _____.
She's planning (2) _____
after high school. She wants (3) _____
_____.

15 다음 그림을 참고하여, 글에서 <u>틀린 문장을 두 개</u> 찾아 밑줄을 긋고 바르게 고쳐 쓰시오. (3점)

I want to become a pianist. I began played the piano at 5. I'm still taking lessons every week. I hope playing my own song on the stage in the future.

(1) _____

(2) _____

써먹기 문법 | 15

to부정사 2

to부정사의 형용사적 용법 / to부정사의 부사적 용법

지금부터 나는 super recycling hero가 되어서 환경을 protect할 거야!

아니 대체 그 옷 무엇...?

Recycle하기 전에 그런 옷부터 만들지 말라구. Garbage를 줄이는 것부터가 start야.

내 hero clothes가 garbage라니...!

GRAMMAR 알고 써먹기

A: It's time to protect the environment.
   What can we do first?
B: Let's reduce garbage first.
   We can also start recycling to save the Earth.

● **to부정사의 형용사적 용법**　　to부정사는 명사/대명사를 뒤에서 수식하는 형용사 역할을 합니다.

ex) It's <u>time</u> **to think** about the environment. 환경에 대해 생각해 봐야 할 때이다.
　　　명사　　to부정사

There is <u>something</u> **to do** right now. 지금 당장 해야 할 어떤 일이 있다.
　　　　　대명사　　　to부정사

● **to부정사의 부사적 용법**　　to부정사는 행동의 목적, 감정의 원인, 판단의 근거, 앞선 일의 결과 등을 나타내는 부사의 역할을 합니다.

용법	의미	예문
행동의 목적	~하기 위해서	We made a box to gather cans and plastics. 우리는 깡통과 플라스틱을 모으기 위해 상자를 만들었다.
감정의 원인	~해서	I was sad to see the dead elephant. 나는 그 죽은 코끼리를 보니 슬펐다.
판단의 근거	~한 것으로 보아	He must be a teacher to say that. 그렇게 말하는 걸 보니 그는 교사가 틀림없다.
앞선 일의 결과	(…해서) ~하다	The tree grew taller and taller to reach the roof. 그 나무는 점점 크게 자라서 지붕에 닿았다.

A 알맞은 것에 ✔ 표시하고, 각 문장을 완성하세요.

❶ What can we do _____ the environment?   ☐ protecting   ☐ to protect

❷ I have a good idea _____ with you.   ☐ sharing   ☐ to share

❸ We can reuse things _____ waste.   ☐ to reduce   ☐ for reduce

❹ Do you have something _____ away now?   ☐ threw   ☐ to throw

❺ We will do anything _____ the animals.   ☐ to help   ☐ to helping

❻ They were so upset _____ the bad news.   ☐ heard   ☐ to hear

❼ He stopped walking _____ up the garbage.   ☐ picked   ☐ to pick

❽ Stop cutting down trees _____ forests.   ☐ to save   ☐ for saving

B 괄호 안에 주어진 동사를 활용하여 각 문장을 완성하세요. (to부정사로 쓸 것)

❶ It's a good idea _____ water at home. (**save**)

❷ We had a meeting _____ the pollution. (**discuss**)

❸ What's the best way _____ our school green? (**make**)

❹ It's time _____ actions to save our planet. (**take**)

❺ We're happy _____ the problem. (**solve**)

❻ We will need fresh air _____. (**breathe**)

❼ Reduce your waste _____ our village clean. (**keep**)

❽ Ms. Jin was surprised _____ our recycling bin. (**see**)

이건 알아두기!

EXPRESSIONS ▪ it's time to: (지금) ~할 때이다 ▪ must be: ~임이 틀림없다 (강한 추측)
▪ share A with B: A를 B와 공유하다 ▪ throw away: 내버리다 ▪ pick up: ~을 줍다[집어 올리다]
▪ cut down trees: 나무를 베어 넘어뜨리다 ▪ take actions: 조치를 취하다 ▪ solve the problem: 문제를 해결하다

❋ 다음 예시와 같이 문장을 바꿔 쓰세요.

> **Example)** They **have** clean water to drink. (부정문)
>
> → _They **don't[do not] have** clean water to drink._

❶ The animal has a place to live.

→ _____

❷ They can find a way to recycle cans.

→ _____

❸ We will make a plan to reduce trash from now on.

→ _____

❹ People picked up the garbage to clean the mountain.

→ _____

❺ The students are gathering ideas to save trees.

→ _____

> **Example)** We **should** do something to save the forest. (의문문)
>
> → _**Should** we do something to save the forest?_

❻ We will need clean air to breathe.

→ _____

❼ There are some rules to keep for our environment.

→ _____

❽ They took actions to remove smog from the air.

→ _____

❾ Teachers found a way to solve the problem.

→ _____

❿ We have to live a green life to save the Earth.

→ _____

☀ 우리말을 참고하여 다음 예시와 같이 문장을 완성하세요.

> **Example)** 그 폐기물을 버릴 곳이 없다. (away / waste / no / to / there's / throw / place / the / .)
> → ___There's no place to throw away the waste.___

① 그들은 그의 의견을 듣기 위해서 말하는 것을 멈췄다. (his opinion / to listen / they / talking / to / stopped / .)

→ _____

② 너는 쓰레기를 줄이기 위한 아이디어가 있니? (garbage / any / have / to / do / reduce / you / ideas / ?)

→ _____

③ 사람들은 미래에 사용할 물이 없을 것이다. (future / water / won't / the / use / have / to / people / in / .)

→ _____

④ 그들은 환경을 더 깨끗하게 만들기 위해서 회의를 했다. (cleaner / make / to / the environment / they / a meeting / had / .)

→ _____

⑤ 우리 행성을 건강하게 지키기 위해 우리가 무엇을 해야 하나요? (to / healthy / keep / do / should / our / what / we / planet / ?)

→ _____

> **Example)** 우리의 생각을 바꾸어야 할 때이다. (time, change)
> → It's ___time___ ___to___ ___change___ our ideas.

⑥ 우리는 환경을 보호하기 위해 조치를 취해야 한다. (take actions, protect)

→ We should _____ _____ _____ _____ the environment.

⑦ 그 문제를 해결할 좋은 방법이 있다. (solve, problem)

→ There's a good way _____ _____ the _____.

⑧ 에너지를 절약하기 위해서, 나는 내 차를 내 파트너와 공유할 것이다. (save, share)

→ _____ _____ energy, I'll _____ my car _____ my partner.

⑨ 그렇게 말하는 것을 보니, 그는 반장임이 틀림없다. (must be, talk)

→ He _____ _____ a class leader _____ _____ like that.

⑩ 그들은 돈을 벌기 위해 나무들을 베어 넘어뜨렸다. (cut down, make)

→ They _____ _____ trees _____ _____ money.

TEST for Writing 서술형 시험에 써먹기

기본 서술형 01-10

[01-02] 다음 주어진 동사를 알맞은 형태로 빈칸에 쓰시오. (각 1점)

01
He has something _____ right now. (do)

→ _____

02
We have a meeting _____ the topic. (discuss)

→ _____

03 다음 괄호 안에서 알맞은 것을 골라 쓰시오. (1점)

A: We should protect the environment.
B: You're right. I have a good idea (sharing / to share) with you.

→ _____

[04-05] 다음 주어진 우리말과 일치하도록 빈칸에 알맞은 말을 쓰시오. (각 1.5점)

04
물을 절약하기 위한 가장 좋은 방법이 뭐니?

→ What's the best way _____ _____ ?

05
우리는 쓰레기통을 만들기 위해서 상자들을 수거했다.

→ We collected _____ _____ _____ a garbage bin.

06 다음 대화의 빈칸 (A), (B)에 들어갈 말을 각각 쓰시오. (2점)

A: People threw _(A)_ their garbage in the lake.
B: Let's pick _(B)_ the garbage to clean it.

(A) _____   (B) _____

07 다음 두 문장의 뜻이 같도록 빈칸에 알맞은 말을 쓰시오. (2점)

The land got drier and drier. So, it became a desert.
= The land got drier and drier _____ _____ a desert.

08 다음 괄호 안의 단어들을 바르게 배열하여 문장을 완성하시오. (2점)

I was very (news / hear / to / the / surprised).

→ _____

09 다음 대화의 밑줄 친 우리말을 주어진 〈조건〉에 맞게 영어로 바르게 옮기시오. (1.5점)

A: What can we do for the environment?
B: We can recycle paper 나무들을 보호하기 위해서.

〈조건〉 save를 포함해서 to부정사로 쓸 것

→ _____

10 다음 문장에서 어색한 곳을 찾아 바르게 고치시오. (1.5점)

It's time taking actions to solve the problem.

_____ → _____

수준별 서술형 11-13

11 밑줄 친 부분을 to부정사로 고쳐 문장을 다시 쓰시오. (3점)

(1) We will make a recycling bin <u>gather</u> plastics.

→ _____

(2) They recycle <u>protecting</u> the environment.

→ _____

(3) Did you feel sorry <u>saw</u> the dead fish?

→ _____

12 다음 영어 문장을 우리말로 바르게 옮기시오. (3점)

(1) Do you have any ideas to save the Earth?

→ _____

(2) We won't have fresh air to breathe.

→ _____

(3) She must be a volunteer to say that.

→ _____

13 다음 각 질문에 대한 자신의 답을 영어 문장으로 쓰시오. (to부정사를 사용할 것) (3점)

(1) Q: What can you do to protect the environment?

A: _____
_____

(2) Q: Do you have an idea to save energy at home?

A: _____

고난도 서술형 14-15

14 다음은 Jino와 Meg가 환경을 위해 한 일을 나타낸 표이다. 이를 참고하여 글을 완성하시오. (3점)

	한 일	목적
Jino	finish his meals	reduce food waste
	keep an empty bottle	use it again
Meg	make a box	gather cans for recycling
	hold a meeting	make her school green

Jino finished his meal to reduce food waste. Also, he kept an empty bottle (1) _____ _____. Meg made a box (2) _____ _____. She also held (3) _____ _____.

15 다음은 종이가 재활용되는 과정을 나타낸 그림이다. 이를 참고하여, 글에서 틀린 문장을 두 개 찾아 밑줄 긋고 바르게 고쳐 쓰시오. (3점)

It's time to recycle the paper! We put the paper in the right bin. The trucks come take it to the recycling plant. A machine works to cutting the paper into small pieces. Then, boxes come out.

(1) _____

(2) _____

Word Review

13		
☐ bow (허리를 굽히는) 절	☐ manners 예절, 매너	☐ tradition 전통
☐ castle 성	☐ meaning 의미	☐ turkey 칠면조
☐ chopstick 젓가락 (한 짝)	☐ palace 궁전	☐ unusual 특이한, 드문
☐ decorate 장식하다	☐ practice 연습하다	☐ various 다양한
☐ experience 경험; 경험하다	☐ raw 날 것의, 익히지 않은	☐ wonderful 굉장한, 멋진
☐ familiar 친숙한	☐ shake 흔들다	
☐ knock 노크하다	☐ similar 비슷한	

14		
☐ abroad 해외로	☐ continue 계속하다	☐ opinion 의견
☐ action 행동	☐ counselor 상담사	☐ realize 실현하다
☐ airline 항공사	☐ designer 디자이너	☐ responsibility 책임
☐ chef 요리사	☐ goal 목표	☐ space science 우주 과학
☐ college (단과) 대학	☐ interest 흥미, 관심	☐ university (종합) 대학
☐ company 회사	☐ mental 정신의	

15		
☐ breathe 숨 쉬다	☐ plant 공장	☐ reduce 줄이다
☐ dead 죽은	☐ pollution 오염	☐ save 구하다, 절약하다
☐ discuss 논의하다	☐ protect 보호하다	☐ share 공유하다
☐ empty 비어 있는	☐ reach 닿다, 이르다	☐ smog 스모그
☐ environment 환경	☐ recycle 재활용하다	☐ solve 풀다, 해결하다
☐ garbage 쓰레기	☐ recycling 재활용	☐ waste 쓰레기

More Words 알고 써먹기

● 비슷한 뜻을 가진 단어들 | college (단과대학) – university (종합대학) | similar (비슷한) – same (같은) | castle (성) – palace (궁전) | garbage (쓰레기) – waste (쓰레기) – trash (쓰레기)

The two countries have ¹_____ cultures. 그 두 나라는 비슷한 문화를 가지고 있다.

She decided to go to art ²_____. 그녀는 미대에 가기로 결심했다.

● 반대의 뜻을 가진 단어들 | familiar (친숙한) ↔ unusual (특이한) | dead (죽은) ↔ alive (살아있는) | reduce (줄이다) ↔ increase (증가시키다) | empty (비어 있는) ↔ full (가득한)

What can we do to ³_____ our waste? 우리는 우리의 쓰레기를 줄이기 위해 무엇을 할 수 있니?

I saw a lot of ⁴_____ fish in the lake. 나는 호수에서 많은 죽은 물고기를 봤다.

Grammar Review 주어진 우리말을 참고하여 각 빈칸에 알맞은 말을 쓰세요.

써먹기 문법 | 13 동명사

- 동명사 주어/보어   ¹ _____ a foreign language is interesting.
  외국어를 배우는 것은 재미있다.

  The important thing is ² _____ new things.
  중요한 것은 새로운 것들을 시도하는 것이다.

- 동명사 목적어   He dislikes ³ _____ other people.
  그는 다른 사람들을 만나는 것을 싫어한다.

  Are you familiar with ⁴ _____ Chinese?
  너는 중국어를 말하는 것에 익숙하니?

써먹기 문법 | 14 to부정사 1

- 명사적 용법   ⁵ _____ is to believe. 보는 것이 믿는 것이다.

  My dream is ⁶ _____ my own store. 내 꿈은 나만의 가게를 갖는 것이다.

- to부정사 목적어   I hope ⁷ _____ you again soon. 나는 너를 곧 다시 만나길 바란다.

  He ⁸ _____ to ride his bicycle. 그는 자전거 타는 것을 좋아한다.

  We're ⁹ _____ to go to the U.S. next year. 우리는 내년에 미국으로 갈 계획이다.

써먹기 문법 | 15 to부정사 2

- 형용사적 용법   They don't have a place ¹⁰ _____. 그들은 살 곳이 없다.

- 부사적 용법   We had a meeting ¹¹ _____ the problem.
  우리는 그 문제를 해결하기 위해서 회의를 가졌다.

  I was so happy ¹² _____ her. 나는 그녀를 봐서 무척 행복했다.

Chapter 6

분사, 비교급, 최상급 써먹기

분사

현재분사와 과거분사 / 분사형 형용사

GRAMMAR 알고 써먹기

I love looking at the falling snowflakes.
Oh, no! There are some fallen snowflakes on my head.
Sweeping them off my head is annoying.

● **현재분사와 과거분사**

분사는 형용사처럼 명사를 수식하거나 설명하는 역할을 하며, 현재분사와 과거분사는 아래와 같이 형태와 의미가 다릅니다.

	형태	의미	명사 수식 예시
현재분사	동사원형+-ing	능동 또는 진행	falling snowflakes 떨어지고 있는 눈송이들
과거분사	동사원형+ed / 불규칙	수동 또는 완료	fallen snowflakes 떨어진 눈송이들

● **분사형 형용사**

사람의 감정을 나타내는 동사와 관련된 분사들은 하나의 독립된 형용사로 쓰이기도 합니다.

현재분사 (사물의 상태)	interesting(재미있는), boring(지루한), exciting(흥분시키는), surprising(놀라운), annoying (짜증나는), tiring(피곤하게 하는), shocking(충격적인), amazing(놀라운), worrying(걱정스러운)
과거분사 (사람의 감정)	interested(재미를 느끼는), bored(지루해진), excited(흥분한), surprised(놀란), annoyed(짜증난), tired(피곤한), shocked(충격을 받은), amazed(깜짝 놀란), worried(걱정되는)

ex) The movie was boring. We were very bored during the movie.
그 영화는 지루했다. 우리는 그 영화를 보는 동안 매우 지루했다.

A 알맞은 것에 ✔ 표시하고, 각 문장을 완성하세요.

① Did you see the _____ stars last night? ☐ fell ☐ falling

② Look at the people _____ to the exit. ☐ running ☐ ran

③ He went into the _____ house to put out the fire. ☐ burning ☐ burned

④ The earthquake was _____. It lasted 5 minutes. ☐ amazed ☐ amazing

⑤ We were very _____ to hear the news. ☐ shocking ☐ shocked

⑥ The rainy days made us bored and _____. ☐ tired ☐ tiring

⑦ We were _____ because of the ringing alarm. ☐ annoyed ☐ annoying

⑧ Watch out for the _____ road! It's slippery. ☐ freeze ☐ frozen

B 괄호 안에 주어진 동사를 활용하여 각 문장을 완성하세요.

① The _____ child got lost on the street. (cry)

② The plane accident was very _____. (shock)

③ There was black smoke _____ from the car. (rise)

④ The stones _____ down from the mountain are dangerous. (roll)

⑤ They tried to fix the _____ elevator. (break)

⑥ The book written in code made me _____. (interest)

⑦ Jenny was _____ about her family in London. (worry)

⑧ His phone call made us _____ and hopeful. (excite)

이건 알아두기!

EXPRESSIONS ▪ sweep ~ off: ~을 털어 내다 ▪ go into: ~로 들어가다 ▪ put out the fire: 불을 끄다 ▪ watch out for: ~을 조심하다 ▪ get lost: 길을 잃다 ▪ roll down: 굴러내려오다 ▪ written in: ~로 쓰여진 ▪ be worried about: ~에 대해 걱정하다

✳ 다음 예시와 같이 문장을 바꿔 쓰세요.

> **Example)** I looked at **the star**. The star was **shining**. (분사를 포함한 한 문장)
> → _____ *I looked at **the shining star**.* _____

❶ Watch out for the water. The water is boiling.
→ _____

❷ I found the wallet. The wallet was stolen.
→ _____

❸ The man entered through the window. The window was broken.
→ _____

❹ We fell down on the ground. The ground was frozen.
→ _____

❺ The leaves are beautiful. The leaves are falling from the tree.
→ _____

> **Example)** The painting was **amazing**. (we were, at)
> → _____ ***We were amazed at** the painting.* _____

❻ The earthquake was shocking. (they were, at)
→ _____

❼ The sound from the machine is very annoying. (I'm, at)
→ _____

❽ Waiting for a long time is tiring. (we are, of)
→ _____

❾ His story is not very interesting. (I'm, in)
→ _____

❿ The result of their research was surprising. (she was, at)
→ _____

TRAINING ③ 영어 문장 완성하기

🌟 우리말을 참고하여 다음 예시와 같이 문장을 완성하세요.

> **Example)** 너는 그 깨진 창문을 보았니? (see / window / the / did / broken / you / ?)
> → _____ *Did you see the broken window?* _____

1 나는 울고 있는 그 아이를 경찰에게 데려갔다. (the / took / the police / I / child / crying / to / .)
→ _____

2 그 남자는 달아나는 도둑을 잡았다. (the man / running / the thief / away / caught / .)
→ _____

3 그는 숨겨진 진실을 찾아낼 수 있었다. (out / could / truth / he / find / hidden / the / .)
→ _____

4 우리는 그의 비밀을 알고 깜짝 놀랐다. (secret / know / were / to / we / amazed / his / .)
→ _____

5 그녀는 그녀의 집에서 올라오는 연기에 충격을 받았다. (from / shocked / she / at / house / her / the smoke / rising / was / .)
→ _____

> **Example)** 그들은 불타는 방 안으로 들어갔다. (go into, burn)
> → They ___*went*___ ___*into*___ the ___*burning*___ room.

6 우리는 너무 피곤했고 길을 잃었다. (tire, get lost)
→ We were very _____ and _____ _____.

7 그 대단한 소방관들이 불을 껐다. (amaze, put out)
→ The _____ firefighters _____ _____ the fire.

8 지붕에서 굴러 떨어지는 저 물은 비가 틀림없다. (roll down)
→ The water _____ _____ the roof must be rain.

9 너는 암호로 쓰여진 그 소설을 읽을 수 있니? (write in)
→ Can you read the novel _____ _____ code?

10 우리는 그 비행기 사고에 대해 걱정한다. (worry about)
→ We _____ _____ _____ the plane accident.

TEST for Writing 서술형 시험에 써먹기

기본 서술형 01-10

[01-02] 다음 주어진 동사를 활용해 빈칸에 알맞은 말을 쓰시오. (각 1점)

01

> The news was very ____. (surprise)

→ _____

02

> I like to watch an ____ TV show. (interest)

→ _____

03 다음 밑줄 친 동사를 알맞은 형태로 쓰시오. (1점)

> I was very tire yesterday. So, I went straight to bed after school.

→ _____

[04-05] 다음 주어진 우리말과 일치하도록 빈칸에 알맞은 말을 쓰시오. (각 1.5점)

04

> 안경을 쓴 남자가 나의 선생님이다.

→ The man _____ is my teacher.

05

> 너는 너의 고장 난 자전거를 고쳤니?

→ Did you fix your _____?

06 다음 대화의 밑줄 친 우리말을 주어진 철자로 시작하는 영어 단어로 바꿔 쓰시오. (1.5점)

> A: Watch out for the 달리는 dog!
> B: Oops! Thanks a lot.

→ r_____

07 다음 빈칸 (A), (B)에 들어갈 말을 각각 쓰시오. (2점)

> • They are worried __(A)__ the weather.
> • He read the letter written __(B)__ Chinese.

(A) _____   (B) _____

08 다음 세 문장의 뜻이 같도록 빈칸 (A), (B)에 들어갈 말을 쓰시오. (2점)

> His book bores us.
> = His book is __(A)__.
> = We feel __(B)__ when we read his book.

(A) _____   (B) _____

09 다음 괄호 안의 단어들을 바르게 배열하여 대화를 완성하시오. (2점)

> A: Did you know about the accident?
> B: Yes. I (it / shocked / at / was).

→ _____

10 다음 문장에서 어색한 곳을 찾아 바르게 고치시오. (1.5점)

> They are interesting in the firefighter's work.

_____ → _____

수준별 서술형 11-13

11 괄호 안의 지시대로 문장을 바꿔 쓰시오. (3점)

(1) I saw the sun. It was rising.
(현재분사를 써서 한 문장으로)

→ _____

(2) The earthquake was shocking.
(주어를 I로 하고 전치사 at을 포함하여)

→ _____

(3) I picked up the leaf. The leaf was fallen.
(과거분사를 써서 한 문장으로)

→ _____

12 다음 영어 문장을 우리말로 바르게 옮기시오. (3점)

(1) The crying girl was looking for her mom.

→ _____

(2) Who is driving the stolen car?

→ _____

(3) I was very surprised at the news.

→ _____

13 다음 대화의 밑줄 친 우리말을 영어로 바르게 옮기시오.
(주어진 어구를 사용할 것) (3점)

A: Where's Tom?
B: He's waiting for us over there.
A: I can't see him. Is the boy (1) 야구 모자를 쓴
Tom? (wear, cap)
B: No, he isn't. He is the boy (2) 책을 읽고 있는
on the bench. (read, book)

(1) _____

(2) _____

고난도 서술형 14-15

14 다음은 보람이가 과학 시간에 배운 친환경 제설 용액을 만드는 순서이다. 괄호 안에 주어진 어구를 바르게 배열하여 글을 완성하시오. (필요하면 형태를 바꿀 것) (3점)

> **What We Need** ☑ 3 cups of water
> ☑ 1 cup of fruit peels
> ☑ 1 spoon of salt

Put fruit peels in the water. Boil it for about 20 minutes. Remove the peels. Then, add salt to (1) _____ . (water / the / boil) It's finished! Fallen snow freezes fast. But, this mixture will (2) _____ . (the / snow / melt / freeze)

15 다음은 지원이가 겨울 방학에 있었던 일을 일기로 쓴 것이다. 다음 그림을 참고하여, 틀린 곳을 두 군데 찾아 바르게 고치시오. (3점)

> I went to a ski resort with my family. We were very exciting. I fell down and I broke my arm. I couldn't ski, but I wasn't bored at all. I liked to see the fell snowflakes through the window.

(1) _____ → _____

(2) _____ → _____

비교급과 최상급

비교급의 형태와 쓰임 / 최상급의 형태와 쓰임

GRAMMAR 알고 써먹기

Edison didn't invent the light bulb first.
Many people tried earlier than him.
But Edison's light bulb was the best.
Now he is more famous than the other inventors.

● **비교급의 형태와 쓰임**

'더 ~한/하게'를 뜻하며, 대부분의 형용사와 부사의 끝에 -er을 붙여 나타냅니다.
뒤에 「than+명사/대명사」 형태로 비교 대상을 나타내는 말이 옵니다.

ex) He was smarter than his friends. 그는 그의 친구들보다 똑똑했다.

● **최상급의 형태와 쓰임**

최상급은 '가장 ~한/하게'를 뜻하며, 형용사와 부사의 끝에 -est를 붙여 나타냅니다.
최상급은 앞에 the를 붙입니다.

ex) What's the fastest way to go to the station? 역으로 가는 가장 빠른 방법은 무엇인가요?

< 비교급/최상급 만드는 법 >

형용사/부사	규칙	원급 – 비교급 – 최상급
대부분	형용사/부사+-er/-est	long – longer – longest
끝이 〈자음+y〉	y를 i로 바꾸고+-er/-est	easy – easier – easiest
끝이 〈단모음+단자음〉	끝 자음을 하나 더 추가+-er/-est	hot – hotter – hottest
3음절 이상	more/most+형용사/부사	famous – more famous – most famous
불규칙	good – better – best, bad – worse – worst, many/much – more – most, little – less – least	

A 알맞은 것에 ✔ 표시하고, 각 문장을 완성하세요.

❶ The color of this painting is _____ than others. ☐ brighter ☐ brightter

❷ Bell didn't make the telephone _____ than Gray. ☐ earlyer ☐ earlier

❸ Was Van Gogh _____ than Gauguin? ☐ famouser ☐ more famous

❹ Edison invented a _____ light bulb. ☐ better ☐ weller

❺ I saw the _____ airplane in the museum. ☐ most early ☐ earliest

❻ His inventions are the _____ today. ☐ most useful ☐ usefulest

❼ When was the _____ moment in your life? ☐ best ☐ most good

❽ What is the _____ invention in history? ☐ badest ☐ worst

B 괄호 안에 주어진 말을 활용하여 각 문장을 완성하세요. (비교급 또는 최상급을 쓸 것)

❶ In the race, he did his _____ for the first time. (**good**)

❷ Which is _____ between the Alps and the Himalayas? (**high**)

❸ Thanks to computers, we can live an _____ life than ever before. (**easy**)

❹ The smart car is _____ than a house. (**expensive**)

❺ He discovered the _____ thing ever. (**great**)

❻ China has the _____ population in the world. (**big**)

❼ He became one of the _____ people in the world. (**famous**)

❽ She liked biology and physics the _____. (**much**)

이건 알아두기!

EXPRESSIONS ▪ in one's life: ~의 일생에서 ▪ in history: 역사상 ▪ for the first time: 처음으로
▪ between A and B: A와 B 중에서 ▪ thanks to: ~덕분에 ▪ than ever before: 이전보다, 다른 어떤 때보다
▪ one of the 최상급＋복수명사: 가장 ~한 것들 중 하나

💥 다음 예시와 같이 문장을 바꿔 쓰세요.

Example) The old TV was small. The new TV is big. (small의 비교급)
→ ___The old TV was **smaller than** the new TV.___

❶ The KTX runs at 300 km/h. The subway runs at 80 km/h. (fast의 비교급)
→ _____

❷ Grace finished the project yesterday. You finished it today. (early의 비교급)
→ _____

❸ Kevin's laptop is 2 kilograms. Ian's laptop is 800 grams. (heavy의 비교급)
→ _____

❹ Your smartphone is $500. My smartphone is $200. (expensive의 비교급)
→ _____

❺ Sean's idea was good. Dana's idea was not good. (good의 비교급)
→ _____

Example) He was **a great scientist** in history. (최상급)
→ ___He is **the greatest scientist** in history.___

❻ Tyler is a smart student in my school.
→ _____

❼ She hoped to make light sneakers.
→ _____

❽ What is an important thing in your life?
→ _____

❾ Danny is a brilliant student in the class.
→ _____

❿ Dynamite could be a bad invention in history.
→ _____

✹ 우리말을 참고하여 다음 예시와 같이 문장을 완성하세요.

> **Example)** 러시아는 세계에서 가장 큰 나라이다. (the / in / Russia / world / biggest / is / country / the / .)
> → _____ *Russia is the biggest country in the world.* _____

1 역사상 가장 위대한 발명품은 뭐니? (the / history / is / invention / what / greatest / in / ?)

→ _____

2 그의 그림들은 다른 것들보다 더 아름다워. (others / are / his / beautiful / paintings / more / than / .)

→ _____

3 한라산과 백두산 중에 어느 것이 더 높니? (between / is / which / Mt. Halla / Mt. Baekdu / and / higher / ?)

→ _____

4 에펠탑은 파리에서 가장 높은 건물이다. (the Eiffel Tower / the / building / in / tallest / Paris / is / .)

→ _____

5 그 강은 아마존 강보다 더 길지 않다. (than / isn't / the / longer / the Amazon / river / .)

→ _____

> **Example)** 나는 처음으로 최선을 다했다. (best, first)
> → I did my ___*best*___ for the ___*first*___ ___*time*___ .

6 그때가 내 일생에서 가장 행복한 시간이었다. (happy, life)

→ It was _____ _____ moment in _____ _____ .

7 그녀는 역사상 가장 위대한 인물 중 한 명이다. (great, history)

→ She is one of the _____ _____ _____ _____ .

8 홍콩과 싱가포르 중에 어느 도시가 더 좋니? (good, between)

→ Which city was _____ _____ Hong Kong _____ Singapore?

9 아이들은 그 어느 때보다도 영리하다. (smart, than)

→ Children are _____ _____ _____ before.

10 스마트폰 덕분에 우리는 더 수월한 삶을 살 수 있다. (thanks, easy)

→ _____ _____ smartphones, we can live an _____ life.

TEST for Writing 서술형 시험에 써먹기

기본 서술형 01-10

[01-02] 다음 주어진 단어를 활용해 빈칸에 알맞은 말을 쓰시오. (각 1점)

01
The tower is _____ than the building. (tall)

→ _____

02
When is the _____ day of the year? (long)

→ _____

[03-04] 다음 주어진 우리말과 일치하도록 빈칸에 알맞은 말을 쓰시오. (각 1.5점)

03
기온이 보통 때보다 더 높다.

→ The temperature is _____ _____ usual.

04
그는 가장 유명한 발명가 중 한 사람이다.

→ He is _____ of the _____ _____ inventors.

05 다음 대화의 괄호 안에서 알맞은 것을 골라 쓰시오. (1점)

A: Who ran faster, Jinsu or Tom?
B: Jinsu ran (faster / the fastest).

→ _____

06 다음 대화의 밑줄 친 우리말을 영어로 바르게 옮기시오. (주어진 어구를 활용할 것) (2점)

A: Did Edison invent the light bulb for the first time?
B: No, he didn't. But 그의 전구가 가장 유용했어.
(light bulb, useful)

→ _____

07 다음 두 문장의 빈칸에 공통으로 들어갈 말을 쓰시오. (1.5점)

• This is the happiest moment _____ my life.
• He is the greatest painter _____ history.

→ _____

08 다음 괄호 안의 단어들을 바르게 배열하여 문장을 완성하시오. (필요하면 형태를 바꿀 것) (2점)

Thanks to smartphones, we can find information (before / fast / ever / than).

→ _____

09 다음 대화의 밑줄 친 (A), (B)를 올바른 형태로 바꿔 쓰시오. (2점)

A: Which country is (A) big, China or Russia?
B: Russia is bigger. It has the (B) more land in the world.

(A) _____ (B) _____

10 다음 문장에서 어색한 곳을 찾아 바르게 고치시오. (1.5점)

What is the most easy way to learn English?

_____ → _____

수준별 서술형 11-13

11 밑줄 친 부분을 괄호 안의 지시대로 바꿔 문장을 다시 쓰시오. (3점)

(1) Computers became <u>fast</u> and <u>light</u>. (비교급)

→ _____

(2) This is <u>a tall building</u> in the world. (최상급)

→ _____

(3) Tina got <u>a bad score</u> in my class. (최상급)

→ _____

12 다음 영어 문장을 우리말로 바르게 옮기시오. (3점)

(1) The telephone is one of the greatest inventions.

→ _____

(2) Which do you like better between a book and a movie?

→ _____

(3) Thanks to elevators, we can go upstairs faster.

→ _____

13 다음 각 질문에 대한 자신의 답을 영어 문장으로 쓰시오. (최상급을 사용할 것) (3점)

(1) Q: What is the greatest invention in the world?

A: _____

_____

(2) Q: When was your happiest moment?

A: _____

_____

고난도 서술형 14-15

14 다음은 이번 체육대회에서 Mike와 Juwon의 성적표이다. 이를 참고하여 글을 완성하시오. (3점)

Sports Events	Mike	Juwon
100 m	16' 22"	17' 18"
the high jump	2.1 m	2.5 m
the long jump	2.2 m	1.8 m

On the school sports day, Mike and Juwon entered three events. In the 100 meters, Mike ran (1) _____ _____ Juwon. In the high jump, Juwon jumped (2) _____ _____ _____. In the long jump, Mike's jump (3) _____ _____ _____ Juwon's jump.

15 다음 그림을 참고하여, 글에서 <u>틀린 곳을 두 군데</u> 찾아 바르게 고치시오. (3점)

The Wright Brothers invented the first airplane. However, Leonardo da Vinci, one of the greatest artist, also had the same idea. He sketched a flying machine early than other people. After that, many people tried, but the Wright Brothers made it!

(1) _____ → _____

(2) _____ → _____

비교 표현

원급 비교 표현 / 비교급 표현

GRAMMAR 알고 써먹기

At the school festival, we will enter the dance contest.
We're much more confident than the other teams.
The harder we practice, the better we can dance.
More and more people will gather to see our performance!

● **원급 비교 표현**   서로 다른 두 대상의 크기, 높이, 양, 수 등의 정도를 비교할 때 형용사/부사의 원급을 이용합니다.
또한, '두 배, 세 배'와 같이 배수로 비교할 때에는 '배수사(숫자+times)'를 써서 나타냅니다.

표현	형태	의미
원급 비교	as+형용사/부사의 원급+as	~만큼 …한/하게
배수 비교	배수사+as 형용사/부사의 원급+as	~보다 − 배 더 …한/하게

ex) **Are you as tall as your father?** 너는 네 아버지만큼 키가 크니?
   My dog is twice as big as that dog. 내 개는 저 개의 두 배만큼 크다.

● **비교급 표현**   형용사/부사의 비교급을 활용하여 다양한 비교 표현을 쓸 수 있습니다.

표현	의미
비교급 수식 (much, far, still, even, a lot+비교급)	훨씬 더 ~한/하게
비교급 and 비교급	점점 더 ~한/하게
「the 비교급+주어+동사 ~, the 비교급+주어+동사 …」	~하면 할수록, 더 …하다

ex) **It became hotter and hotter.** 날씨가 점점 더 더워졌다.
   The higher up you go, the better scenery you can see.
   너는 더 높이 올라갈수록, 더 좋은 경치를 볼 수 있다.

A 알맞은 것에 ✔ 표시하고, 각 문장을 완성하세요.

❶ Today, we had as _____ guests as yesterday.   ☐ many   ☐ more

❷ His performance is much _____ than the others.   ☐ nice   ☐ nicer

❸ My stand is _____ smaller than your stand.   ☐ much   ☐ more

❹ He walked faster and _____ to catch her.   ☐ faster   ☐ fastest

❺ More and _____ students lined up.   ☐ many   ☐ more

❻ The balloon got bigger and _____.   ☐ big   ☐ bigger

❼ The more you practice, the _____ score you get.   ☐ higher   ☐ highest

❽ The _____ you get up, the more things you can do.   ☐ early   ☐ earlier

B 괄호 안에 주어진 말을 활용하여 각 문장을 완성하세요.

❶ The number 16 is four times as _____ as the number 4. (large)

❷ Time flies as _____ as an arrow. Now I'm 14 years old. (fast)

❸ This year's festival was a lot _____ _____ than last year's. (crowded)

❹ The apple tree grew _____ and _____. (tall)

❺ _____ and _____ students ran after the singer. (many)

❻ I studied _____ and _____ because of the exam. (hard)

❼ The more lies he tells, _____ _____ his nose becomes. (long)

❽ The earlier you come, _____ _____ seat you can get. (good)

이건 알아두기!

EXPRESSIONS ▪ enter a contest: 경연 대회에 나가다   ▪ more and more: 점점 더 많은
▪ line up: 줄을 서다   ▪ time flies: 시간은 빠르게 흘러간다   ▪ run after: ~의 뒤를 쫓다
▪ because of + 명사: ~때문에   ▪ tell lies: 거짓말을 하다

✷ 다음 예시와 같이 문장을 바꿔 쓰세요.

> Example) The stage is **as big as** the classroom. (twice)
> → _The stage is **twice as big as** the classroom._

❶ This summer wasn't as hot as last summer. (twice)

→ _____

❷ Is the number as large as 10? (ten times)

→ _____

❸ She is as old as the boy. (three times)

→ _____

❹ The balloon isn't as big as yours. (five times)

→ _____

❺ Our stand had as many visitors as your stand. (four times)

→ _____

> Example) They practiced **harder** for the contest. (much)
> → _They practiced **much harder** for the contest._

❻ The festival became more popular than before. (far)

→ _____

❼ Are their scores higher than yours? (still)

→ _____

❽ The stage wasn't bigger than this room. (much)

→ _____

❾ Was the concert better than the TV show? (even)

→ _____

❿ Girls grow faster than boys until they become teenagers. (a lot)

→ _____

💥 우리말을 참고하여 다음 예시와 같이 문장을 완성하세요.

Example) 우리는 예전보다 더 바빠졌다. (before / we / than / busier / became /.)

➜ _We became busier than before._

1 그 티켓 가격은 막대 사탕 하나만큼 저렴했다. (as / was / a / the / candy bar / as / ticket price / cheap / .)

➜ _____

2 우리는 어제의 두 배만큼 많은 음료를 팔았다. (twice / many / we / as / drinks / yesterday / sold / as / .)

➜ _____

3 그들의 공연은 한 편의 영화보다 훨씬 더 신이 났다. (movie / was / their / than / much / performance / a / exciting / more / .)

➜ _____

4 점점 더 많은 방문객들이 축제에 모였다. (festival / and / at / visitors / more / more / gathered / the / .)

➜ _____

5 음악이 더 빨라질수록, 그들은 더 빠르게 춤을 췄다. (danced / the music / the faster / they / the faster / became / , / .)

➜ _____

Example) 점점 더 많은 학생들이 그 대회에 나가고 싶어한다. (many, enter)

➜ _More_ and _more_ students want to _enter_ the contest.

6 오후에는 더 많은 사람들이 줄을 섰다. (many, line up)

➜ In the afternoon, _____ people _____ _____.

7 나는 다른 사람들보다 훨씬 더 빠르게 그 가수의 뒤를 쫓았다. (run after, much)

➜ I _____ _____ the singer _____ faster than the others.

8 그녀는 훌륭한 아이디어로 인해 점점 더 부자가 되었다. (rich, because of)

➜ She became _____ and richer _____ _____ the brilliant idea.

9 시간은 바람처럼 빨리 지나간다. (fly, fast)

➜ Time _____ as _____ as the _____.

10 네가 더 많은 거짓말을 할수록, 더 적은 친구를 가진다. (many lies, few)

➜ The _____ _____ you tell, the _____ friends you have.

TEST for Writing 서술형 시험에 써먹기

기본 서술형 01-10

[01-02] 다음 주어진 단어를 활용하여 빈칸에 알맞은 말을 쓰시오. (각 1점)

01

Ken is as _____ as his teacher. (big)

→ _____

02

The festival is far _____ _____ than before. (popular)

→ _____

03 다음 괄호 안에서 알맞은 것을 골라 쓰시오. (1점)

Her dance was (very / much) nicer than the others.

→ _____

[04-05] 다음 주어진 우리말과 일치하도록 빈칸에 알맞은 말을 쓰시오. (각 1.5점)

04

내 풍선은 너의 것의 네 배만큼 크다.

→ My balloon is _____ _____ as _____ as yours.

05

날씨가 점점 따뜻해졌다.

→ The weather became _____ _____ _____.

06 다음 대화의 빈칸에 알맞은 말을 쓰시오. (대화에 나온 단어를 활용할 것) (1.5점)

A: Was the concert good?
B: Sure! It was _____ _____ the TV show.

→ _____

07 다음 두 문장의 뜻이 같도록 빈칸에 알맞은 말을 쓰시오. (2점)

It becomes colder with more pouring rain.
= The more the rain pours, _____
_____ _____ _____.

08 다음 빈칸 (A), (B)에 들어갈 말을 각각 쓰시오. (2점)

• The man ran __(A)__ me faster and faster.
• People lined __(B)__ much earlier today.

(A) _____ (B) _____

09 다음 대화의 밑줄 친 우리말을 주어진 〈조건〉에 맞게 영어로 바르게 옮기시오. (2점)

A: Is the concert ticket more expensive than the movie ticket?
B: Yes. It is 영화 티켓의 세 배만큼 비싼.

〈조건〉 three times, expensive를 포함해 8단어로 쓸 것

→ _____

10 다음 문장에서 어색한 곳을 찾아 바르게 고치시오. (1.5점)

The more you practice, the good you become.

_____ → _____

수준별 서술형 11-13

11 밑줄 친 부분을 괄호 안의 지시대로 바꿔 문장을 다시 쓰시오. (3점)

(1) We're <u>more confident</u> at singing.
(much를 포함하여)

→ _____

(2) The stage is <u>as big as</u> the classroom.
(eight times를 포함하여)

→ _____

(3) The place got <u>crowded</u> with people.
(「비교급 and 비교급」을 써서)

→ _____

12 다음 영어 문장을 우리말로 바르게 옮기시오. (3점)

(1) It's getting hotter and hotter in summer.

→ _____

(2) The more lies you tell, the more friends you lose.

→ _____

(3) The movie was as interesting as the novel.

→ _____

13 다음 각 질문에 대한 자신의 답을 영어 문장으로 쓰시오.
(비교 표현을 사용할 것) (3점)

(1) Q: Is your English teacher as tall as you?

A: _____

(2) Q: What do you like much more than pizza?

A: _____

고난도 서술형 14-15

14 다음은 Peter와 Ann의 반려동물에 대한 표이다. 이를 참고하여 글을 완성하시오. (괄호 안에 주어진 말을 활용할 것) (3점)

	Peter's dog	Ann's cat
weight	12 kg	12 kg
age	3 years	6 years
jump	1 m	3 m

Peter's dog weighs as much as Ann's cat.

But Ann's cat is twice (1) _____.

(as, old) It jumps (2) _____

_____. (times, as, high)

15 다음은 학교 축제 때 A, B반의 음식 가판대(food stand) 모습이다. 그림을 참고하여, 글에서 틀린 곳을 두 군데 찾아 바르게 고치시오. (3점)

At the school festival, class B's food stand was very more popular than class A's. More and more people lined up for the fruit juice. The hot it became, the more juice they wanted.

(1) _____ → _____

(2) _____ → _____

Word Review

16
- alarm 알람, 경보음
- boil 끓다
- broken 고장이 난
- code 암호
- earthquake 지진
- exit 비상구
- firefighter 소방수
- fix 고치다, 수리하다
- frozen 꽁꽁 언
- hidden 숨겨진
- hopeful 희망에 찬
- melt 녹다, 녹이다
- mixture 혼합물
- peel (과일, 채소의) 껍질
- research 연구
- result 결과
- ring (알람 등이) 울리다
- rise 오르다
- secret 비밀, 비결
- slippery 미끄러운
- smoke 연기
- snowflake 눈송이
- stolen 도난당한
- sweep 쓸다, 청소하다

17
- biology (과목) 생물
- brilliant 뛰어난, 영리한
- discover 발견하다
- dynamite 다이너마이트
- information 정보
- invent 발명하다
- invention 발명품
- inventor 발명가
- laptop 휴대용[노트북] 컴퓨터
- light 가벼운
- light bulb 전구
- machine 기계
- moment 순간
- physics (과목) 물리
- population 인구
- sneaker 운동화 한 짝
- temperature 온도
- upstairs 위층(으로)

18
- arrow 화살
- confident 자신 있는
- contest 경연, 대회
- crowded 붐비는, 복잡한
- expensive 값비싼
- festival 축제
- gather 모이다
- hard 열심히
- performance 공연
- popular 인기 있는
- pour (비가) 쏟아지다
- practice 연습하다
- scenery 풍경
- stand 가판대, 좌판
- weigh 무게가 나가다

More Words 알고 써먹기

● **한 가지 이상의 의미로 쓰이는 단어** | ring (반지, 고리 / (알람 등이) 울리다) | hard (어려운, 딱딱한 / 열심히)
| light (빛 / 가벼운)

Turn off the ¹_____ alarm. 울리는 알람을 꺼.

The ²_____ you practice, the more confident you get. 더 열심히 연습할수록, 너는 더 자신 있어진다.

● **동사의 파생어** | invent (발명하다) – inventor (발명가) – invention (발명품)

What is the best ³_____ in history? 역사상 최고의 발명품은 무엇이니?

The ⁴_____ was more brilliant than others. 그 발명가는 다른 사람들보다 더 뛰어났다.

Grammar Review   주어진 우리말을 참고하여 각 빈칸에 알맞은 말을 쓰세요.

써먹기 문법 | 16 분사

- 현재분사/과거분사

  Do you like looking at the [1]_____ rain? 너는 내리는 비를 보는 것을 좋아하니?

  I found the [2]_____ bag in the bin.

  나는 그 통에서 도난당한 가방을 발견했다.

- 분사형 형용사

  The movies are [3]_____. 그 영화들은 충격적이다.

  I'm [4]_____ in the mysterious stories.

  나는 그 불가사의한 이야기들에 관심이 있다.

써먹기 문법 | 17 비교급과 최상급

- 비교급의 형태와 쓰임

  My brother is [5]_____ than me. 나의 형은 나보다 더 영리하다.

  The painting is [6]_____ than the others. 그 그림은 다른 것들보다 더 아름답다.

- 최상급의 형태와 쓰임

  Does China have [7]_____ land? 중국은 가장 많은 땅을 가졌니?

  Who is one of [8]_____ famous singers in the world?

  세계에서 가장 유명한 가수들 중 한 명은 누구니?

써먹기 문법 | 18 비교 표현

- 원급 비교 표현

  The dog is [9]_____ as a doll. 그 개는 인형만큼 귀엽다.

  His room is [10]_____ mine. 그의 방은 내 방보다 두 배 더 크다.

- 비교급 표현

  The test was [11]_____ more difficult than before.

  시험은 이전보다 훨씬 더 어려웠다.

  [12]_____ people visited the place. 점점 더 많은 사람들이 그 장소를 방문했다.

  The more exercise you get, [13]_____ you become.

  네가 더 많은 운동을 할수록, 너는 더 건강해진다.

The **E**asiest **G**rammar & **U**sage 문법 써먹기
교재 구성표

본 교재의 문법과 관련된 학습내용은 2015년도 개정 교육과정에 따른 새로운 중학교 1학년 영어 교과서를 바탕으로 구성하였습니다.

써먹기 문법	문법 세부 항목	예문 관련 주제	중학교 1학년 교과서 문법 연계 단원 (2015년도 개정교과서 7종)
01 be동사 현재형	• be동사의 형태 • be동사 부정문 • be동사 의문문	자기 소개, 주변 인물 소개, 학교 생활, 교우 관계	동아(윤) 1단원 / 동아(이) 1단원 / 천재(이) 1단원 / 미래엔 1단원 / 능률(김) 1단원 / 비상 1단원
02 일반동사 현재형	• 일반동사의 형태 • 일반동사 부정문 • 일반동사 의문문	일상생활, 하루 일과, 좋아하는 것	동아(윤) 1, 2단원 / 동아(이) 1, 3단원 / 천재(이) 2단원 / 미래엔 1단원 / 능률(김) 1단원 / 비상 1단원 / 천재(정) 1단원
03 조동사	• 조동사의 종류 • 조동사 부정문 • 조동사 의문문	시험, 학습, 건강 관련 조언	동아(윤) 3단원 / 동아(이) 3, 7단원 / 천재(이) 4, 6단원 / 미래엔 2, 7단원 / 능률(김) 2단원 / 천재(정) 6단원
04 과거 시제 1: be동사	• be동사의 과거형 • 과거 시제 부정문 • 과거 시제 의문문	지난 주말에 한 일, 과거의 일상적 사실과 경험	동아(윤) 4단원 / 동아(이) 4단원 / 천재(이) 5단원 / 미래엔 4단원 / 능률(김) 3단원 / 비상 3단원
05 과거 시제 2: 일반동사	• 일반동사의 과거형 • 과거 시제 부정문 • 과거 시제 의문문	역사적 사건과 인물	동아(윤) 4단원 / 동아(이) 4단원 / 천재(이) 5단원 / 미래엔 4단원 / 능률(김) 3단원 / 비상 3단원 / 천재(정) 3단원
06 진행형과 미래 시제	• 현재진행형 • 과거진행형 • 미래 시제	여가 생활과 여행	동아(윤) 2, 3, 7단원 / 동아(이) 2, 5단원 / 천재(이) 3단원 / 미래엔 2, 4, 5단원 / 능률(김) 2단원 / 비상 2, 4단원 / 천재(정) 1, 2, 7단원
07 명령문과 청유문	• 명령문의 형태 • 부정 명령문 • 청유문	규칙, 건강한 생활 습관, 예절	동아(윤) 3단원 / 동아(이) 2단원 / 비상 2단원
08 의문사 의문문	• 의문사 의문문 • 선택 의문문	생일, 축하 파티, 기념일	동아(이) 3단원 / 능률(김) 7단원 / 천재(정) 8단원

써먹기 문법	문법 세부 항목	예문 관련 주제	중학교 1학년 교과서 문법 연계 단원 (2015년도 개정교과서 7종)
09 부가 의문문과 감탄문	• 부가 의문문 • 감탄문	반려동물, 동물의 신비한 능력	동아(이) 2단원 / 비상 6단원 / 능률(김) 7단원 / 천재(정) 3, 8단원
10 2형식	• 2형식 문장 • 감각동사	세계의 빵과 디저트	동아(윤) 6단원 / 미래엔 3단원 / 비상 3단원
11 3형식과 4형식	• 3형식 문장과 타동사 • 4형식 문장 • 3, 4형식 문장 전환	일상생활과 경제	동아(이) 7단원 / 천재(이) 8단원 / 미래엔 6단원 / 능률(김) 4단원 / 비상 4단원 / 천재(정) 4단원
12 5형식	• 5형식 문장 • 5형식 동사	일상생활과 건강	능률(김) 7단원
13 동명사	• 동명사의 형태와 쓰임 • 동명사를 목적어로 취하는 동사	한국 문화, 문화 차이, 외국어 학습	동아(윤) 5단원 / 동아(이) 8단원 / 천재(이) 5단원 / 미래엔 3단원 / 능률(김) 3단원 / 비상 8단원 / 천재(정) 6단원

14 to부정사 1	• to부정사의 명사적
	  용법
	• to부정사를 목적어로
	  취하는 동사
		장래희망과 진로	동아(윤) 6단원 / 동아(이) 6단원 / 천재(이) 6단원 /
			미래엔 5단원 / 능률(김) 4단원 / 비상 6단원 /
			천재(정) 2단원

15 to부정사 2	• to부정사의 형용사적
	  용법
	• to부정사의 부사적
	  용법
		환경 문제, 환경 보호	천재(이) 7단원 / 미래엔 6단원 / 능률(김) 6단원 /
			비상 7단원 / 천재(정) 4단원

16 분사	• 현재분사와 과거분사 • 분사형 형용사	날씨와 자연현상, 재해	(1,2학년 관련)
17 비교급과 최상급	• 비교급의 형태와 쓰임 • 최상급의 형태와 쓰임	역사적 인물과 발명	동아(윤) 7단원 / 동아(이) 8단원 / 천재(이) 8단원 / 미래엔 8단원 / 능률(김) 5단원 / 비상 5단원 / 천재(정) 7단원
18 비교 표현	• 원급 비교 표현 • 비교급 표현	학교 생활, 축제	동아(이) 8단원 / 천재(정) 5단원

MEMO

EGU
THE EASIEST GRAMMAR & USAGE
영문법

문법
써먹기

WORKBOOK

EGU
THE EASIEST GRAMMAR &USAGE 영문법

문법
써먹기

WORKBOOK

● A. 형태 확인 주어진 우리말을 참고하여 빈칸에 알맞은 **be동사**를 쓰세요. (부정형 포함)

❶ Mrs. Kang _____ my English teacher. 강 선생님은 나의 영어 선생님이다.

❷ Tony, _____ you good at swimming? Tony. 너는 수영을 잘하니?

❸ We _____ not elementary school students. 우리는 초등학생이 아니다.

❹ He _____ my brother. He's my cousin. 그는 내 남동생이 아니다. 그는 내 사촌이다.

❺ I live in Korea. But I _____ from Korea. 나는 한국에 산다. 하지만 나는 한국 출신이 아니다.

❻ _____ she in the same class with you? 그녀는 너와 같은 반이니?

❼ Jane _____ one of my classmates. Jane은 내 반 친구들 중 한 명이다.

❽ _____ you interested in photos? 너는 사진에 관심이 있니?

❾ They _____ very different from each other. 그들은 서로 매우 다르다.

❿ Brad is tall, but he _____ good at basketball. Brad는 키는 크지만, 농구를 잘하는 것은 아니다.

● B. 문장 전환 괄호 안에 주어진 지시대로 문장을 바꿔 쓰세요.

❶ Jina is a middle school student now. (부정문)

→ _____

❷ Kate is from England, but she lives in Korea. (주어를 Tom으로)

→ _____

❸ Is your friend Jisu good at sports? (평서문)

→ _____

❹ You're interested in music and art. (의문문)

→ _____

❺ They are from the same elementary school. (부정문)

→ _____

❻ We're not in Mr. Chang's class but in Ms. Han's class. (주어를 I로)

→ _____

❼ Are your sisters different from you? (평서문)

→ _____

❽ Andrew is nice to everyone. (부정문)

→ _____

다음 문장에서 틀린 곳을 찾아 밑줄을 긋고, 바르게 고치세요.

❶ My friend Jason are tall and nice.　　　→ _____

❷ Minji is'nt my classmate.　　　→ _____

❸ They're are very kind to us.　　　→ _____

❹ Are Dona is your new neighbor?　　　→ _____

❺ Tom am good at sports.　　　→ _____

❻ I amn't a sixth grader but a seven grader.　　　→ _____

❼ Kelly is my friend, and she are from the U.S.　　　→ _____

❽ Is Jessie is one of your cousins?　　　→ _____

❾ I'm no interested in music and art.　　　→ _____

❿ Rob are on the same team with me.　　　→ _____

주어진 어구를 순서대로 배열하여 문장을 완성하세요.

❶ one of / Ms. Jin / is / teachers / our / .
→ _____

❷ are / with us / in / you / the same / class / .
→ _____

❸ shy and / my friend / isn't / Mina / calm / .
→ _____

❹ am / I / sixth / a / grader / school / at / this / .
→ _____

❺ Mr. Green / is / to / his neighbors / nice / ?
→ _____

❻ from / she / different / her friends / is / .
→ _____

❼ the / in / Jenny / interested / movie club / is / .
→ _____

❽ P.E. / your / subject / is / favorite / ?
→ _____

1 You are late for class.

→ _____

2 Are you a middle school student?

→ _____

3 Mr. Jackson is my new neighbor.

→ _____

4 You aren't an English teacher but a math teacher.

→ _____

5 Are you in this English class?

→ _____

6 Grace is interested in painting.

→ _____

7 Is he the new English teacher?

→ _____

8 She is our homeroom teacher.

→ _____

9 민지는 나의 반 친구가 아니다. (Minji, classmate)

→ _____

10 너는 Dona의 새로운 친구니? (Dona's new friend)

→ _____

11 Tom은 스포츠를 매우 잘한다. (good, sports)

→ _____

12 Kelly는 말랐지만 매우 튼튼하다. (skinny, strong)

→ _____

13 너도 7학년(중1)이니? (a seventh grader, too)

→ _____

14 나는 음악에는 흥미가 없다. (interested in)

→ _____

15 Sam은 런던 출신이 아니라 뉴욕 출신이다. (London, New York, but, from)

→ _____

16 Amy와 Tom은 다른 학교 출신이다. (from, a different school)

→ _____

A. 형태 확인   주어진 우리말을 참고하여 빈칸에 알맞은 말을 쓰세요. (부정형 포함)

❶ I _____ up at 6:30 every morning. 나는 매일 아침 6시 30분에 일어난다.

❷ My sister doesn't _____ carrots. 내 여동생은 당근을 먹지 않는다.

❸ Matt _____ late on the weekend. Matt는 주말에 늦잠을 잔다.

❹ _____ you go to see a movie every Sunday? 너는 매주 일요일에 영화를 보러 가니?

❺ Ms. Choi _____ drive to work. 최 선생님은 차로 출근하지 않는다.

❻ They _____ shopping after school. 그들은 방과 후에 쇼핑을 하러 간다.

❼ We _____ have math class today. 우리는 오늘 수학 수업이 없다.

❽ She _____ a shower after breakfast. 그녀는 아침 식사 후에 샤워를 한다.

❾ Do you play badminton? – Yes, I _____. 너는 배드민턴을 치니? – 응, 나는 쳐.

❿ _____ Ben like healthy food? – No, he doesn't.
Ben은 건강한 음식을 좋아하니? – 아니, 안 좋아해.

B. 문장 전환   괄호 안에 주어진 지시대로 문장을 바꿔 쓰세요.

❶ They play basketball every weekend. (의문문)

→ _____

❷ Connor gets up early on Saturdays. (부정문)

→ _____

❸ I eat snacks after lunch. (주어를 Jane으로)

→ _____

❹ Does she like horror movies? (평서문)

→ _____

❺ They go shopping at the shoe shop. (부정문)

→ _____

❻ Mr. Frank walks to school every morning. (의문문)

→ _____

❼ Do you play baseball after school? (평서문)

→ _____

❽ Sera studies hard even on the weekend. (주어를 we로)

→ _____

❶ I takes a shower at 7 o'clock.　　→ _____

❷ He don't like vegetables.　　→ _____

❸ They doesn't walk to school.　　→ _____

❹ Does you go to bed after 12?　　→ _____

❺ Lily go jogging every morning.　　→ _____

❻ Do he go to see a movie on Friday?　　→ _____

❼ We brushes our teeth after lunch.　　→ _____

❽ Does she takes a shower at night?　　→ _____

❾ You doesn't like romantic movies.　　→ _____

❿ Does Jamie drive to work? – No, he don't.　　→ _____

D. 어순 배열　주어진 어구를 순서대로 배열하여 문장을 완성하세요.

❶ eats / at work / lunch / Ms. Johns / .
→ _____

❷ walks / Bomi / to school / every day / .
→ _____

❸ take / twice / you / do / a week / piano lessons / ?
→ _____

❹ after / you / school / to / go / the library / .
→ _____

❺ Jina and / her / sisters / do / to bed / go / before 10 / ?
→ _____

❻ home / brothers / my / don't / at 6 / on weekdays / come / .
→ _____

❼ Bobbie / skip / does / during / the mid-terms / lunch / ?
→ _____

❽ drink / does / coffee / of / a cup / he / every morning / ?
→ _____

다음 영어는 한글로, 한글은 영어로 바꾸세요. (❾~⓯ 괄호 안의 어구를 순서대로 활용할 것)

❶ Mina takes the subway to school.

→ _____

❷ Does he brush his teeth after lunch?

→ _____

❸ She doesn't go swimming in summer.

→ _____

❹ Henry gets exercise every morning.

→ _____

❺ I usually take a shower in the evening.

→ _____

❻ She doesn't study on the weekend.

→ _____

❼ He sleeps late on holidays.

→ _____

❽ Mom leaves home at 8 and takes the subway to work.

→ _____

❾ 너는 오후 10시 이후에 잠자리에 드니? (go to bed)

→ _____

❿ Kelly는 공포 영화를 좋아하지 않는다. (horror movies)

→ _____

⓫ 너는 오늘 영어 수업이 있니? (English lessons, today)

→ _____

⓬ Ms. Dane은 자동차로 직장에 가니? (to work, by car)

→ _____

⓭ 나는 주중에는 집에 늦게 돌아오지 않는다. (home, on weekdays)

→ _____

⓮ 그들은 부산까지 기차를 타니? (take a train, Busan)

→ _____

⓯ 그는 아침에 일찍 일어나지 않는다. (get up)

→ _____

⓰ 나는 스포츠를 좋아하지 않지만, 주말에는 조깅하러 간다. (sports, jogging, on the weekend)

→ _____

A. 형태 확인
주어진 우리말을 참고하여 빈칸에 알맞은 조동사를 쓰세요. (부정형 포함)

1 I _____ get to school on time. 나는 제시간에 학교에 도착할 수 없다.

2 You _____ eat healthy food. 당신은 건강한 음식을 먹어야 한다.

3 _____ they come to my birthday party? 그들이 내 생일 파티에 올 수 있을까?

4 Jessie _____ eat sweets. Jessie는 단것을 먹어서는 안 된다.

5 We _____ to turn off our smartphones. 우리는 우리의 스마트폰을 꺼야만 한다.

6 _____ I turn in the essay by tomorrow? 제가 내일까지 에세이를 제출해야 하나요?

7 You _____ solve the problem with your friends. 너는 친구들과 함께 그 문제를 풀어도 된다.

8 We _____ talk during the movie. 영화가 상영되는 동안 우리는 말을 해서는 안 된다.

9 _____ I get to the test room by 8:30? 내가 8시 30분까지 시험장에 도착할 수 있을까?

10 We _____ do our best all the time. 우리는 항상 최선을 다해야 한다.

B. 문장 전환
괄호 안에 주어진 지시대로 문장을 바꿔 쓰세요.

1 Esther can read the Spanish words. (의문문)

→ _____

2 You must be quiet in the library. (have to를 써서)

→ _____

3 Can they finish the project by 6? (평서문)

→ _____

4 You should eat fast food. (부정문)

→ _____

5 Craig can do his best on the test. (의문문)

→ _____

6 My uncle should get exercise regularly. (have to를 써서)

→ _____

7 Should I write down the answer in English? (평서문)

→ _____

8 You can take a picture in the museum. (부정문)

→ _____

다음 문장에서 <u>틀린</u> 곳을 찾아 밑줄을 긋고, 바르게 고치세요.

❶ Julie can makes chocolate cookies. → _____

❷ My father is able to speaks Japanese. → _____

❸ You should'nt eat food here. → _____

❹ Can Joseph plays the guitar? → _____

❺ We don't has to take the test. → _____

❻ Grace musts finish her report by 5. → _____

❼ They can't cheats on the test. → _____

❽ Paul is able not to pass the exam. → _____

❾ Does she has to get there by 3 o'clock? → _____

❿ You should not are late tomorrow. → _____

주어진 어구를 순서대로 배열하여 문장을 완성하세요.

❶ the / have to / I / again / don't / English / take / test / .
→ _____

❷ a / can / get / score / good / I / my essay / on / .
→ _____

❸ eat / we / more / should / fresh food / .
→ _____

❹ help / you / can / me / problem / math / with this / ?
→ _____

❺ must / we / lies / to / our parents / tell / not / .
→ _____

❻ Helen / talk / able to / is / with / in English / foreigners / ?
→ _____

❼ should / cheat / you / not / the / test / on / .
→ _____

❽ have to / by today / I / my / finish / do / project / school / ?
→ _____

❶ You can stay in the room until 5.

→ _____

❷ We should turn off our smartphones in the cinema.

→ _____

❸ Can you finish your homework on time?

→ _____

❹ You should do your best on the exam.

→ _____

❺ Students shouldn't talk during the test.

→ _____

❻ She must turn in her essay to the teacher.

→ _____

❼ Can you solve the difficult problem?

→ _____

❽ You should not be late for the class again.

→ _____

❾ 너는 규칙적으로 약간의 운동을 해야 한다. (should, get, exercise, regularly)

→ _____

❿ 그녀는 한자를 읽을 수 있니? (able, read, Chinese characters)

→ _____

⓫ 건강한 삶을 위해, 어린이들은 충분히 자야 한다. (a healthy life, should, enough)

→ _____

⓬ 너는 주말에는 학교에 올 필요가 없다. (have to, on the weekend)

→ _____

⓭ 그가 시험에서 좋은 점수를 받을 수 있니? (able, get, score, the exam)

→ _____

⓮ 너는 그 책들에 글씨를 써서는 안 된다. (should not, write, the books)

→ _____

⓯ 너는 수업에 제시간에 와야 한다. (should, on time, for class)

→ _____

⓰ 나는 다음 번에는 시험에서 최선을 다할 수 있다. (can, my best, the test)

→ _____

01 다음 중 어법상 틀린 문장은?

① Is she 15 years old now?
② I'm a class leader at school.
③ He can't goes to see a movie.
④ He isn't nice to my friends.
⑤ We shouldn't eat food here.

02 다음 우리말을 영어로 바르게 옮긴 것은?

그는 내 형들 중 한 명이다.

① He is one of my brothers.
② He can be one my brother.
③ He shouldn't be my one brother.
④ He isn't my sister but one brother.
⑤ My brother is one of you.

03 다음 중 어법상 맞는 문장을 모두 고르면?

① Be he 8 years old now?
② You should get there by 5 o'clock.
③ Do you know her name?
④ She musts return this book tomorrow.
⑤ He don't like rock music.

[04-05] 문장에서 밑줄 친 부분을 올바른 형태로 고쳐 쓰시오.
(현재형으로 쓸 것)

04

They be my new neighbors.

→ _____

05

Sam do not study hard for the math test.

→ _____

06 다음 대화의 빈칸에 알맞은 말을 쓰시오.

A: Can you make a pepperoni potato pizza?
B: No, I _____ .

07 다음 두 문장의 의미가 같을 때, 빈칸에 알맞은 말을 쓰시오.

Jenny has to study this Saturday.
= Jenny _____ study this Saturday.

08 다음 대화의 밑줄 친 우리말을 영어로 바르게 옮기시오.
(주어진 어구를 사용할 것)

A: What can we do for our parents?
B: 우리는 주말에 집을 청소할 수 있다.
   (clean, the house)

→ _____ on the
weekend.

09 다음 글에서 틀린 곳을 찾아 바르게 고치시오.

I'm Tim. I'm from Canada. I can't speak
Korean. I'm not know many people here.

_____ → _____

10 다음 〈보기〉에 주어진 말들을 활용하여 글을 완성하시오.

〈보기〉	be	do	can

Hi! My name _____ Jill. I'm good at
different sports. I _____ play soccer
and basketball very well. But I _____
play badminton. I _____ like it.

A. 형태 확인 주어진 우리말을 참고하여 빈칸에 알맞은 **be**동사를 쓰세요. (부정형 포함)

❶ It _____ too hot last summer. 지난 여름은 너무 더웠다.

❷ They _____ sleepy after lunch. 그들은 점심 식사 후에 졸렸다.

❸ I _____ 13 years old a year ago. 나는 1년 전에 13살이었다.

❹ She _____ late for school today. 그녀는 오늘 학교에 늦지 않았다.

❺ We _____ bored during the movie. 영화를 보는 동안 우리는 지루하지 않았다.

❻ _____ he at your birthday party? 그는 네 생일 파티에 있었니?

❼ The novels _____ very popular with teens. 그 소설들은 십대들 사이에서 매우 인기 있었다.

❽ _____ you at home on the weekend? 너는 주말에 집에 있었니?

❾ Was it chilly in the morning? – Yes, it _____. 아침에는 쌀쌀했니? – 응, 그랬어.

❿ Were they in the library? – No, they _____. 그들은 도서관에 있었니? – 아니, 없었어.

B. 문장 전환 괄호 안에 주어진 지시대로 문장을 바꿔 쓰세요.

❶ The sky is blue and the wind is cool. (과거 시제)

→ _____

❷ I was happy at that time. (주어를 you로)

→ _____

❸ There were many people at the park. (부정문)

→ _____

❹ The festival was popular in the past. (의문문)

→ _____

❺ The concert hall is full of people. (과거 시제)

→ _____

❻ We were not at home last Sunday. (주어를 Roy로)

→ _____

❼ They were in the stadium after school. (의문문)

→ _____

❽ You were short and skinny at ten. (부정문)

→ _____

다음 문장에서 **틀린** 곳을 찾아 밑줄을 긋고, 바르게 고치세요.

❶ Are you busy yesterday?   → _____

❷ I weren't full enough after dinner.   → _____

❸ Bill is sick last weekend.   → _____

❹ They was in New York last summer.   → _____

❺ Where were Nancy this morning?   → _____

❻ We aren't at the park last Saturday.   → _____

❼ The weather weren't cloudy at all.   → _____

❽ Were Jack with you last night?   → _____

❾ How were your trip to Japan?   → _____

❿ They are famous actors in the past.   → _____

• D. 어순 배열   주어진 어구를 순서대로 배열하여 문장을 완성하세요.

❶ wasn't / the / cool and / weather / pleasant / .

→ _____

❷ was / my family / on Sunday / the / at / river park / .

→ _____

❸ this / visitors / in / city / many / were / there / ?

→ _____

❹ exciting / weren't / hero movies / the / very / .

→ _____

❺ green / was / thick and / before / the forest / ?

→ _____

❻ was / I / not / on Friday / home / at / night / .

→ _____

❼ this island / was / beautiful / clean and / ?

→ _____

❽ Saturday / was / at / on / his grandma's / Andy / ?

→ _____

❶ The mountain wasn't very high or steep.

→ _____

❷ The weather was sunny this week.

→ _____

❸ Were you at the movie theater on Sunday?

→ _____

❹ The school was famous for its soccer team.

→ _____

❺ Were there many people in the stadium yesterday?

→ _____

❻ They weren't at home during the last vacation.

→ _____

❼ Was he a famous singer in the past?

→ _____

❽ Where were you one hour ago?

→ _____

❾ 그 공원은 주말에 사람들로 가득했다. (full of, the weekend)

→ _____

❿ 지난주 내내 비가 왔니? (rainy, all last week)

→ _____

⑪ 우리는 그 당시에 매우 어렸다. (at that time)

→ _____

⑫ 10년 전에 이곳에는 건물들이 없었다. (there, buildings, here)

→ _____

⑬ 그 산은 소나무들로 유명했다. (famous for, pine trees)

→ _____

⑭ Stella는 전혀 행복하지 않았다. (not, at all)

→ _____

⑮ Jason은 12살 때 키가 작고 몸집이 작았다. (short, small, at twelve)

→ _____

⑯ 어제, Cindy는 아파서 하루 종일 침대에 있었다. (sick, in bed, all day long)

→ _____

A. 형태 확인 주어진 우리말을 참고하여 빈칸에 알맞은 말을 쓰세요. (부정형 포함)

1. The car accident _____ last night. 그 자동차 사고는 어젯밤에 일어났다.

2. My family _____ in Busan 10 years ago. 나의 가족은 10년 전에 부산에 살았다.

3. When _____ Van Gogh finish the painting? 반 고흐는 언제 그 그림을 완성했니?

4. Did you _____ fun with your friends? 너는 친구들과 재미있게 보냈니?

5. The Korean War _____ in 1953. 한국 전쟁은 1953년에 끝났다.

6. We _____ live next door last year. 우리는 작년에 옆집에 살지 않았다.

7. Who _____ this awesome building? 누가 이 멋진 건물을 지었니?

8. My grandparents _____ care of me. 나의 조부모님께서 나를 돌봐 주셨다.

9. The team didn't _____ this time. 그 팀은 이번에는 지지 않았다.

10. Did she realize her dream? – Yes, she _____. 그녀는 그녀의 꿈을 이뤘니? – 응, 이뤘어.

B. 문장 전환 괄호 안에 주어진 지시대로 문장을 바꿔 쓰세요.

1. They fight for peace in the country. (과거 시제)
   →_____

2. The president gave a speech. (부정문)
   →_____

3. Cindy got a call from the famous artist. (의문문)
   →_____

4. We go on a field trip to the science museum. (과거 시제)
   →_____

5. The inventor created the airplane. (부정문)
   →_____

6. Beethoven wrote the Moonlight Sonata. (의문문)
   →_____

7. We have a good time during the festival. (과거 시제)
   →_____

8. Many people died after the accident. (부정문)
   →_____

1. He invents the light bulb in 1879. → _____

2. She tooks care of the sick people. → _____

3. Long ago, people didn't used the Internet. → _____

4. Did you realized your dream? → _____

5. He readed a science fiction story yesterday. → _____

6. When does Shakespeare become a writer? → _____

7. He didn't gave up his dream. → _____

8. The volunteers goed to Africa last month. → _____

9. Who paints the Mona Lisa? → _____

10. I planed a picnic with some friends. → _____

D. 어순 배열   주어진 어구를 순서대로 배열하여 문장을 완성하세요.

1. painted / people / the wall / beautifully / .
→ _____

2. build / they / the castle / did / the 1800s / in / ?
→ _____

3. didn't / after / the accident / die / the actor / .
→ _____

4. did / have / your friends / a / good / in / time / the museum / ?
→ _____

5. went / the doctor / to / Africa / people / and / helped / .
→ _____

6. the battle / did / win / the / French soldiers / ?
→ _____

7. took / Mother Teresa / care of / children / poor / many / .
→ _____

8. king / did / the prince / become / 13 years / after / ?
→ _____

다음 영어는 한글로, 한글은 영어로 바꾸세요. (**9**~**16** 괄호 안의 어구를 순서대로 활용할 것)

❶ He made a great speech in 1963.

→ _____

❷ Did she become a famous cartoonist?

→ _____

❸ In the end, they found happiness in their lives.

→ _____

❹ Did the movie end two hours later?

→ _____

❺ Yesterday, I got a call from Daniel.

→ _____

❻ Did his dream finally come true?

→ _____

❼ They found peace again after the war.

→ _____

❽ Long ago, a great king lived in the country.

→ _____

❾ 그들은 평화를 위해 싸웠고, 마침내 그들은 이겼다. (fight for, peace, finally)

→ _____

❿ 그들은 그 당시에 옆집에 살지 않았다. (live next door, that time)

→ _____

⓫ Thomas Edison은 많은 위대한 물건들을 발명했다. (invent, many, great)

→ _____

⓬ 그들은 30년 전에 이 다리를 지었니? (build the bridge, ago)

→ _____

⓭ 그 사람들은 그들의 가족을 잃었다. (lose, families)

→ _____

⓮ 그 전쟁은 1950년에 일어났니? (the war, happen)

→ _____

⓯ 그는 1900년에 그 그림을 완성했다. (finish, the painting)

→ _____

⓰ 너는 지난 일요일에 즐거운 시간을 보냈니? (have a good time)

→ _____

A. 형태 확인 주어진 우리말을 참고하여 빈칸에 알맞은 말을 쓰세요. (진행형으로 쓸 것)

❶ They _____ _____ about holiday plans. 그들은 휴가 계획에 대해 이야기하고 있다.

❷ I _____ _____ a plan for this vacation. 나는 이번 방학 계획을 세우는 중이다.

❸ We _____ _____ baseball after lunch. 우리는 점심을 먹고 야구를 하고 있었다.

❹ Josh _____ _____ his bag for the trip. Josh는 여행을 위한 짐을 싸는 중이었다.

❺ My family _____ _____ on a trip to Okinawa. 나의 가족은 오키나와로 여행을 갈 것이다.

❻ _____ you _____ a reservation for the hotel? 너는 호텔을 예약하는 중이니?

❼ She _____ _____ in Busan last spring. 그녀는 지난 봄에 부산을 여행하는 중이었다.

❽ _____ you _____ a train from Paris to London? 너는 파리에서 런던까지 기차를 탈 생각이니?

❾ We _____ going to _____ the subway. 우리는 지하철을 타지 않을 것이다.

❿ I _____ _____ my bike at that time. 나는 그때 내 자전거를 타고 있지 않았다.

B. 문장 전환 괄호 안에 주어진 지시대로 문장을 바꿔 쓰세요.

❶ Wendy stays in Hawaii during the vacation. (현재진행형)

→ _____

❷ You took many pictures during the trip. (과거진행형)

→ _____

❸ Mr. Lee will leave China after a week. (의문문)

→ _____

❹ I will carry lots of money in Spain. (부정문)

→ _____

❺ Alex gets off at the next station. (미래 시제)

→ _____

❻ We are going to visit the tallest tower. (주어를 I로)

→ _____

❼ She is going to make a plan for her winter break. (의문문)

→ _____

❽ They were snorkeling in the clear seas. (부정문)

→ _____

다음 문장에서 <u>틀린</u> 곳을 찾아 밑줄을 긋고, 바르게 고치세요.

1 We was having fun in the city. → _____

2 My sister and I am going to stay at home. → _____

3 They won't to go to school from next week. → _____

4 I'm going to leaving Seoul tomorrow. → _____

5 Do you making a reservation for a seat now? → _____

6 We were puting backpacks in the car. → _____

7 Alice will talks about her holiday. → _____

8 He doesn't snowboarding now. → _____

9 Are they go to buy the musical tickets? → _____

10 Will you go to Berlin? – Yes, I do. → _____

D. 어순 배열 주어진 어구를 순서대로 배열하여 문장을 완성하세요.

1 bikes / are / they / riding / the park / in / .

→ _____

2 fun / we / last summer / having / on / were / the / island / .

→ _____

3 wasn't / Sam / for / his family / cooking / dinner / .

→ _____

4 you / skiing / were / the mountain / on / ?

→ _____

5 move to / they / will / city / soon / another / .

→ _____

6 won't / the / leave / train / to Seoul / on time / .

→ _____

7 are / going / you / to try / foreign foods / your trip / during / ?

→ _____

8 going / we're / here / to stay / for / week / one / .

→ _____

❶ I won't carry a map during the trip.

→ _____

❷ We were taking pictures at the beach.

→ _____

❸ Is she staying at this hotel now?

→ _____

❹ They are going to leave Seoul after two days.

→ _____

❺ I'll make a reservation for a table.

→ _____

❻ He is talking about his trip to Jeju Island.

→ _____

❼ Will you make a plan for our picnic?

→ _____

❽ We're going to get off at the next station.

→ _____

❾ 너는 내일 비행기를 탈 거니? (will, get on, the plane)

→ _____

❿ 그들은 지금 자전거를 타고 있지 않다. (ride, bicycles)

→ _____

⓫ 우리는 도쿄에서 비행기를 갈아탈 것이다. (going, transfer flights)

→ _____

⓬ 너는 서울에서 부산까지 버스를 탈 거니? (will, a bus, from, to)

→ _____

⓭ 너는 뉴욕에 머무르고 있었니? (stay in)

→ _____

⓮ 그는 지금 가방에 짐을 싸고 있니? (pack, his bag)

→ _____

⓯ 우리는 그 음식점까지 택시를 탈 것이다. (will, a taxi, the restaurant)

→ _____

⓰ Jane은 어제 이 시간에 그녀의 방에서 자고 있었다. (sleep, at this time, yesterday)

→ _____

Review Test 2 [04-06]

01 다음 중 어법상 틀린 문장은?

① We were happy at that time.
② They built the tower in 1970.
③ He was jogging in the morning.
④ Do you go swimming yesterday?
⑤ I will make a plan for the vacation.

02 다음 우리말을 영어로 바르게 옮긴 것은?

> 그의 꿈은 실현되었다.

① His dream comes true.
② His dream came true.
③ His dream was coming true.
④ His dream is coming true.
⑤ His dream will come true.

03 다음 중 어법상 맞는 문장을 모두 고르면?

① The war ended long ago.
② Did they won the baseball game?
③ We had a big party next weekend.
④ They will going to Vietnam this summer.
⑤ I won't ride my bike at the park again.

[04-05] 문장에서 밑줄 친 부분을 올바른 형태로 고쳐 쓰시오.

04

> The city **is** full of people in the past.

➜ _____

05

> Were you **clean** your room at that time?

➜ _____

06 다음 대화의 빈칸에 알맞은 말을 쓰시오.

> A: Was the movie interesting?
> B: Yes, _____ _____.

07 다음 빈칸에 공통으로 들어갈 말을 쓰세요.

> • People fought _____ peace and love.
> • The city was famous _____ its museum.

➜ _____

08 다음 두 문장의 의미가 같을 때, 빈칸에 알맞은 말을 쓰시오.

> We will leave for Beijing next week.
> = We _____ _____ _____ _____ for Beijing next week.

09 다음 대화의 밑줄 친 우리말을 영어로 바르게 옮기시오. (주어진 어구를 사용할 것)

> A: What are they doing now?
> B: 그들은 지금 수영을 하고 있어. (swim, now)

➜ _____

10 다음 〈보기〉에 주어진 말들을 활용하여 글을 완성하시오.

〈보기〉	be	have	go

> We _____ talking about last winter vacation now. We _____ skiing at that time. We _____ so much fun. We are _____ to go skiing this winter, too!

A. 형태 확인 주어진 우리말을 참고하여 빈칸에 알맞은 말을 쓰세요. (명령문/청유문으로 쓸 것)

❶ It's cold outside. _____ on your jacket. 바깥 날씨가 추워. 너의 재킷을 입어.

❷ _____ polite to your teachers. 네 선생님들께 예의 바르게 행동하라.

❸ _____ ride your bike in the building. 건물 안에서 너의 자전거를 타지 마라.

❹ _____ think about it carefully. 그것에 대해 신중하게 생각해 보자.

❺ _____ your teeth three times a day. 하루에 세 번 양치질을 해라.

❻ Never _____ up late right before exam. 시험 바로 전에 절대 늦게까지 깨어 있지 마라.

❼ _____ this medicine 30 minutes after a meal. 식후 30분에 이 약을 드세요.

❽ _____ be late for our appointment. 우리의 약속에 늦지 마.

❾ _____ use your smartphone at the crosswalk. 횡단보도에서는 절대 스마트폰을 사용하지 마라.

❿ Let's go out and _____ badminton. 밖에 나가서 배드민턴을 치자.

B. 문장 전환 괄호 안에 주어진 지시대로 문장을 바꿔 쓰세요.

❶ You should take some rest today. (명령문)

→ _____

❷ Will you move these boxes with me? (청유문)

→ _____

❸ You shouldn't eat too many sweets. (명령문)

→ _____

❹ You must not say bad words to your family. (never를 써서)

→ _____

❺ You should be quiet in this gallery. (명령문)

→ _____

❻ Will you have dinner with me tonight? (청유문)

→ _____

❼ You must not cheat on a test. (never를 써서)

→ _____

❽ Will you watch horror movies with me? (청유문)

→ _____

다음 문장에서 **틀린** 곳을 찾아 밑줄을 긋고, 바르게 고치세요.

① Lets clean the bathroom. → _____

② Do nice to elderly people. → _____

③ Never do throw garbage on the street. → _____

④ Don't tells lies to your parents. → _____

⑤ Let's going skiing this winter vacation. → _____

⑥ Take a rest and eats healthy food. → _____

⑦ Let's be get exercise in the morning. → _____

⑧ Never to speak loudly in a museum. → _____

⑨ Doesn't eat food right before sleep. → _____

⑩ Let's have lunch today. – Sorry, I'm not. → _____

● D. 어순 배열 주어진 어구를 순서대로 배열하여 문장을 완성하세요.

① quiet / in / be / the library / .
→ _____

② sorry / say / your friend / first / to / .
→ _____

③ late / at night / out / go / don't / .
→ _____

④ rude / don't / to / the teacher / be / .
→ _____

⑤ tell / never / again / lies / .
→ _____

⑥ see / a / to / go / movie / let's / .
→ _____

⑦ go / let's / jogging / the / morning / in / .
→ _____

⑧ learn / a / let's / language / foreign / .
→ _____

다음 영어는 한글로, 한글은 영어로 바꾸세요. (❾～⓰ 괄호 안의 어구를 순서대로 활용할 것)

❶ Be honest and study hard at school.
→ _____

❷ Never tell lies to your parents.
→ _____

❸ Get some exercise regularly.
→ _____

❹ Do not skip breakfast every day.
→ _____

❺ Don't think about the bad things.
→ _____

❻ Let's clean the classroom.
→ _____

❼ Let's take a walk after lunch.
→ _____

❽ Let's go to the teacher and get some advice.
→ _____

❾ 침대로 가서 쉬어라. (take a rest)
→ _____

❿ 매 식사 전에 너의 손을 씻어라. (every meal)
→ _____

⓫ 너의 약을 먹고 충분한 수면을 취해라. (take, medicine, get)
→ _____

⓬ 밤에 늦게까지 깨어 있지 마라. (stay up late)
→ _____

⓭ 이 헬멧 없이는 절대 자전거를 타지 마라. (never, a bike, without)
→ _____

⓮ 건강한 습관들에 대해 생각해 보자. (think about)
→ _____

⓯ 내일 진료를 받으러 가자. (go to a doctor)
→ _____

⓰ 오늘 밤에 나가서 저녁 식사를 하자. (go out, have dinner)
→ _____

A. 형태 확인 주어진 우리말을 참고하여 빈칸에 알맞은 의문사를 쓰세요.

1. _____ is your birthday? 네 생일은 언제니?

2. _____ do you want for your present? 너는 선물로 무엇을 원하니?

3. _____ prepared this surprise party? 누가 이 깜짝 파티를 준비했니?

4. _____ did you buy this cake? 너는 어디서 이 케이크를 샀니?

5. _____ are you crying? 너는 왜 울고 있니?

6. _____ long did you wait for us? 너는 얼마나 오래 우리를 기다렸니?

7. _____ kind of dessert do you like the most? 너는 어떤 종류의 디저트를 가장 좋아하니?

8. _____ is your card, this one or that one? 어떤 것이 너의 카드니? 이거니 아니면 저거니?

9. _____ long will you stay here? 너는 여기에 얼마나 오래 머물 거니?

10. _____ color will he like, black or white? 그가 어느 색을 좋아할 것 같니? 검정색 아니면 흰색?

B. 문장 전환 밑줄 친 부분이 답이 되도록 주어진 의문사로 시작하는 의문문을 만드세요.

1. They will go to the party tonight. (where)
   → _____

2. You will buy some flowers for Mom. (what)
   → _____

3. Mr. Baker will stay in the city for four days. (how long)
   → _____

4. They will leave for Paris next week. (when)
   → _____

5. Gary likes fish or chicken. (which)
   → _____

6. It is Jake's jacket. (whose)
   → _____

7. Dad made a special dinner for the family. (who)
   → _____

8. Kate wants a bag or shoes for her birthday present. (which)
   → _____

다음 문장에서 **틀린** 곳을 찾아 밑줄을 긋고, 바르게 고치세요.

① How kind of music do you like? → _____

② Where is Christmas? – It's December 25. → _____

③ Who shoes are these? – Those are Jake's. → _____

④ When do Kathy bake banana cake? → _____

⑤ Why is you waiting for them now? → _____

⑥ How long it will take to go to Sweden? → _____

⑦ Whose do you want more, cake or a waffle? → _____

⑧ When are you? We're looking for you. → _____

⑨ To whom will you invite to the party? → _____

⑩ Which do you like more, chicken and pizza? → _____

D. 어순 배열 주어진 어구를 순서대로 배열하여 문장을 완성하세요.

① did / where / James / go / after school / ?
→ _____

② can / prepare / who / some food / the party / for / ?
→ _____

③ how / did / long / bake / the cake / she / ?
→ _____

④ for / want / she / her birthday / does / what / ?
→ _____

⑤ today / when / come / her house / they / to / will / ?
→ _____

⑥ which / Mom / will / a present or / like / some flowers / , / ?
→ _____

⑦ a horror or / which movie / watching / are / they / a comedy / , / ?
→ _____

⑧ on / her family / does / which food / eat / birthdays / barbecue / steak or / , / ?
→ _____

❶ Who will prepare balloons tomorrow?

→ _____

❷ What time did you get up today?

→ _____

❸ Why did he give the flowers to her?

→ _____

❹ Which do you want for dinner, beef or fish?

→ _____

❺ Where will you have a party for her?

→ _____

❻ How long did you wait for me here?

→ _____

❼ What present did you prepare for Sara's birthday?

→ _____

❽ Which does he want for his birthday present, a computer or a bicycle?

→ _____

❾ 너는 왜 슬픈 표정을 짓고 있니? (make a sad face)

→ _____

❿ 너는 그 선물이 얼마나 마음에 들었니? (how much, like, the present)

→ _____

⓫ 그들은 언제 파티를 할 예정이니? (will, have a party)

→ _____

⓬ 그는 무슨 종류의 음식을 원하니? (kind of food)

→ _____

⓭ 우리는 언제 그들의 집에 도착할 예정이니? (will, arrive at)

→ _____

⓮ 너는 어떤 색을 좋아하니, 파란색 아니면 회색? (which color, or)

→ _____

⓯ 너는 어느 선물이 마음에 드니, 그 드레스니 아니면 그 테디베어니? (which present, dress, teddy bear)

→ _____

⓰ 너는 어느 언어를 말할 수 있니, 중국어니 아니면 일본어니? (which language, can, speak)

→ _____

• A. 형태 확인 주어진 우리말을 참고하여 빈칸에 알맞은 말을 쓰세요. (부정형 포함)

① Chickens can't fly high, _____ they? 닭은 높이 날 수 없지, 그렇지?

② Most dogs like people, _____ they? 대부분의 강아지들은 사람을 좋아하지, 그렇지 않니?

③ We _____ take care of pets, shouldn't we? 우리는 반려동물을 돌봐야 하지, 그렇지 않니?

④ _____ cute the kittens are! 그 아기 고양이들이 얼마나 귀여운지!

⑤ Pandas are in danger, _____ they? 판다는 위험에 처해 있지, 그렇지 않니?

⑥ _____ a clever animal the dolphin is! 돌고래는 얼마나 똑똑한 동물인지!

⑦ Eagles have good eyesight, don't _____? 독수리는 시력이 좋지, 그렇지 않니?

⑧ The meerkat _____ stand on two feet, can't it? 미어캣은 두 발로 설 수 있지, 그렇지 않니?

⑨ How exciting the safari tour _____! 사파리 투어가 얼마나 흥미로운지!

⑩ What _____ huge whale we saw! 우리가 본 고래가 얼마나 큰지!

• B. 문장 전환 괄호 안에 주어진 지시대로 문장을 바꿔 쓰세요.

① Stray dogs are everywhere. (부가 의문문)
→ _____

② Lions are very scary. (how 감탄문)
→ _____

③ Zebras have a unique pattern. (what 감탄문)
→ _____

④ Koalas can sleep more than 15 hours a day. (부가 의문문)
→ _____

⑤ The peacock's wings are very beautiful. (how 감탄문)
→ _____

⑥ Simon has a big dog. (부가 의문문)
→ _____

⑦ The cheetahs had a very fast race. (what 감탄문)
→ _____

⑧ You are afraid of frogs and snakes. (부가 의문문)
→ _____

다음 문장에서 <u>틀린</u> 곳을 찾아 밑줄을 긋고, 바르게 고치세요.

❶ Ostriches are the fastest bird, don't they? → _____

❷ Eileen has an iguana, isn't she? → _____

❸ How a big polar bear it is! → _____

❹ Bees have their own language, don't it? → _____

❺ What big and sharp the shark's teeth are! → _____

❻ Tim likes scorpions, doesn't she? → _____

❼ Animals can't use tools, do they? → _____

❽ What a friendly animal it! → _____

❾ How clean and quietly the cat is! → _____

❿ Harry will run away from the dog, isn't he? → _____

D. 어순 배열 주어진 어구를 순서대로 배열하여 문장을 완성하세요.

❶ have / fur / hamsters / very soft / they / don't / , / ?

→ _____

❷ can't / animals / use / language / they / can / , / ?

→ _____

❸ takes / Sam / of / care / doesn't / he / stray dogs / , / ?

→ _____

❹ they / water / drinking / the camels / aren't / are / , / ?

→ _____

❺ a / giraffe / what / tall / we / saw / !

→ _____

❻ are / big / how / the elephants / !

→ _____

❼ good / what / a / race / had / the horses / !

→ _____

❽ dry / large and / how / was / the desert / !

→ _____

다음 영어는 한글로, 한글은 영어로 바꾸세요. (❾～⓰ 괄호 안의 어구를 순서대로 활용할 것)

❶ Your dog can't climb up a tree, can it?

→ _____

❷ Mary didn't feed the goldfish today, did she?

→ _____

❸ A turtle swims well, doesn't it?

→ _____

❹ We shouldn't run away from the wolf, should we?

→ _____

❺ What a cute kitten you have!

→ _____

❻ How big and hard the eggs were!

→ _____

❼ What a good sense of smell pigs have!

→ _____

❽ How interesting the animal story was!

→ _____

❾ 개들은 높은 곳에 올라갈 수 없어, 그렇지? (can, jump up to)

→ _____

❿ 너는 휴일 동안 그 식물에 물을 주지 않았어, 그렇지? (water the plant, during the holidays)

→ _____

⓫ 돌고래들은 서로를 도울 수 있어, 그렇지 않니? (can, help each other)

→ _____

⓬ 그들은 우리에게 다가오고 있어, 그렇지 않니? (get close to)

→ _____

⓭ 그 곰이 얼마나 크고 무서웠는데! (how, big, scary)

→ _____

⓮ 저 오렌지들은 얼마나 신선한가! (how, fresh, those)

→ _____

⓯ 얼마나 사랑스러운 강아지인지! (what, lovely)

→ _____

⓰ 그 앵무새는 얼마나 영리한 새인지! (what, smart, the parrot)

→ _____

Review Test 3 [07-09]

01 다음 중 어법상 <u>틀린</u> 문장은?

① When is your birthday?
② Be nice to your friends.
③ How amazing the whale is!
④ Who will come to the party?
⑤ Drink warm water and gets enough sleep.

02 다음 우리말을 영어로 바르게 옮긴 것은?

> 너는 오늘 기분이 어떠니?

① Who are you feeling today?
② What are you feeling today?
③ How are you feeling today?
④ Which are you feeling today?
⑤ Why are you feeling today?

03 다음 중 어법상 맞는 문장을 <u>모두</u> 고르면?

① Let's going shopping today.
② How many presents did he get?
③ What a fast animal it is!
④ Never late for school again.
⑤ Does she like animals, don't she?

[04-05] 문장에서 밑줄 친 부분을 올바른 형태로 고쳐 쓰시오.

04

> Dolphins can jump high, <u>don't they</u>?

→ _____

05

> <u>Doesn't</u> listen to music loudly.

→ _____

06 다음 대화의 빈칸에 알맞은 말을 쓰시오.

> A: _____ did you make an angry face?
> B: Because I fought with my sister.

07 다음 두 문장의 의미가 같을 때, 빈칸에 알맞은 말을 쓰시오.

> Do you like pizza? Or do you like pasta?
> = _____ do you like, pizza _____ pasta?

08 다음 대화의 밑줄 친 우리말을 영어로 바르게 옮기시오. (주어진 어구를 사용할 것)

> A: <u>이것은 누구의 모자니?</u> (whose, hat, this)
> B: It's Tom's.

→ _____

09 다음 글에서 <u>틀린</u> 곳을 찾아 바르게 고치시오.

> I went to the Natural History Museum.
> I saw dinosaur bones. How huge animals they were!

_____ → _____

10 다음 〈보기〉에 주어진 말들을 활용하여 글을 완성하시오.

〈보기〉	let	be	do

> _____ follow the rules in the museum. First, _____ quiet. Second, _____ eat snacks. It's not difficult for you, _____ it?

A. 형태 확인   주어진 우리말을 참고하여 빈칸에 알맞은 동사를 쓰세요.

① I will _____ a French chef. 나는 프랑스 요리사가 될 것이다.

② It will _____ rainy and windy soon. 곧 비가 오고 바람이 불 것 같다.

③ Marshmallow _____ sweet and feels soft. 마시멜로는 맛이 달콤하고 촉감이 부드럽다.

④ That bread _____ nice. 저 빵 냄새가 아주 좋다.

⑤ Dad _____ tired after cooking. 아빠는 요리를 한 후 피곤해 보인다.

⑥ Your idea _____ wonderful. 너의 아이디어는 아주 멋지게 들린다.

⑦ I _____ better after taking a bath. 나는 목욕을 하고 난 후 기분이 나아진다.

⑧ You and your sister look _____ your mother. 너와 네 여동생은 네 어머니처럼 보인다.

⑨ She doesn't _____ like a middle school student. 그녀는 중학생처럼 보이지 않는다.

⑩ _____ you excited during summer break? 여름 휴가 동안 너는 즐거웠니?

B. 문장 전환   괄호 안에 주어진 지시대로 문장을 바꿔 쓰세요.

① The salmon looks fresh. (부정문)
→ _____

② It's getting hot and sunny outside. (의문문)
→ _____

③ Did the fried chicken taste yummy? (평서문)
→ _____

④ I feel nervous before an exam. (주어를 Suzy로)
→ _____

⑤ You look very surprised at the news. (부정문)
→ _____

⑥ The steak doesn't smell fantastic. (평서문)
→ _____

⑦ Your advice was very helpful for Ms. Jung. (의문문)
→ _____

⑧ You look like a new person in that dress. (주어를 Mandy로)
→ _____

다음 문장에서 <u>틀린</u> 곳을 찾아 밑줄을 긋고, 바르게 고치세요.

❶ You look nicely today. → _____

❷ Daniel looks a fashion model. → _____

❸ It gets cools at this time of the year. → _____

❹ This pizza smells greatly. → _____

❺ Are you feel better after sleeping? → _____

❻ The picture doesn't look you. → _____

❼ The mushroom soup tasted salt. → _____

❽ The chefs do all from Italy. → _____

❾ They looked very happily yesterday. → _____

❿ The new jacket looks well on you. → _____

주어진 어구를 순서대로 배열하여 문장을 완성하세요.

❶ sandwiches / the / fresh / look / .
  → _____

❷ feel / didn't / tired / Jason / cooking / after / pizza / .
  → _____

❸ did / the / popular / become / restaurant / ?
  → _____

❹ warm / getting / outside / it's / .
  → _____

❺ sauce / won't / the / become / in / sticky / 30 minutes / .
  → _____

❻ she / feeling / is / during / hungry / class / ?
  → _____

❼ doesn't / nice / she / look / today / .
  → _____

❽ donuts / the bagels / look / do / like / ?
  → _____

❶ Do you feel better now?

→ _____

❷ The brownie tastes better with ice cream.

→ _____

❸ It gets hot at this time of the year.

→ _____

❹ The bread became brownish in the oven.

→ _____

❺ It became dark, so we hurried home.

→ _____

❻ The white hat looks good on her!

→ _____

❼ The milk will taste sour in two weeks.

→ _____

❽ Pretzels became popular in New York.

→ _____

❾ 너는 그 요리 수업에 신이 났었니? (feel excited, about)

→ _____

❿ 이 수프는 맛있는 냄새가 난다. (smell good)

→ _____

⓫ 너는 오늘 왜 우울해 보이니? (look down)

→ _____

⓬ 그것은 전혀 재미있게 들리지 않았다. (sound funny, at all)

→ _____

⓭ 너는 초콜릿을 먹고 난 후 기분이 좋아질 것이다. (feel better, after, eating)

→ _____

⓮ 이 음식은 짠맛이 나지만 맛있다. (taste salty, yummy)

→ _____

⓯ 그 반죽은 두 시간 후에 더 커질 것이다. (dough, become bigger, in)

→ _____

⓰ 이 오렌지는 시큼해 보이지만 맛은 아주 달다. (look, sour, taste, sweet)

→ _____

A. 형태 확인   주어진 우리말을 참고하여 빈칸에 알맞은 말을 쓰세요.

❶ The story _____ us an important lesson.   그 이야기는 우리에게 중요한 교훈을 주었다.

❷ He wrote a love letter _____ her.   그는 그녀에게 사랑의 편지를 썼다.

❸ I _____ Tom my bike.   나는 Tom에게 내 자전거를 빌려주었다.

❹ Dad bought a bunch of flowers _____ Mom.   아빠는 엄마를 위해 꽃 한 다발을 샀다.

❺ The girl _____ me the way to the bank.   그 소녀는 내게 은행으로 가는 길을 알려 주었다.

❻ I _____ a text message to my homeroom teacher.   나는 담임 선생님께 문자를 보냈다.

❼ Could you find a seat _____ me, please?   저를 위해 자리를 좀 찾아 주시겠어요?

❽ They asked some questions _____ me.   그들은 내게 몇 가지 질문을 했다.

❾ I'm going to cook dinner _____ my grandparents.   나는 조부모님을 위해 저녁을 요리할 것이다.

❿ Can you _____ me the water bottle?   내게 그 물병을 건네주겠니?

B. 문장 전환   괄호 안에 주어진 지시대로 문장을 바꿔 쓰세요.

❶ Can you buy me ice cream? (3형식)
→ _____

❷ He will send a text message to you soon. (4형식)
→ _____

❸ I will make you some sandwiches. (3형식)
→ _____

❹ Ms. Choi teaches math to the seventh graders. (4형식)
→ _____

❺ My uncle gave me a present. (3형식)
→ _____

❻ Jina asked some interesting questions of you. (4형식)
→ _____

❼ Who lent you that uniform? (3형식)
→ _____

❽ Could you find the key for me? (4형식)
→ _____

❶ I will cook breakfast to you. → _____

❷ Can you bring an umbrella me? → _____

❸ He will not lend the money of me. → _____

❹ Sera bought a scarf her mom. → _____

❺ I will show your the way to the bus stop. → _____

❻ David gave a useful tip for me. → _____

❼ She sent he a text message last night. → _____

❽ Who showed my old pictures of you? → _____

❾ Can you make hotdogs me? → _____

❿ Who will teach for us English? → _____

• **D. 어순 배열** 주어진 어구를 순서대로 배열하여 문장을 완성하세요.

❶ lent / Bob / me / yesterday / 5 dollars / .

→ _____

❷ hamburger / me / make / you / a / could / ?

→ _____

❸ questions / teacher / our / science / some / we'll / ask / .

→ _____

❹ a / him / you / write / did / thank-you letter / ?

→ _____

❺ text / a / message / to you / this afternoon / send / I'll / .

→ _____

❻ showed / the way / the library / to them / to / who / ?

→ _____

❼ easy / an / question / of me / the teacher / asked / .

→ _____

❽ can / teach / the / language / Korean / to him / you / ?

→ _____

　다음 영어는 한글로, 한글은 영어로 바꾸세요. (**9**~**16** 괄호 안의 어구를 순서대로 활용할 것)

1 He lent me his laptop.

　→ _____

2 The books give important messages to us.

　→ _____

3 Does your uncle give you an allowance?

　→ _____

4 Will you buy a present for your sister?

　→ _____

5 Ted showed me the way to the bus stop.

　→ _____

6 The teacher gave me a good tip.

　→ _____

7 They won't call or send you a text message.

　→ _____

8 Can you buy me a bunch of flowers?

　→ _____

9 Johns 선생님은 작년에 우리에게 수학을 가르쳐 주셨다. (Mr. Johns, teach, math, to)

　→ _____

10 아빠는 나에게 돼지 저금통을 사 주셨다. (Dad, buy, a piggy-bank, for)

　→ _____

11 너는 그에게 같은 질문을 했니? (ask, the same, of)

　→ _____

12 너는 돈이 떨어졌구나. (out of)

　→ _____

13 그 여자는 우리에게 유용한 조언을 하나 해 주었다. (a useful tip, to)

　→ _____

14 엄마는 너에게 용돈을 주시지 않을 거야. (Mom, will, an allowance)

　→ _____

15 그녀가 오늘 너에게 저녁을 요리해 줄 것이다. (will, cook, for)

　→ _____

16 나에게 물 한 잔 가져다주겠니? (could, bring, a glass of)

　→ _____

A. 형태 확인   주어진 우리말을 참고하여 빈칸에 알맞은 말을 쓰세요.

❶ Don't leave your room _____. 네 방을 더럽게 두지 마라.

❷ Soft drinks will _____ you unhealthy. 탄산음료는 너를 건강하지 않게 만들 것이다.

❸ _____ your body warm while sleeping. 자는 동안 네 몸을 따뜻하게 유지해라.

❹ My parents _____ me Princess. 나의 부모님은 나를 공주라고 부른다.

❺ I _____ my turtle Toto. 나는 내 거북이를 Toto라고 이름 지었다.

❻ Leave the windows _____. 창문들을 연 채로 두어라.

❼ Listening to music makes me _____. 음악을 듣는 것은 나를 행복하게 한다.

❽ We _____ the movie very interesting. 우리는 그 영화가 아주 흥미롭다는 것을 알았다.

❾ My family calls my Dad a _____. 나의 가족은 아빠를 영웅이라고 부른다.

❿ Who named _____ Charlie? 누가 너에게 Charlie라는 이름을 지어 주셨니?

B. 문장 전환   괄호 안에 주어진 지시대로 문장을 바꿔 쓰세요.

❶ The novel made the author famous all around the world. (부정문)

→ _____

❷ Yoga makes her relaxed. (의문문)

→ _____

❸ Will the test result make you happy? (평서문)

→ _____

❹ I found the story a little boring. (부정문)

→ _____

❺ Sound sleep will make us refreshed. (의문문)

→ _____

❻ Do they call their daughter "Baby"? (평서문)

→ _____

❼ Leave the windows closed for a while. (부정문)

→ _____

❽ Your dad named you Carrie. (의문문)

→ _____

다음 문장에서 <u>틀린</u> 곳을 찾아 밑줄을 긋고, 바르게 고치세요.

❶ Please leave the door opening. → _____

❷ What makes you happily? → _____

❸ My friends called I a walking dictionary. → _____

❹ Don't leave your baby brother be alone. → _____

❺ Keep yourself active and health. → _____

❻ Her grandfather named she Julia. → _____

❼ We found the story interested. → _____

❽ Spinach makes your brain strongly. → _____

❾ How can I keep clams freshly? → _____

❿ I won't call his stupid again. → _____

D. 어순 배열 주어진 어구를 순서대로 배열하여 문장을 완성하세요.

❶ happy / to / dancing / makes / music / us / .

→ _____

❷ find / didn't / the movie / boring / I / .

→ _____

❸ Little Genius / my friends / call / my dog / .

→ _____

❹ food / of / won't / this kind / you / strong / make / .

→ _____

❺ the / he / keep / will / for me / salad / fresh / ?

→ _____

❻ sport / running / the / people / call / perfect / do / ?

→ _____

❼ playing / does / outside / happy / make / the children / ?

→ _____

❽ dangerous / did / you / the exercise / find / ?

→ _____

❶ Don't call me Sweaty!

→ _____

❷ Your food made Grandma pleased.

→ _____

❸ Keep the vegetables cool and dry.

→ _____

❹ Enough sleep will make us cheerful.

→ _____

❺ We should always keep our hands clean.

→ _____

❻ I found him a bit angry.

→ _____

❼ Don't leave me alone.

→ _____

❽ Keep yourself warm after swimming.

→ _____

❾ 내 반려동물은 나를 행복하게 한다. (pet, make, happy)

→ _____

❿ 나는 내 고양이의 이름을 Mimi라고 지었다. (name)

→ _____

⓫ 그 과일을 따뜻하게 유지하지 마라. (keep, warm)

→ _____

⓬ 균형 잡힌 식단은 사람들을 건강하게 만든다. (a balanced diet, healthy)

→ _____

⓭ 그 창문들을 열어 둔 채로 잠시 두어라. (leave, open, for a while)

→ _____

⓮ 나는 그 이야기가 기이하다는 걸 알았다. (find, mysterious)

→ _____

⓯ 그 책은 그를 전 세계적으로 유명하게 만들었다. (make, famous, all around the world)

→ _____

⓰ 우리는 그 이야기가 조금 이상하다는 것을 알았다. (find, a bit)

→ _____

Review Test 4 [10-12]

01 다음 중 어법상 틀린 문장은?

① Dad gave me 40 dollars a week.
② I'll show you the way to school.
③ She looked very tired yesterday.
④ His idea doesn't sound help to me.
⑤ Dancing to music makes me happy.

02 다음 우리말을 영어로 바르게 옮긴 것을 모두 고르면?

> 나는 그에게 생일 카드를 썼다.

① I wrote for him a birthday card.
② I wrote a birthday card of him.
③ I wrote him a birthday card.
④ I wrote of him a birthday card.
⑤ I wrote a birthday card to him.

03 다음 중 어법상 맞는 문장을 모두 고르면?

① Keep your hands cleanly.
② He looks like his brother.
③ Ms. Han taught me English.
④ Running made them hardly.
⑤ Who named you to Edward?

[04-05] 문장에서 밑줄 친 부분을 올바른 형태로 고쳐 쓰시오.

04

> The pudding feels <u>softly</u>.

➜ _____

05

> I found the story very <u>strangely</u>.

➜ _____

06 다음 대화의 빈칸에 알맞은 말을 쓰시오.

> A: The cap looks _____ _____ you.
> B: Thanks. Kate gave it to me.

07 다음 두 문장의 의미가 같을 때, 빈칸에 알맞은 말을 쓰시오.

> Can you bake me banana muffins?
> = Can you bake banana muffins _____ me?

08 다음 대화의 밑줄 친 우리말을 영어로 바르게 옮기시오. (주어진 어구를 사용할 것)

> A: The air in this room isn't fresh.
> B: <u>내가 그 문을 연 상태로 둘게.</u> (keep, open)

➜ _____

09 다음 글에서 틀린 곳을 찾아 바르게 고치시오.

> My friend Jake looks down at this time of the year. How can I make him cheer?

_____ ➜ _____

10 다음 〈보기〉에 주어진 말들을 활용하여 글을 완성하시오.

〈보기〉	be	taste	make

> My dad _____ dinner for our family. Cooking _____ him happy. He cooked fried chicken yesterday. It _____ delicious. Dad _____ an excellent chef.

A. 형태 확인 주어진 우리말을 참고하여 빈칸에 알맞은 동명사를 쓰세요.

❶ He likes _____ friends all around the world. 그는 전 세계 친구들을 사귀는 것을 좋아한다.

❷ Japanese people are familiar with _____ a bow. 일본 사람들은 고개 숙여 절하는 데 익숙하다.

❸ _____ the bread is a Christmas tradition in Germany. 그 빵을 먹는 것은 독일의 크리스마스 전통이다.

❹ Minho _____ talking to foreigners. 민호는 외국인들과 말하는 것을 꺼린다.

❺ My American friend _____ wearing *hanbok*. 나의 미국인 친구는 한복을 입는 것을 즐긴다.

❻ Julie finished _____ turkey for her family. Julie는 가족을 위해 칠면조를 요리하는 것을 끝냈다.

❼ _____ about a different culture is important. 다른 문화에 대해 배우는 것은 중요하다.

❽ I am not good at _____ chopsticks. 나는 젓가락을 잘 사용하지 못한다.

❾ Do you mind _____ on the floor? 너는 바닥에서 자는 것을 꺼리니?

❿ _____ Indian culture was exciting. 인도 문화를 경험하는 것은 흥미로웠다.

B. 문장 전환 괄호 안에 주어진 지시대로 문장을 바꿔 쓰세요.

❶ My grandfather gave up learning English. (부정문)

→ _____

❷ The kids enjoyed wearing Halloween costumes. (의문문)

→ _____

❸ Does Mr. Jung mind eating food with his fingers? (평서문)

→ _____

❹ Western people are familiar with using chopsticks. (부정문)

→ _____

❺ Taking off your hat inside is good etiquette. (의문문)

→ _____

❻ Does Hyera hate eating Chinese food? (평서문)

→ _____

❼ Mike keeps traveling across Europe. (부정문)

→ _____

❽ Ella tried speaking in Spanish. (의문문)

→ _____

❶ I'm not good at make songpyeon.   → _____

❷ Adam loves eats Korean food.   → _____

❸ Live in a foreign country is a lot of fun.   → _____

❹ Steve minds took off his shoes inside.   → _____

❺ I gave up to learn a French accent.   → _____

❻ The man denied be rude to the foreigner.   → _____

❼ My hobby is collect coins around the world.   → _____

❽ Wearing *hanbok* were a special experience.   → _____

❾ Did you enjoy to visit South America?   → _____

❿ Do you mind to travel around the world?   → _____

● **D. 어순 배열**   주어진 어구를 순서대로 배열하여 문장을 완성하세요.

❶ speaking / in English / difficult / for me / is / .

→ _____

❷ a / the island / activity / on / popular / is / riding / a horse / ?

→ _____

❸ finish / cooking / dad / dinner / didn't / the guests / for / .

→ _____

❹ around / an / exciting / activity / the palace / walking / was / ?

→ _____

❺ will / people / traveling / Europe / to / keep / .

→ _____

❻ Clark / did / walking / to / castle / old / the / give up / ?

→ _____

❼ eating / the food / doesn't / mind / Harry / his / fingers / with / .

→ _____

❽ familiar / with sleeping / the foreigners / are / in *hanok* / ?

→ _____

❶ Making a foreign friend is an interesting thing.

→ _____

❷ They don't like sitting on the floor.

→ _____

❸ Does he hate eating sushi?

→ _____

❹ Ben avoided taking off his shoes.

→ _____

❺ Was visiting Korea a good experience?

→ _____

❻ One difference is giving a bow to each other.

→ _____

❼ Knocking on the door before entering is a rule.

→ _____

❽ Eating Korean foods, such as *bulgogi*, was great.

→ _____

❾ 그녀는 그것을 공부하는 것을 포기했다. (give up)

→ _____

❿ 그는 한국 음식을 먹는 것에 익숙하지 않다. (familiar with, Korean food)

→ _____

⓫ 나는 매운 음식 먹는 것을 싫어한다. (hate, spicy food)

→ _____

⓬ 그는 영어로 말하는 것을 꺼리지 않는다. (mind, in English)

→ _____

⓭ 내 취미는 외국어들을 배우는 것이다. (hobby, learn, foreign languages)

→ _____

⓮ 고개를 젓는 것은 다른 의미들을 가질 수 있다. (shake one's head, different meanings)

→ _____

⓯ 식탁에서 젓가락을 사용하는 것은 내게 어렵다. (use chopsticks, at the table, hard)

→ _____

⓰ 영국 사람들은 차를 마시는 것으로 유명하다. (the British, famous for, drink tea)

→ _____

A. 형태 확인 주어진 우리말을 참고하여 빈칸에 알맞은 to부정사를 쓰세요.

❶ I hope _____ a cartoonist in the future. 나는 미래에 만화가가 되길 희망한다.

❷ Kira is trying _____ her own interest. Kira는 그녀의 흥미를 찾기 위해 노력하고 있다.

❸ What do you want _____ in 20 years? 너는 20년 후에 무엇을 하고 싶니?

❹ Jim forgot _____ the counselor. Jim은 상담 선생님을 방문하는 것을 잊었다.

❺ Did Jin decide _____ to college in the U.S.? Jin은 미국에 있는 대학에 가기로 결정했니?

❻ My dream is _____ a famous singer. 나의 꿈은 유명한 가수가 되는 것이다.

❼ Ian began _____ hard for his dream. Ian은 그의 꿈을 위해 열심히 공부하기 시작했다.

❽ Her job is _____ students Korean. 그녀의 직업은 학생들에게 한국어를 가르치는 것이다.

❾ We're planning _____ to another country. 우리는 다른 나라로 이사 가는 것을 계획하고 있다.

❿ I wish _____ my goals. 나는 내 목표를 성취하기를 희망한다.

B. 문장 전환 괄호 안에 주어진 지시대로 문장을 바꿔 쓰세요.

❶ She tries to follow her parents' advice. (부정문)

→ _____

❷ Rita wishes to become a robot scientist. (의문문)

→ _____

❸ My teacher likes learning about our interests. (to부정사를 써서)

→ _____

❹ We wish to continue working with you. (부정문)

→ _____

❺ They should plan to realize their dream first. (의문문)

→ _____

❻ Yuri started driving after graduating from high school. (to부정사를 써서)

→ _____

❼ We want to live and study abroad. (부정문)

→ _____

❽ I really hate taking tests at school. (to부정사를 써서)

→ _____

다음 문장에서 틀린 곳을 찾아 밑줄을 긋고, 바르게 고치세요.

① Oscar's dream is be a movie director. → _____

② I want working for a famous restaurant. → _____

③ We hope to meeting the artist. → _____

④ Ben started learn Chinese for his dream. → _____

⑤ You should try to doing your best. → _____

⑥ Is your job write children's books? → _____

⑦ You need to take responsibility in your actions. → _____

⑧ Do you hate followed my advice? → _____

⑨ She began to working hard for her goal. → _____

⑩ I decided had a realistic dream. → _____

주어진 어구를 순서대로 배열하여 문장을 완성하세요.

① their own / to find / interests / tried / they / .

→ _____

② a / car designer / do / you / to become / want / ?

→ _____

③ abroad / to study / doesn't / he / want / .

→ _____

④ wish / to realize / dream / your / you / do / ?

→ _____

⑤ others' / to follow / opinions / way / the best / isn't / .

→ _____

⑥ for / Somin / to work / plan / sick people / did / ?

→ _____

⑦ a job / the U.S. / in / to get / hopes / he / .

→ _____

⑧ to try / things / hate / new / she / does / ?

→ _____

다음 영어는 한글로, 한글은 영어로 바꾸세요. (❾~⓰ 괄호 안의 어구를 순서대로 활용할 것)

❶ Is she planning to move to China?

→ _____

❷ She hopes to become a photographer.

→ _____

❸ His job is to teach students math.

→ _____

❹ Do you want to study in another country?

→ _____

❺ Begin to think about your dreams.

→ _____

❻ We'll try to take responsibility for our actions.

→ _____

❼ I hope to achieve my goals on the exam.

→ _____

❽ To see is to believe.

→ _____

❾ 그들은 서울로 이사를 가기로 결심했다. (decide to)

→ _____

❿ 그 문제에 대해 생각해 보려고 노력해라. (try, think about)

→ _____

⓫ 그는 대학에 가는 것을 원치 않는다. (go to university)

→ _____

⓬ Fred는 그의 아버지의 조언을 따르는 것을 싫어한다. (hate, to follow, advice)

→ _____

⓭ 그들은 자신들의 꿈을 실현하기를 희망한다. (wish, realize, dreams)

→ _____

⓮ 우리는 고등학교를 마치고 해외에 나가는 것을 희망한다. (hope, go abroad, after high school)

→ _____

⓯ 우리의 목표는 행복한 삶을 사는 것이다. (to live, life)

→ _____

⓰ Ron은 우주 과학에 대해 알기를 원한다. (want, know, space science)

→ _____

A. 형태 확인   주어진 우리말을 참고하여 빈칸에 알맞은 **to**부정사를 쓰세요.

① I have a plan _____ actions for our planet.   나는 우리 행성을 위해 조치를 취할 계획이 있다.

② The mayor wants _____ the city green.   그 시장은 도시를 친환경적으로 만들기를 원한다.

③ We will have a meeting _____ our ideas.   우리는 우리의 생각들을 공유하기 위해 회의를 할 것이다.

④ What is the best way _____ polar bears?   무엇이 북극곰을 보호할 수 있는 최선의 방법일까?

⑤ She must be a green activist _____ that.   그렇게 말하는 걸 보니 그녀는 환경 운동가임에 틀림없다.

⑥ We will make a box _____ paper.   우리는 종이를 모으기 위한 상자를 만들 것이다.

⑦ I was so upset _____ the bad news.   나는 그 나쁜 소식을 듣고 무척 화가 났다.

⑧ We can recycle plastics _____ waste.   우리는 쓰레기를 줄이기 위해 플라스틱을 재활용할 수 있다.

⑨ Let's do something _____ animals in danger.   위험에 처한 동물들을 돕기 위해 무언가 하자.

⑩ Do you have a good idea _____ our Earth?   우리 지구를 구하기 위한 좋은 생각이 있니?

B. 문장 전환   괄호 안에 주어진 지시대로 문장을 바꿔 쓰세요.

① People will have fresh air to breathe. (부정문)

→ _____

② We should hold a meeting to discuss our problem. (의문문)

→ _____

③ We are picking up the garbage to clean the park. (주어를 Lizzie로)

→ _____

④ The trucks came to take the trash to the garbage dump. (부정문)

→ _____

⑤ You were sad to see the dead elephant. (의문문)

→ _____

⑥ She is taking actions to prevent wasting power. (주어를 I로)

→ _____

⑦ You must be an animal activist to behave in such a way. (부정문)

→ _____

⑧ They have a good plan to reduce air pollution. (의문문)

→ _____

다음 문장에서 틀린 곳을 찾아 밑줄을 긋고, 바르게 고치세요.

1 It's time protecting our planet. → _____

2 We use the online community to sharing our ideas. → _____

3 We can ride bikes to reduces air pollution. → _____

4 Mr. Kim turns off the light saving energy. → _____

5 They will plant trees to saving Earth. → _____

6 Animals need fresh air being healthy. → _____

7 Do you feel sorry to saw the dead birds? → _____

8 I will keep an empty bottle uses again. → _____

9 You must be surprised to reading the article. → _____

10 Pick up the garbage make the street clean. → _____

D. 어순 배열 주어진 어구를 순서대로 배열하여 문장을 완성하세요.

1 have / to drink / they / water / clean / .

→ _____

2 clean / to breathe / need / air / we / will / ?

→ _____

3 find / can't / they / the way / cans / to recycle / .

→ _____

4 they / actions / did / take / smog / to remove / from / the air / ?

→ _____

5 a place / to live / the animal / have / doesn't / .

→ _____

6 something / do / we / should / the forest / to save / ?

→ _____

7 the mountain / picked / the garbage / up / people / to clean / .

→ _____

8 some rules / are / there / for / our / to keep / environment / ?

→ _____

❶ People won't have water to use in the future.

→ _____

❷ Do you have any ideas to reduce garbage?

→ _____

❸ They stopped talking to listen to his opinion.

→ _____

❹ What should we do to keep our planet healthy?

→ _____

❺ There's a good way to solve the problem.

→ _____

❻ They cut down trees to make money.

→ _____

❼ It's time to change our ideas.

→ _____

❽ He must be a class leader to talk like that.

→ _____

❾ 우리는 지구를 구하기 위해 재활용을 시작할 수 있다. (can, recycling, save)

→ _____

❿ 그들은 그 나쁜 소식을 듣고 언짢았다. (upset, to hear, bad news)

→ _____

⓫ 너는 지금 버릴 것이 있니? (something, throw away)

→ _____

⓬ 우리 마을을 깨끗하게 유지하기 위해서 당신의 쓰레기를 줄이세요. (reduce, waste, keep, village)

→ _____

⓭ 환경을 보호해야 할 때이다. (it, time, protect)

→ _____

⓮ 그 문제를 해결해서 우리는 행복하다. (solve the problem)

→ _____

⓯ 우리는 숨 쉴 신선한 공기가 필요하다. (fresh air, breathe)

→ _____

⓰ 우리는 그 오염을 논의하기 위해 회의를 가졌다. (a meeting, discuss, the pollution)

→ _____

Review Test 5 [13-15]

01 다음 중 어법상 틀린 문장은?

① He's good at speaking English.
② My hobby is take a picture.
③ It's time to take actions.
④ We hope to travel to Europe.
⑤ I'll try to realize my dream.

02 다음 우리말을 영어로 바르게 옮긴 것은?

> Ben은 영어로 말하는 것을 꺼린다.

① Ben minds speak in English.
② Ben minds to speak in English.
③ Ben minds to speaking in English.
④ Ben minds speaking in English.
⑤ Ben doesn't mind speak in English.

03 다음 밑줄 친 to부정사가 명사적 용법으로 쓰인 것은?

① I studied hard to pass the exam.
② She must be a leader to say that.
③ His dream is to be a dentist.
④ We made a box to gather paper.
⑤ I searched the Internet to find information.

[04-05] 문장에서 밑줄 친 부분을 올바른 형태로 고쳐 쓰시오.

04

> Josh finished set the table for dinner.

→ _____

05

> They want protect our planet.

→ _____

06 다음 대화의 빈칸에 알맞은 말을 쓰시오.

> A: How's your life in London?
> B: Experiencing a foreign culture _____ exciting.

07 다음 두 문장의 의미가 같을 때, 빈칸에 알맞은 말을 쓰시오.

> We started to discuss our problem.
> = We started _____ our problem.

08 다음 대화의 밑줄 친 우리말을 영어로 바르게 옮기시오. (주어진 어구를 사용할 것)

> A: What do you do to save the Earth?
> B: 나는 나무들을 보호하기 위해 종이를 재활용해.
> (recycle, paper, save)

→ _____

09 다음 글에서 틀린 곳을 찾아 바르게 고치시오.

> We should take responsibility of our actions.

_____ → _____

10 다음 〈보기〉에 주어진 말들을 활용하여 글을 완성하시오.

> 〈보기〉 use eat live learn

> I'm Matt from New Zealand. I love _____ in Korea. I enjoy _____ Korean food, but _____ chopsticks isn't easy. _____ Korean is difficult but interesting.

A. 형태 확인 주어진 우리말을 참고하여 빈칸에 알맞은 분사를 쓰세요.

❶ The _____ dog put out the fires with its body. 그 놀라운 개는 자신의 몸으로 불을 껐다.

❷ People on Big Island are _____ about volcanoes. 빅아일랜드에 있는 사람들은 화산에 대해 걱정한다.

❸ Who fixed the _____ train? 누가 고장 난 기차를 고쳤니?

❹ We escaped from the _____ building. 우리는 불타는 건물에서 빠져나왔다.

❺ The article about disasters made me _____. 재앙에 대한 그 기사는 나를 흥미롭게 했다.

❻ Did you wish on a(n) _____ star? 너는 떨어지는 별을 보고 소원을 빌었니?

❼ The heavy traffic jam made the drivers _____. 극심한 교통 체증은 운전자들을 지루하게 했다.

❽ Look at the smoke _____ from the bus! 버스에서 피어오르고 있는 연기를 봐!

❾ Clearing snow on the street is very _____. 도로 위의 눈을 치우는 것은 매우 성가시다.

❿ I was _____ to find out about the accident. 나는 그 사고에 대해 알게 되어 충격을 받았다.

B. 문장 전환 괄호 안에 주어진 지시대로 문장을 바꿔 쓰세요.

❶ Look at the boy. He is crying. (현재분사를 써서 한 문장으로)

→ _____

❷ We couldn't find out the fact. The fact was unknown. (과거분사를 써서 한 문장으로)

→ _____

❸ The news flash was surprising. (We were, at을 써서)

→ _____

❹ Watch out for the car. The car is rushing. (현재분사를 써서 한 문장으로)

→ _____

❺ Can you read the directions? The directions are written in English. (과거분사를 써서 한 문장으로)

→ _____

❻ The false alarm was annoying. (He was, at을 써서)

→ _____

❼ The branches fell across the roads. The branches were broken. (과거분사를 써서 한 문장으로)

→ _____

❽ The flood was amazing. (I was, at을 써서)

→ _____

다음 문장에서 <u>틀린</u> 곳을 찾아 밑줄을 긋고, 바르게 고치세요.

① The firefighters look very tiring. → _____

② The cried girl seems to be lost. → _____

③ The police found the stealing car. → _____

④ We are very interesting in the story. → _____

⑤ I don't want to read that bored book. → _____

⑥ Watch out for children run into the street. → _____

⑦ They were very surprising at the news. → _____

⑧ Pour hot water onto the freeze road. → _____

⑨ Did you hear that shocked news? → _____

⑩ We finished fixing the breaking windows. → _____

• **D. 어순 배열**   주어진 어구를 순서대로 배열하여 문장을 완성하세요.

① stolen wallet / found / the / I / .
→ _____

② looked at / shining star / I / the / .
→ _____

③ fell / we / down / the / ground / frozen / on / .
→ _____

④ water / for / watch / the / out / boiling / .
→ _____

⑤ at / shocked / we / the earthquake / were / .
→ _____

⑥ in / interested / very / not / his / I'm / story / .
→ _____

⑦ at / we / amazed / the painting / were / .
→ _____

⑧ long / we / time / a / for / waiting / tired of / are / .
→ _____

❶ Did you see the broken window?

→ _____

❷ He could find out the hidden truth.

→ _____

❸ We were amazed to find out his secret.

→ _____

❹ She was shocked at the smoke rising from her house.

→ _____

❺ They went into the burning room.

→ _____

❻ The water rolling down the roof must be rain.

→ _____

❼ Can you read the novel written in code?

→ _____

❽ We are worried about the plane accident.

→ _____

❾ 울고 있는 그 아이는 거리에서 길을 잃었다. (cry, child, get lost)

→ _____

❿ 우리는 그 소식을 듣고 충격을 받았다. (shock, hear, the news)

→ _____

⓫ 그는 그 불을 끄기 위해 불타는 집으로 들어갔다. (go into, burn, put out)

→ _____

⓬ 우리는 울리는 경보음 때문에 짜증이 났다. (annoy, because of, ring)

→ _____

⓭ 그의 전화는 우리를 흥분되게 만들었다. (phone call, make, excite)

→ _____

⓮ 누가 그 도난당한 차를 운전하고 있는가? (who, drive, steal)

→ _____

⓯ 너는 네 고장 난 자전거를 고쳤니? (fix, break, bicycle)

→ _____

⓰ 그는 중국어로 쓰인 편지를 읽었다. (write in Chinese)

→ _____

A. 형태 확인 주어진 우리말을 참고하여 빈칸에 알맞은 비교급 또는 최상급을 쓰세요.

❶ Picasso is one of the _____ artists in history. 피카소는 역사상 위대한 예술가 중 한 명이다.

❷ The Internet helped us live a(n) _____ life. 인터넷은 우리를 더 수월한 삶을 살도록 도와주었다.

❸ The girl is _____ than her peers. 그 소녀는 또래보다 더 똑똑했다.

❹ What's the _____ object among the planets? 그 행성들 중에 가장 큰 물체는 뭐니?

❺ The inventor works _____ than anyone else. 그 발명가는 누구보다도 더 열심히 일한다.

❻ When was the _____ moment in your life? 네 삶에서 최악의 순간은 언제였니?

❼ Regular cars are _____ than smart cars. 일반 자동차가 자동 운전 자동차보다 더 싸다.

❽ The wheel is one of the _____ inventions. 바퀴는 최고의 발명품 중 하나이다.

❾ Where is the _____ building in the world? 세계에서 가장 높은 건물은 어디에 있니?

❿ Which is _____, the Nile or the Amazon? 나일 강과 아마존 강 중에 어느 것이 더 기니?

B. 문장 전환 괄호 안에 주어진 지시대로 문장을 바꿔 쓰세요.

❶ Your computer is newer than mine. (부정문)
→ _____

❷ The Moon is smaller than the Sun. (의문문)
→ _____

❸ August is the hottest month of the year. (부정문)
→ _____

❹ Einstein was the most famous scientist in the world. (의문문)
→ _____

❺ Watching a movie is much easier than reading a novel. (부정문)
→ _____

❻ A digital world is better than an analog one. (의문문)
→ _____

❼ Emails are more useful than letters. (부정문)
→ _____

❽ That is the most beautiful building in Europe. (의문문)
→ _____

다음 문장에서 <u>틀린</u> 곳을 찾아 밑줄을 긋고, 바르게 고치세요.

❶ I did my better to create the inventions. → _____

❷ The weather is badder than yesterday. → _____

❸ She is the powerfulest woman alive. → _____

❹ The invention became famouser than before. → _____

❺ He likes science much than math. → _____

❻ The painting is beautifuler than I imagined. → _____

❼ He is smartest student in our school. → _____

❽ What is the bigest animal living on land? → _____

❾ The price is much more high than I expected. → _____

❿ When is the happyest moment in your day? → _____

D. 어순 배열 주어진 어구를 순서대로 배열하여 문장을 완성하세요.

❶ the KTX / faster / the subway / runs / than / .

→ _____

❷ the project / Grace / than you / earlier / finished / .

→ _____

❸ mine / your / more expensive / is / than / smartphone / .

→ _____

❹ than / Sean's idea / Dana's / better / was / .

→ _____

❺ the smartest / is / Tyler / my school / in / student / .

→ _____

❻ the most / Danny / the class / student / brilliant / in / is / .

→ _____

❼ thing / important / is / what / most / the / in / life / your / ?

→ _____

❽ could / worst / dynamite / be / invention / the / .

→ _____

❶ His paintings are more beautiful than others.

→ _____

❷ Russia is the biggest country in the world.

→ _____

❸ The river isn't longer than the Amazon.

→ _____

❹ What is the greatest invention in history?

→ _____

❺ I did my best for the first time.

→ _____

❻ Which was better between Hong Kong and Singapore?

→ _____

❼ Thanks to smartphones, we can live an easier life.

→ _____

❽ It was the happiest moment in our lives.

→ _____

❾ 그는 가장 유명한 발명가 중 한 사람이다. (one of, famous)

→ _____

❿ 책과 영화 중 어느 것을 더 좋아하니? (which, better, between, and)

→ _____

⓫ 그의 전구가 가장 유용했다. (light bulb, useful)

→ _____

⓬ 그는 그의 친구들보다 더 열심히 공부했다. (study hard)

→ _____

⓭ 그는 여태껏 가장 위대한 것을 발견했다. (discover, great, ever)

→ _____

⓮ 역사상 가장 나쁜 발명품은 뭐니? (invention, in history)

→ _____

⓯ Bell은 Gray보다 전화를 더 일찍 만들지 않았다. (the telephone, early, than)

→ _____

⓰ 엘리베이터 덕분에, 우리는 위층으로 더 빠르게 갈 수 있다. (thanks to, go upstairs, fast)

→ _____

A. 형태 확인　주어진 우리말을 참고하여 빈칸에 알맞은 말을 쓰세요.

1 The festival was ＿＿＿＿＿＿＿＿ a field trip.　그 축제는 수학여행만큼이나 재미있었다.

2 ＿＿＿＿＿＿＿＿ people will like that band.　점점 더 많은 사람들이 그 밴드를 좋아할 것이다.

3 Is your brother ＿＿＿＿＿＿＿＿ you?　네 남동생은 너만큼 잘 생겼니?

4 Winter break is ＿＿＿＿＿＿＿＿ as long as summer break.　겨울방학은 여름방학의 두 배만큼 길다.

5 The performance is much ＿＿＿＿＿＿＿＿ than before.　그 공연은 전보다 훨씬 더 인기 있다.

6 We ran ＿＿＿＿＿＿＿＿ to take a seat.　우리는 자리를 잡기 위해 점점 더 빨리 뛰었다.

7 The more you practice, ＿＿＿＿＿＿＿＿ you will do it.　네가 더 연습할수록 그것을 더 잘하게 될 것이다.

8 The singer is three times ＿＿＿＿＿＿＿＿ the girl.　그 가수는 그 소녀의 세 배만큼 나이를 먹었다.

9 ＿＿＿＿＿＿＿＿ we waited, the more expectations we had.　우리는 더 오래 기다릴수록, 기대도 커졌다.

10 The festival fever is getting ＿＿＿＿＿＿＿＿.　축제의 열기가 점점 더 뜨거워지고 있다.

B. 문장 전환　괄호 안에 주어진 지시대로 문장을 바꿔 쓰세요.

1 His voice is as loud as mine. (twice를 써서)

→ ＿＿＿＿＿＿＿＿＿＿＿＿＿＿＿＿＿＿＿＿＿＿＿＿＿＿

2 They sold as many tickets as yesterday. (five times를 써서)

→ ＿＿＿＿＿＿＿＿＿＿＿＿＿＿＿＿＿＿＿＿＿＿＿＿＿＿

3 The score was higher than we expected. (much를 써서)

→ ＿＿＿＿＿＿＿＿＿＿＿＿＿＿＿＿＿＿＿＿＿＿＿＿＿＿

4 This activity is harder than it looks. (a lot을 써서)

→ ＿＿＿＿＿＿＿＿＿＿＿＿＿＿＿＿＿＿＿＿＿＿＿＿＿＿

5 We made as much money as you did. (three times를 써서)

→ ＿＿＿＿＿＿＿＿＿＿＿＿＿＿＿＿＿＿＿＿＿＿＿＿＿＿

6 The dancer looks better than her picture. (even을 써서)

→ ＿＿＿＿＿＿＿＿＿＿＿＿＿＿＿＿＿＿＿＿＿＿＿＿＿＿

7 Our food tastes as delicious as your food. (ten times를 써서)

→ ＿＿＿＿＿＿＿＿＿＿＿＿＿＿＿＿＿＿＿＿＿＿＿＿＿＿

8 The ticket price is more expensive than last year. (far를 써서)

→ ＿＿＿＿＿＿＿＿＿＿＿＿＿＿＿＿＿＿＿＿＿＿＿＿＿＿

C. 오류 수정　다음 문장에서 <u>틀린</u> 곳을 찾아 밑줄을 긋고, 바르게 고치세요.

1. Her performance is a lot good than others. → _____
2. The stage is three times as bigger as before. → _____
3. The air becomes more cold and cold. → _____
4. Students are lining up even early today. → _____
5. It's getting hot and hotter inside. → _____
6. We're more happier at the festival. → _____
7. The loud the music gets, the louder we shout. → _____
8. They have twice than many balloons as he has. → _____
9. Much and more people came to enjoy the music. → _____
10. The closer you go, better you can see it. → _____

D. 어순 배열　주어진 어구를 순서대로 배열하여 문장을 완성하세요.

1. three times / she is / as / the boy / as / old / .
   → _____
2. isn't / the balloon / big / as / yours / as / five times / .
   → _____
3. the number / as large / is / as 10 / ten times / ?
   → _____
4. practiced / they / harder / the contest / much / for / .
   → _____
5. still / are / higher / their scores / yours / than / ?
   → _____
6. before / the festival / more / far / became / than / popular / .
   → _____
7. wasn't / the stage / much / than the room / bigger / .
   → _____
8. the concert / was / even / than the TV show / better / ?
   → _____

다음 영어는 한글로, 한글은 영어로 바꾸세요. (❾∼❻ 괄호 안의 어구를 순서대로 활용할 것)

❶ Time flies as fast as the wind.

→ _____

❷ The ticket price was as cheap as a candy bar.

→ _____

❸ We sold twice as many drinks as yesterday.

→ _____

❹ The faster the music became, the faster they danced.

→ _____

❺ She became richer and richer because of the brilliant idea.

→ _____

❻ More and more visitors gathered at the festival.

→ _____

❼ I ran after the singer much faster than the others.

→ _____

❽ The more lies you tell, the less friends you have.

→ _____

❾ 날씨가 점점 따뜻해졌다. (the weather, become, warm)

→ _____

❿ 그것은 그 영화 티켓의 세 배만큼 비싸다. (three times, expensive, the movie ticket)

→ _____

⓫ 점점 더 많은 학생들이 줄을 섰다. (more and more, line up)

→ _____

⓬ 우리는 노래 부르기에 훨씬 더 자신 있다. (much, confident at)

→ _____

⓭ 그 장소는 사람들로 점점 더 붐비게 되었다. (get, more, crowded with)

→ _____

⓮ 내 풍선은 네 것의 네 배만큼 크다. (four times, big, yours)

→ _____

⓯ 네가 더 일찍 일어날수록, 더 많은 일을 할 수 있다. (earlier, get up, more things)

→ _____

⓰ 네가 더 많이 연습할수록, 너는 더 잘하게 된다. (more, practice, better, become)

→ _____

Review Test 6 [16-18]

01 다음 중 어법상 틀린 문장은?

① Did you see the rising sun?
② You're smarter than me.
③ His invention was the best.
④ We're far more confident than others.
⑤ I was annoying because of my sister.

02 다음 우리말을 영어로 바르게 옮긴 것은?

나의 개는 너의 개의 다섯 배만큼 크다.

① My dog is as five big as yours.
② My dogs is as big five times as yours.
③ My dog is five times as big as yours.
④ Your dog is as five big as times mine.
⑤ Your dog is five as times big as mine.

03 다음 중 어법상 맞는 문장을 모두 고르면?

① He fixed the breaking car.
② I am much taller than my father.
③ We live more easy life than before.
④ Who invented the earliest computer?
⑤ The news made us exciting.

[04-05] 문장에서 밑줄 친 부분을 올바른 형태로 고쳐 쓰시오.

04

The car accident was very shock.

→ _____

05

Nelson Mandela is one of the great people.

→ _____

06 다음 대화의 빈칸에 알맞은 말을 쓰시오.

A: Which do you like more _____ math and English?
B: I like English more.

07 다음 두 문장의 의미가 같을 때, 빈칸에 알맞은 말을 쓰시오.

His invention was amazing.
= We were _____ at his invention.

08 다음 대화의 밑줄 친 우리말을 영어로 바르게 옮기시오. (주어진 어구를 사용할 것)

A: Will I sing well on the stage?
B: 네가 더 많이 연습하면, 너는 더 잘할 수 있을거야.
(more, practice, better, can)

→ _____

09 다음 글에서 틀린 곳을 찾아 바르게 고치시오.

Thanks to the Internet, we are able to find information far more fast than ever before.

_____ → _____

10 다음 〈보기〉에 주어진 말들을 활용하여 글을 완성하시오.

〈보기〉	worry	good	hard	high

I was _____ about my science test.
So, I did my _____ for the first time.
I studied _____ than my classmates.
Finally, I got the _____ score in my class.

MEMO --

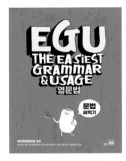

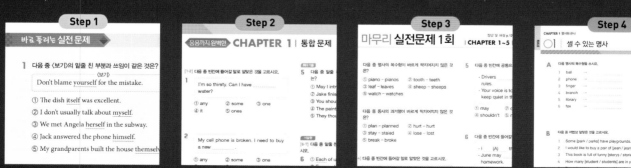

EGU
THE EASIEST GRAMMAR & USAGE 영문법

문법 써먹기

정답 및 해설

EGU
THE EASIEST GRAMMAR &USAGE 영문법

문법
써먹기

정답 및 해설

Chapter 1 동사, 조동사 써먹기

써먹기 문법 | 01
be동사 현재형

해석

안녕, 나는 Ben이야. 만나서 반갑다.
나는 이 학교 7학년(중1)이야.
이 애는 내 가장 친한 친구인 Mike야.
그는 수줍음을 잘 타지만 매우 착해.
너는 우리와 같은 반이니?

TRAINING 1 기본 형태 연습하기 p. 11

A ❶ am   ❷ is   ❸ are   ❹ isn't
  ❺ aren't   ❻ Are   ❼ Is   ❽ isn't
B ❶ am   ❷ is   ❸ Is   ❹ I'm[I am]
  ❺ aren't[are not]   ❻ We're[We are]
  ❼ Are   ❽ Is

해석

A ❶ 나는 올해 7학년(중1)이다.
  ❷ 이 애는 내 가장 친한 친구 Charlie다.
  ❸ 그들은 우리와 같은 반이다.
  ❹ 그는 우리 담임 교사가 아니다.
  ❺ 당신은 영어 선생님이 아니라 수학 선생님입니다.
  ❻ 너도 7학년(중1)이니?
  ❼ 그녀는 너의 동급생들 중 한 명이니?
  ❽ Diana는 학교에서 수줍음을 잘 타니? – 아니, 그렇지 않아.

B ❶ 나는 지금 중학생이다.
  ❷ Kate는 영국 출신이지만, 그녀는 한국에 산다.
  ❸ 네 친구 지수는 운동을 잘하니?
  ❹ 나는 음악에는 별로 흥미가 없다.
  ❺ 그들은 같은 초등학교 출신이 아니다.
  ❻ 우리는 장 선생님 반이 아니라 한 선생님 반이다.
  ❼ 너희 언니들은 너와는 다르니?
  ❽ 체육은 네가 가장 좋아하는 과목이니? – 응, 그래.

TRAINING 2 통문장 전환하기 p. 12

❶ I'm[I am] not a sixth grader at this school.
❷ You aren't[are not] in the same English class with us.
❸ Ms. Jin isn't[is not] one of our teachers.
❹ My friend Mina isn't[is not] shy and calm.
❺ Amy and Tom aren't[are not] from a different school.
❻ Are you a new student in this class?
❼ Is Jenny interested in the movie club?
❽ Is Mr. Hardy a nice and active person?
❾ Is she different from her friends?
❿ Are your friends good at science?

해석

예) 그녀는 우리 담임 선생님이 아니다.
❶ 나는 이 학교 6학년이 아니다.
❷ 너는 우리와 같은 영어 반이 아니다.
❸ 진 선생님은 우리 교사들 중 한 분이 아니시다.
❹ 내 친구 미나는 수줍음을 잘 타고 조용하지 않다.
❺ Amy와 Tom은 다른 학교 출신이 아니다.

예) Green 씨는 그의 이웃들에게 친절하니?
❻ 너는 이 반에서 새로운 학생이니?
❼ Jenny는 영화 동아리에 관심이 있니?
❽ Hardy 씨는 친절하고 활동적인 사람이니?
❾ 그녀는 그녀의 친구들과는 다르니?
❿ 네 친구들은 과학을 잘하니?

TRAINING 3 영어 문장 완성하기 p. 13

❶ Minji is not my classmate.
❷ Are you Dona's new friend?
❸ They aren't very kind to us.
❹ Tom is very good at sports.
❺ Kelly is skinny but very strong.

⑥ I'm[I am] not, but   **⑦** is from

⑧ Are, interested in   **⑨** is one of

⑩ is different from

TEST for Writing
pp. 14-15

01 is   **02** are   **03** aren't, You're

04 She isn't[is not]   **05** Is he   **06** he is

07 (A) from (B) in   **08** (A) isn't (B) is

09 No, I'm not.

10 I aren't → I'm not (또는 I am not)

11 (1) You aren't[are not] late for class.

    (2) Ms. Han is your new neighbor.

    (3) Is Jisu a new student in our class?

12 (1) [모범 답안] 미라는 농구를 아주 잘한다.

    (2) [모범 답안] Sam은 런던 출신이 아니라 뉴욕 출신이다.

    (3) [모범 답안] 너는 나와 같은 수학 반이니?

13 (1) [모범 답안] Yes, I am. / No, I'm not.

    (2) [모범 답안] I'm interested in history.

14 (1) is Daniel Anderson

    (2) He[Daniel] is 13

    (3) He[Daniel] is from

15 He isn't[is not] a math teacher but an English teacher.

01 주어가 3인칭 단수(Mr. Kang)일 때 be동사 현재형은 is를 쓴다.

해석ㅣ 강 씨는 나의 이웃이 아니다.

02 주어가 2인칭(You)일 때 be동사 현재형은 are를 쓰며, 의문문인 경우 be동사가 주어 앞에 온다.

해석ㅣ 진수야, 너는 수학을 잘하니?

03 해석ㅣ 너는 초등학교 학생이 아니다. 너는 지금 중학생이다.

04 주어가 3인칭 단수(she)일 때 be동사 현재형은 is를 쓰며, 부정형은 be동사 뒤에 not을 붙인다.

05 주어가 3인칭 단수(he)일 때 be동사 현재형은 is를 쓰며, 의문문인 경우 be동사가 주어 앞에 온다.

06 be동사 의문문에 대한 긍정의 대답은 「Yes, 주어+be동사.」로 한다.

해석ㅣ A: 그는 우리의 새로운 영어 선생님이시니?

    B: 응, 그래.

07 (A) be from: ~ 출신이다

(B) be interested in: ~에 관심이 있다

해석ㅣ· Ben은 중국 출신이 아니라 미국 출신이다.

   · Grace는 그림 그리는 데 흥미가 있다.

08 be동사 의문문에 대한 부정의 대답은 「No, 주어+be동사+not.」으로 한다. It(your sister's name)은 3인칭 단수이므로 be동사 현재형은 is를 쓴다.

해석ㅣ A: 네 여동생 이름이 Ann이니?

    B: 아니, 그렇지 않아. 그녀는 Sally야.

09 be동사 의문문에 대한 부정의 대답은 「No, 주어+be동사+not.」으로 한다.

해석ㅣ A: 너는 이 영어 반에 속해 있니?

10 주어가 I이므로 be동사는 am을 쓰며, be동사 am과 not은 축약형으로 쓰지 않는다.

해석ㅣ 나는 이 학교의 학생이 아니라 교사이다.

11 be동사 현재 시제 부정문, 평서문, 의문문 형식에 맞게 바꿔 쓴다.

(1) be late for: ~에 늦다

해석ㅣ (1) 너는 수업에 늦지 않는다.

    (2) 한 씨는 너의 새 이웃이다.

    (3) 지수는 우리 반에 새로 온 학생이니?

12 (1) be good at: ~을 잘하다

(2) not A but B: A가 아니라 B인

(3) the same ~ with: …와 같은 ~

13 (1) be동사 의문문에 대한 대답이다.

(2) be interested in: ~에 흥미가 있다

해석ㅣ (1) Q: 너는 지금 중학생이니?

    (2) Q: 너는 어떤 과목에 흥미가 있니?

14 (1)(2)(3) be동사를 사용해 이름, 나이, 출신지를 나타내는 문장을 완성한다.

해석ㅣ 내 동급생 중 한 명을 소개할게. 그의 이름은 Daniel Anderson이야. 그는[Daniel은] 13살이야. 그는[Daniel은] 미국 출신이야. 그는 정직하고 친절해.

15 그림에서 Jackson 선생님은 영어 선생님인 것을 알 수 있다. 「not A but B」 구문을 써야 하므로, is를 부정형 isn't[is not]로 고친다.

해석ㅣ Jackson 씨는 나의 새로운 이웃이다. 그는 키가 크고 매우 친절하다. 그는 또한 우리 학교 선생님이다. 그는 수학 선생님이 아니라 영어 선생님이다.

써먹기 문법 | 02
일반동사 현재형

해석

Mike는 아침에 6시에 일어난다.

그 후에 그는 조깅을 하러 가고 샤워를 한다.

그는 8시에 아침을 먹는다. 그는 아침을 거르지 않는다.

그와는 달리, 나는 일찍 일어나지 않는다. 그래서 매일 학교에 급히 간다.

TRAINING 1 기본 형태 연습하기

A ❶ gets ❷ wash ❸ takes ❹ finishes
❺ don't ❻ doesn't ❼ Do ❽ does

B ❶ have ❷ takes ❸ drives ❹ eat
❺ don't[do not] ❻ doesn't[does not]
❼ Does ❽ do

해석

A ❶ Mike는 아침에 운동을 한다.
❷ 나는 7시 30분에 세수를 하고 양치질을 한다.
❸ 희민이는 매일 학교까지 버스를 탄다.
❹ 그는 오후 3시에 학교를 마치고 도서관에 간다.
❺ 나는 건강에 좋은 음식을 좋아한다. 나는 패스트푸드를 좋아하지 않는다.
❻ Kelly는 공포 영화를 좋아하지 않는다.
❼ 너는 오늘 영어 수업이 있니?
❽ 그는 배드민턴을 치니? – 응, 그래.

B ❶ 우리는 12시 정각에 점심을 먹은 다음에 축구를 한다.
❷ Ken은 7시쯤 일어나서 샤워를 한다.
❸ Smith 씨는 주중에 운전을 해서 직장에 간다.
❹ 그녀는 고기를 먹지 않는다. 그녀는 채소를 좋아한다.
❺ 나는 스포츠를 좋아하지 않지만, 주말에는 조깅을 한다.
❻ 그는 주말에 늦게까지 잠을 자지 않는다.
❼ 그는 토요일마다 영화를 보러 가니?
❽ 너는 밤 10시 이후에 잠자리에 드니? – 응, 그래.

TRAINING 2 통문장 전환하기

❶ Bomi doesn't[does not] walk to school every day.
❷ The boys don't[do not] play baseball after school.
❸ Mr. Johns doesn't[does not] eat lunch at work.
❹ My brothers don't[do not] come home at 6 on weekdays.
❺ She doesn't[does not] go shopping on the weekend.
❻ Does he drink a cup of coffee every morning?
❼ Does Bobbie skip lunch during the mid-terms?
❽ Do you take piano lessons twice a week?
❾ Does Anna drive home after work and have dinner?

❿ Do Jina and her sister go to bed before 10?

해석

예) 나는 매일 아침 일찍 일어나지 않는다.
❶ 보미는 매일 학교까지 걸어서 가지 않는다.
❷ 그 소년들은 방과 후에 야구를 하지 않는다.
❸ Johns 씨는 직장에서 점심을 먹지 않는다.
❹ 나의 오빠들은 주중에 6시에 집에 오지 않는다.
❺ 그녀는 주말에 쇼핑을 하러 가지 않는다.

예) 너는 방과 후에 도서관에 가니?
❻ 그는 매일 아침 한 잔의 커피를 마시니?
❼ Bobbie는 중간고사 기간 동안에는 점심을 거르니?
❽ 너는 일주일에 두 번 피아노 레슨을 받니?
❾ Anna는 퇴근 후 집에 운전해서 와서 저녁을 먹니?
❿ 지나와 그녀의 여동생은 10시 전에 잠자리에 드니?

TRAINING 3 영어 문장 완성하기

❶ Do you go to the library after school?
❷ Henry gets exercise every morning.
❸ Does he brush his teeth after lunch?
❹ I watch TV at home on the weekend.
❺ She doesn't go swimming in summer.
❻ takes a bus
❼ take a shower
❽ sleeps late
❾ don't[do not] go shopping
❿ doesn't[does not], on the weekend

TEST for Writing

01 does
02 Do
03 She eats[has]
04 Does, go
05 I don't
06 doesn't
07 take
08 likes horror movies
09 No, he doesn't.
10 studys → studies
11 (1) He doesn't[does not] get up early in the morning.
(2) Does Ms. Dane go to work by car?
(3) We get exercise on the weekend.

12 (1) [모범 답안] Jen은 매주 일요일에 영화를 보러 간다.

(2) [모범 답안] 나는 주중에는 집에 늦게 돌아오지 않는다.

(3) [모범 답안] 그는 점심을 먹고 난 후 양치질을 하니?

13 (1) [모범 답안] Yes, I do. / No, I don't.

(2) [모범 답안] I take a bus to school.

14 (1) eats breakfast

(2) takes a bus to school

(3) plays basketball with friends

15 (1) don't → doesn't[does not]

(2) want → wants

01 주어가 3인칭 단수(Jisu)일 때 일반동사 부정형은 「does not + 동사원형」을 쓴다.

해석 | 지수는 테니스를 치지 않는다.

02 주어가 1·2인칭 또는 복수일 때 일반동사 의문문은 「Do + 주어 + 동사원형 ~?」으로 쓴다.

해석 | 너는 학교에서 교복을 입니?

03 동사 eat[have]의 3인칭 단수형은 eats[has]이다.

04 주어가 3인칭 단수(he)일 때 일반동사 의문문은 「Does + 주어 + 동사원형 ~?」으로 쓴다.

05 Do ~? 의문문에 대한 부정의 대답은 「No, 주어 + don't.」이다.

해석 | A: 너는 방과 후에 도서관에 가니?

B: 아니, 안 가. 나는 영어 수업을 들어.

06 Does ~? 의문문에 대한 부정의 대답은 「No, 주어 + doesn't.」이다.

해석 | A: 그녀는 학교까지 버스를 타고 가니?

B: 아니, 그렇지 않아. 그녀는 학교까지 걸어서 가.

07 take a shower: 샤워를 하다

take + a(n) + 교통수단: ~을 타다

해석 | · 그녀는 매일 샤워를 하니?

· 그들은 부산까지 기차를 탈 것이다.

08 동사 like의 3인칭 단수형은 likes이다.

해석 | A: 그는 코미디 영화를 좋아하니?

B: 아니. 그는 공포 영화를 좋아해.

09 주어 Mr. Jang은 남자이므로 대명사 he로 받는다.

해석 | A: 장 선생님은 미술을 가르치시니?

B: 아니, 그렇지 않아. 그는 음악을 가르치셔.

10 study는 〈자음 + y〉로 끝나므로 y를 i로 고친 후, -es를 붙인다.

해석 | Jen은 중간고사를 대비해 영어를 공부한다.

11 일반동사 현재 시제 부정문, 의문문, 주어-동사 형식에 맞게 바꿔 쓴다.

해석 | (1) 그는 아침에 일찍 일어나지 않는다.

(2) Dane 씨는 자동차로 직장에 가니?

(3) 우리는 주말에 운동을 한다.

12 (1) go to see a movie: 영화를 보러 가다

(2) on weekdays: 주중에

(3) brush one's teeth: 양치질을 하다

13 (1) 일반동사 의문문에 대한 대답이다.

(2) 일상생활을 묻는 질문에 일반동사 현재형을 써서 답한다.

해석 | (1) Q: 너는 주말에 일찍 일어나니?

(2) Q: 너는 학교에 어떻게 가니?

14 (1) (2) (3) eat, take, play의 3인칭 단수형은 각각 eats, takes, plays이다.

해석 | Jessie는 아침에 7시에 일어난다. 그녀는 7시 30분에 아침을 먹는다. 그녀는 8시에 집을 나서서 학교까지 버스를 탄다. 그녀는 방과 후에 친구들과 함께 농구를 한다.

15 (1) 주어가 3인칭 단수일 때 일반동사 부정형은 「doesn't[does not] + 동사원형」으로 쓴다.

(2) want의 3인칭 단수형은 wants이다.

해석 | Wendy는 주말에 9시 30분에 아침을 먹는다. 그녀는 우유를 마시지 않는다. 그녀는 한 잔의 주스를 마신다. 그녀는 아침식사로 토스트와 과일을 좋아한다. 그녀는 달걀 프라이도 원한다.

써먹기 문법 | 03
조동사

해석

우리는 다음 주에 중간고사를 봐야 해.

너는 시험을 위해 열심히 공부할 수 있어.

너는 모든 과목에서 최선을 다해야 해.

너는 시험에서 부정행위를 해서는 안 돼! 행운을 빌어!

TRAINING ① 기본 형태 연습하기 p. 23

A ❶ can ❷ should ❸ have ❹ should

❺ can't ❻ be ❼ Can ❽ Is

B ❶ can ❷ should ❸ should[must]

❹ have to ❺ Should[Must] ❻ can't

❼ should ❽ shouldn't

해석

A ❶ 너는 너의 친구들과 함께 공부할 수 있다.

❷ Terry는 그의 식사에 들어 있는 채소를 먹어야 한다.

❸ 그들은 시험장에 제시간에 들어가야 한다.

❹ 너는 규칙적으로 운동을 좀 해야 한다.

❺ 우리는 이 수학 문제를 풀 수 없다.

❻ 너는 시험에 늦어선 안 된다.

❼ 너는 시험이 끝나고 우리 집에 올 수 있니?

⑧ 지원이는 한자를 읽을 수 있니?

B **①** 네 답안지를 제출해라. 그러면 나가도 된다.

② 너는 그 수학 시험에 최선을 다해야 해.

③ 우리는 시험 시간 동안 우리의 휴대전화 전원을 꺼야 한다.

④ 너는 주말에는 학교에 올 필요가 없다.

⑤ 제가 시험지의 모든 문제들에 답해야 하나요?

⑥ 지금 교통 상황이 안 좋아. 나는 2시까지 거기에 도착할 수 없어.

⑦ 건강한 삶을 위해, 어린이들은 충분히 자야 한다.

⑧ 너는 너무 많은 패스트푸드를 먹어서는 안 된다.

TRAINING 2 통문장 전환하기 p. 24

① You can't[cannot] leave the classroom by 12 o'clock.

② I don't[do not] have to take the English test again.

③ We mustn't[must not] tell lies to our parents.

④ You shouldn't[should not] use your smartphone during class time.

⑤ Tony isn't[is not] able to pass the difficult test.

⑥ Can I get a good score on my essay?

⑦ Should we eat more fresh food?

⑧ Should he read the English directions on the test?

⑨ Is Helen able to talk with foreigners in English?

⑩ Do I have to finish my school project by today?

해석

예) 너는 시험에서 부정행위를 해서는 안 된다.

① 너는 12시 정각까지는 교실에서 나갈 수 없다.

② 나는 영어 시험을 다시 보지 않아도 된다.

③ 우리는 우리의 부모님께 거짓말을 해서는 안 된다.

④ 너는 수업 시간 동안에 네 스마트폰을 사용해서는 안 된다.

⑤ Tony는 그 어려운 시험을 통과할 수 없다.

예) 너는 내가 수학 문제 푸는 것을 도와줄 수 있니?

⑥ 내가 나의 작문에서 좋은 점수를 받을 수 있을까?

⑦ 우리는 더 많은 신선한 음식을 먹어야 하나요?

⑧ 그는 그 시험에서 영어 지시문을 읽어야 하니?

⑨ Helen은 외국인과 영어로 말할 수 있니?

⑩ 내가 오늘까지 내 학교 과제를 끝내야만 하나요?

TRAINING 3 영어 문장 완성하기 p. 25

① We must write our names on the sheet.

② You can stay in the room until 5.

③ Students shouldn't talk during the test.

④ Can you solve the difficult problem?

⑤ Suzy doesn't have to study for the test.

⑥ shouldn't[should not] be late for

⑦ should[must/has to] turn in

⑧ Can, on time

⑨ must[should/have to] turn off

⑩ can't[cannot] cheat on

TEST for Writing pp. 26-27

01 can **02** should **03** can

04 must wear **05** Can, get **06** you should

07 is able **08** (m)ust

09 should go to the hospital

10 finishes → finish

11 (1) Jane can't[cannot] speak English very well.
(2) Should I answer the teacher's question?
(3) He has to take the English exam.

12 (1) [모범 답안] 너는 수업에 제시간에 와야 한다.
(2) [모범 답안] 우리는 박물관에서 사진을 찍을 수 없다.
(3) [모범 답안] 나는 다음 번 시험에서 최선을 다할 수 있다.

13 (1) [모범 답안] Yes, I can. / No, I can't.
(2) [모범 답안] I have to do my homework today.

14 (1) can make pizza
(2) able to speak Chinese
(3) can play the piano (또는 are able to play the piano)

15 (1) You can't[cannot] eat food.
(2) You shouldn't[should not] be noisy.

---

01 can은 '~할 수 있다'는 의미로 가능을 나타낸다.
해석 | 나는 그 시험을 다시 치를 수 있다.

02 should는 '~해야 한다'는 의미로 충고를 나타낸다.
해석 | 너는 채소를 먹어야 한다.

03 조동사로 시작하는 의문문에 대한 긍정의 대답은 「Yes, 주어 + 조동사.」로 한다.

해석 | A: 너는 내 작문을 도와줄 수 있니?
　　　 B: 응, 할 수 있어.

04 조동사 뒤에는 동사원형을 쓴다.

05 can은 '~할 수 있다'를 의미하는 조동사로 의문문으로 쓸 때,「Can ＋주어＋동사원형 ~?」의 형태가 된다.

06 조동사로 시작하는 의문문에 대한 긍정의 대답은「Yes, 주어 +조동사.」로 한다.

해석 | A: 내가 오늘까지 리포트를 제출해야 하나요?
　　　 B: 응, 그래야 해.

07 can은 '~할 수 있다'는 의미로「be able to＋동사원형」과 바꿔 쓸 수 있다.

해석 | 그는 그 영어 단어들을 읽을 수 있다.

08 have to는 '~해야 한다'는 의미로 must로 바꿔 쓸 수 있다.

해석 | 너는 주중에는 학교에 가야 한다.

09 should는 '~해야 한다'는 의미로 뒤에 동사원형이 온다.

해석 | A: 너 방과 후에 우리 집에 올 수 있니?
　　　 B: 아니, 안 돼. 나는 병원에 가야 해.

10 주어에 관계없이 조동사 can 뒤에는 동사원형이 온다.

해석 | John은 6시까지 그의 숙제를 끝낼 수 있다.

11 조동사의 부정문, 의문문의 형태에 맞게 바꿔 쓴다.

해석 | (1) Jane은 영어를 매우 잘 말할 수 있다.
　　　 (2) 내가 그 선생님의 질문에 답해야 하나요?
　　　 (3) 그는 그 영어 시험을 봐야만 한다.

12 (1) on time: 제시간에
　　 (2) take pictures: 사진을 찍다
　　 (3) do one's best: 최선을 다하다

13 (1) can으로 시작하는 의문문에 답한다.
　　 (2) 오늘 해야 할 일을 묻는 질문에 have to를 써서 답한다.

해석 | (1) Q: 너는 친구의 숙제를 도와줄 수 있니?
　　　 (2) Q: 너는 오늘 무엇을 해야만 하니?

14 (2) 주어가 3인칭 단수일 때,「is able to + 동사원형」을 써서 '~을 할 수 있다'는 뜻을 나타낼 수 있다.

해석 | 민수는 농구를 할 수 있지만, 민지는 할 수 없다. 민수는 피자를 만들 수 있지만, 민지는 할 수 없다. 민지는 중국어를 말할 수 있지만, 민수는 할 수 없다. 민수와 민지는 피아노를 칠 수 있다.

15 그림을 보면 2. 취식 금지이며, 3. 조용히 해야 한다는 것을 알 수 있다.

해석 | 도서관 규칙
　　　 1. 너는 네 스마트폰 전원을 꺼야만 한다.
　　　 2. 너는 음식을 먹어서는 안 된다.
　　　 3. 너는 시끄럽게 해서는 안 된다.
　　　 4. 너는 책에 글씨를 써서는 안 된다.

CHAPTER REVIEW 1

Word **Review**
1. English　　2. music　　3. seventh　　4. sixth

Grammar **Review**
1. are　　2. isn't[is not]　　3. I'm　　4. aren't
5. Is　　6. gets[wakes] up　　7. don't[do not]
8. doesn't　　　　　　9. Does　　10. does
11. should[must/have to]　　12. can
13. can't[cannot]
14. shouldn't[should not] (또는 mustn't[must not])
15. Can

Chapter 2 시제 써먹기

써먹기 문법 | 04
과거 시제1 : be동사

해석

지난주에 날씨가 맑고 화창했다.
나의 가족은 강변 공원에 있었다. 사람들이 무척 많았다.
바람은 신선했고, 전혀 춥지 않았다.
우리는 모두 행복했다.

TRAINING 1 기본 형태 연습하기
p. 33

A ① was   ② were   ③ were   ④ was
　　⑤ were   ⑥ wasn't   ⑦ weren't   ⑧ Were

B ① was   ② were   ③ was   ④ was
　　⑤ wasn't[was not]   ⑥ weren't[were not]
　　⑦ Was   ⑧ Were

해석

A ① 나는 지난 여름에 파리에 있었다.
　　② 너는 지난 주말에 어디에 있었니?
　　③ 그들은 작년에 12살이었다.
　　④ 어제 날씨는 흐렸다.
　　⑤ 우리는 그 당시에 매우 어렸다.
　　⑥ 그는 오늘 아침에 학교에 있지 않았다.
　　⑦ 10년 전에 이곳에는 건물들이 없었다.
　　⑧ 너는 지난 네 생일에 행복했니?

B ① 10년 전에, 나는 고작 5살이었다.
　　② 우리는 그 영화가 끝난 후 행복하고 신이 났다.
　　③ 그 공원은 주말에 사람들로 가득했다.
　　④ 그 마을은 과거에 축제로 유명했다.
　　⑤ 내 개는 지금 크다. 그러나 그는 작년에 그리 크지 않았다.
　　⑥ 그 이야기들은 슬펐지만, 재미있지 않았다.
　　⑦ 지난주 내내 비가 왔니? – 응, 그랬어.
　　⑧ 너는 주말 내내 도서관에 있었니?

TRAINING 2 통문장 전환하기
p. 34

① We were in the library after school.
② There were many people at the restaurant.
③ The weather wasn't[was not] cool and pleasant.
④ The hero movies weren't[were not] very exciting.
⑤ I was not[wasn't] at home on Friday night.
⑥ Was it very hot and humid last summer?
⑦ Were there many visitors in this city?
⑧ Was the forest thick and green before?
⑨ Was Andy at his grandma's on Saturday?
⑩ Were all the boys in the room his classmates?

해석

예) 나의 가족은 일요일에 강변 공원에 있었다.

① 우리는 방과 후에 도서관에 있었다.
② 그 식당에는 많은 사람들이 있었다.
③ 날씨는 시원하고 쾌적하지 않았다.
④ 그 영웅 영화는 별로 신나지 않았다.
⑤ 나는 금요일 밤에 집에 있지 않았다.

예) 이 섬은 깨끗하고 아름다웠니?

⑥ 지난 여름에 매우 덥고 습했니?
⑦ 이 도시에는 많은 방문객이 있었니?
⑧ 그 숲은 예전에 울창했니?
⑨ Andy는 토요일에 그의 할머니 댁에 있었니?
⑩ 그 방의 모든 소년들이 그의 반 친구들이었니?

TRAINING 3 영어 문장 완성하기
p. 35

① The weather was sunny this week.
② There were not many people in the park.
③ Was the sky blue and clear yesterday?
④ Were you at the movie theater on Sunday?
⑤ The mountain wasn't very high or steep.
⑥ was full of
⑦ weren't [were not] at home

⑧ Were there

⑨ Was, in the past

⑩ were, one[an] hour ago

TEST for Writing

pp. 36-37

01 were

02 Was

03 wasn't[was not]

04 She was

05 Were they

06 there were

07 (A) of (B) for

08 (A) wasn't (B) was

09 No, it wasn't.

10 is sick → was sick

11 (1) Jason was short and small at twelve.

(2) We weren't[were not] at the park yesterday.

(3) Was there a ship on the river?

12 (1) [모범 답안] Stella는 전혀 행복하지 않았다.

(2) [모범 답안] 그 소년은 당시에 10살이었니?

(3) [모범 답안] 극장에는 사람들이 많지 않았다.

13 (1) [모범 답안] Yes, we were. / No, we weren't.

(2) [모범 답안] I was in the classroom this morning.

14 (1) was at home

(2) he was at the river park

(3) he wasn't

15 There <u>were four</u> people in the picture.

01 주어가 복수(They)일 때, be동사 과거형은 were를 쓴다.

해석 | 그들은 작년에 서울에 있었다.

02 주어가 3인칭 단수(he)일 때, be동사 과거 의문문은 Was로 시작한다.

해석 | 그는 어제 도서관에 있었니?

03 주어가 I일 때, be동사 과거 부정문은 wasn't[was not]을 써서 나타낸다.

해석 | 나는 지난 주말에 집에 있지 않았다. 나는 나의 조부모님 댁에 있었다.

04 주어가 3인칭 단수(She)일 때, be동사 과거형은 was를 쓴다.

05 주어가 복수(they)일 때, be동사 과거 의문문은 Were로 시작한다.

06 「There is/are ~.」는 '~가 있다'는 뜻으로 뒤에 복수명사가 오면 there are를 쓰며, 과거형은 there were이다.

해석 | A: 그 상점에는 사람들이 많았니?

B: 응, 많았어.

07 (A) be full of: ~로 가득 차다

(B) be famous for: ~로 유명하다

해석 | · 그 상자는 종이로 가득 찼다.

· 그 산은 소나무로 유명했다.

08 주어가 3인칭 단수일 때, be동사 과거 의문문에 대한 대답은 「Yes, 주어 + was. / No, 주어 + wasn't.」로 한다.

해석 | A: Danny는 오늘 오전에 학교에 있었니?

B: 아니, 없었어. 그는 집에 있었어.

09 주어가 3인칭 단수(the weather)일 때, be동사 과거 의문문에 대한 부정의 대답은 「No, 주어 + wasn't.」로 한다.

해석 | A: 지난 주말에 날씨가 좋았니?

10 Yesterday(어제)가 있으므로, 과거형 be동사를 써야 한다. 주어가 3인칭 단수일 때 과거형 be동사는 was를 쓴다.

해석 | 어제, Cindy는 아파서 하루 종일 침대에 있었다. 그녀는 지금은 나아졌다.

11 be동사의 과거형, 과거시제 부정문, 의문문의 형태에 맞게 바꿔 쓴다.

해석 | (1) Jason은 12살 때 키가 작고 몸집이 작았다.

(2) 우리는 어제 공원에 있지 않았다.

(3) 강 위에 배가 한 척 있었니?

12 (1) not ~ at all: 전혀 ~ 않다

(2) at that time: 그 당시에

13 (1) be동사 과거형 was로 시작하는 의문문에 답한다.

(2) 오늘 오전에 있었던 장소를 묻는 질문에 be동사 과거형을 써서 답한다.

해석 | (1) Q: 지난 일요일에 너와 너희 가족은 집에 있었니?

(2) Q: 오늘 오전에 너는 어디에 있었니?

14 주어가 3인칭 단수일 때, be동사 과거형은 was, 부정형은 wasn't[was not]를 쓴다.

해석 | 지난 주말에 진수는 바빴다. 그는 토요일 오전에는 집에 있었다. 그러나 오후에 그는 강가 공원에 있었다. 일요일에 그는 집에 있었는가? 그렇지 않았다. 그는 그의 조부모님 댁에 있었다.

15 그림에서 사람은 4명(엄마, 아빠, Brad, 여동생)이고, 뒤에 복수명사가 오면 There were를 쓴다.

해석 | 눈이 오는 날이었다. Brad네 가족은 그들의 집 앞에 있었다. 사진에는 다섯 명의 사람들이 있었다. Brad의 개는 무척 크다!

써먹기 문법 | 05
과거 시제 2 : 일반동사

해석

그 전쟁은 1950년에 일어났다. 많은 사람들이 싸우고 죽었다.

그 전쟁 후, 그 나라는 두 나라가 되었다.

사람들은 그들의 집과 가족을 잃었다.

나는 그것을 상상할 수도 없다!

TRAINING 1 기본 형태 연습하기

A ❶ invented ❷ lived ❸ built ❹ became
❺ didn't ❻ write ❼ Did ❽ end

B ❶ came ❷ got ❸ fought ❹ did
❺ didn't[did not] ❻ use ❼ Did
❽ build, did

해석

A ❶ 토머스 에디슨은 많은 위대한 물건들을 발명했다.
❷ 오래전에, 숲에 한 마법사가 살았다.
❸ 라이트 형제는 최초의 비행기를 만들었다.
❹ 결국에, 그 나라들은 1990년에 한 나라가 되었다.
❺ 그 팀은 어젯밤 경기에서 이기지 않았다.
❻ 베토벤은 1808년에 그 곡을 쓰지 않았다.
❼ 그녀는 과거에 불쌍한 아이들을 돌보았니?
❽ 한국 전쟁은 1953년에 끝났니?

B ❶ 그녀의 꿈이 실현되어, 그녀는 파일럿이 되었다.
❷ 이틀 전에, 나는 내 친구로부터 전화 한 통을 받았다.
❸ 그들은 평화를 위해 싸웠고, 마침내 이겼다.
❹ 그 감독은 작년에 어떤 영화도 만들지 않았다.
❺ 그들은 그 당시에 옆집에 살지 않았다.
❻ 그 새 기계는 훌륭했지만, 사람들은 그것을 사용하지 않았다.
❼ 너는 지난 주말에 좋은 시간을 보냈니?
❽ 그들은 그 다리를 30년 전에 지었니? – 응, 그랬어.

TRAINING 2 통문장 전환하기

❶ Mother Teresa took care of many poor children.
❷ The actor didn't die after the accident.
❸ We fought with each other over very small things.
❹ The doctor went to Africa and helped people.
❺ The president didn't say anything about the matter.
❻ Did the artist create many great works?
❼ Did they build the castle in the 1800s?
❽ Did the prince become king after 13 years?
❾ Did the famous pianist die in 1869?
❿ Did your friends have a good time in the museum?

해석

예) 사람들은 그 벽을 아름답게 칠했다.
❶ 마더 테레사는 많은 불쌍한 어린이들을 돌보았다.
❷ 그 배우는 그 사고 후에 죽지 않았다.
❸ 우리는 매우 사소한 것들로 서로 싸웠다.
❹ 그 의사는 아프리카에 가서 사람들을 도왔다.
❺ 대통령은 그 사안에 대해 아무 말도 하지 않았다.

예) 그 프랑스 군인들이 전쟁에서 승리했니?
❻ 그 예술가는 많은 위대한 작품들을 창조했니?
❼ 그들은 그 성을 1800년대에 건축했니?
❽ 그 왕자는 13년 후에 왕이 되었니?
❾ 그 유명한 피아니스트는 1869년에 사망했니?
❿ 네 친구들은 박물관에서 좋은 시간을 보냈니?

TRAINING 3 영어 문장 완성하기

❶ They found peace again after the war.
(또는 They found peace after the war again.)
❷ Did the movie end two hours later?
❸ We didn't come back home after school.
❹ Did she become a famous cartoonist?
❺ His team climbed Mt. Everest in 1953.
❻ took care of   ❼ the end, found
❽ got a call   ❾ live next door
❿ dream, come true

TEST for Writing

01 did   02 Did   03 He finished
04 didn't[did not] watch   05 did   06 we didn't
07 got   08 met his cousins
09 (A) create (B) helped   10 had → have
11 (1) The war ended after three years.
(2) They didn't[did not] fight for peace and love.
(3) Did the people lose their families?
12 (1) [모범 답안] 그녀는 그 개와 고양이를 돌보았다.
(2) [모범 답안] 오래전에, 사람들은 불을 사용하지 않았다.
(3) [모범 답안] 너는 점심 식사 후 차를 마셨니?
13 (1) [모범 답안] Yes, I did. / No, I didn't.
(2) [모범 답안] I came back home at 5:30 p.m.

14 (1) took lessons in art and science
(2) became a painter
(3) painted the *Mona Lisa*
15 (1) didn't study → studied
(2) slept → didn't[did not] sleep

01 일반동사 과거 시제 부정문은 동사원형 앞에 did not을 쓴다.
해석 | 나는 어제 집에 머물지 않았다.

02 일반동사 과거 시제 의문문은 「Did + 주어 + 동사원형 ~?」이다.
해석 | 그 전쟁은 1950년에 일어났니?

03 finish의 과거형은 finished이다.

04 일반동사 과거 시제 부정문은 동사원형 앞에 didn't[did not]을 쓴다.

05 일반동사 과거 시제 의문문에 대한 긍정의 대답은 「Yes, 주어 + did.」이다.
해석 | A: 그녀는 파티에서 노래를 불렀니?
B: 응. 그랬어. 그녀는 노래를 매우 잘 불렀어.

06 일반동사 과거 시제 의문문에 대한 부정의 대답은 「No, 주어 + didn't.」이다.
해석 | A: 우리가 축구 경기에서 이겼니?
B: 아니, 그렇지 않았어. 우리는 경기에 졌어.

07 get up: 일어나다
get a call from: ~에게 전화를 받다
해석 | · 그들은 오늘 아침에 일찍 일어났다.
· 나는 어제 나의 선생님께 전화를 받았다.

08 meet의 과거형은 met이다. 주어 he 다음에 동사, 목적어 순으로 온다.
해석 | A: 그는 한국에서 그의 부모님을 만났니?
B: 아니, 하지만 그는 그의 사촌들을 만났어.

09 (A) Did로 시작하는 의문문이므로, 동사원형이 와야 한다.
(B) help의 과거형은 helped이다.
해석 | A: 그 왕이 그 언어를 창제했니?
B: 응, 많은 사람들이 그를 도왔어.

10 일반동사 과거 시제 의문문은 「Did + 주어 + 동사원형 ~?」이므로, had를 동사원형 have로 고쳐야 한다.
해석 | 너는 지난 일요일에 좋은 시간을 보냈니?

11 일반동사 과거 시제 평서문, 부정문, 의문문의 형태에 맞게 바꿔 쓴다.
해석 | (1) 3년 후에 그 전쟁은 끝났다.
(2) 그들은 평화와 사랑을 위해 싸우지 않았다.
(3) 그 사람들은 그들의 가족을 잃었니?

12 (1) take care of: ~을 돌보다
(2) long ago: 오래전에

13 (1) 일반동사 과거 시제 의문문에 답한다.
(2) 어제 귀가 시간을 묻는 질문에 일반동사 과거형을 써서 답한다.
해석 | (1) Q: 너는 네 숙제를 끝냈니?
(2) Q: 너는 어제 언제 집에 돌아왔니?

14 (1) take, (2) become, (3) paint의 과거형은 각각 took, became, painted이다.
해석 | 레오나르도 다빈치는 1452년에 이탈리아에서 태어났다. 1466년에 그는 미술과 과학 수업을 받았다. 1472년에 그는 화가가 되었다. 1506년에 그는 「모나리자」를 그렸다.

15 (1) study는 [자음 + y]로 끝나므로 y를 i로 고치고 -ed를 붙인다.
(2) 그림에서 주원이는 새벽 1시까지 자지 않고 공부를 하는 상황이므로 didn't[did not] sleep으로 고쳐야 한다.
해석 | 지난밤, 주원이는 시험을 위해 열심히 공부했다. 그는 오늘 새벽 1시가 되도록 자지 않았다. 지금 그는 매우 피곤하다. 그는 시험 시간 동안에 잠을 자고 있다.

써먹기 문법 | 06
진행형과 미래 시제

해석
우리는 지난 여름에 대해 이야기하고 있는 중이야.
우리는 제주도에서 수영을 하고 스노클링을 하고 있었지.
그거 알아? 우리는 올해 하와이에 갈 거야.
나는 계획을 짤 예정이야!

TRAINING 1 기본 형태 연습하기   p. 45

A ❶ packing ❷ playing ❸ go ❹ is
  ❺ won't ❻ aren't ❼ Will ❽ Are

B ❶ are swimming   ❷ are, riding
  ❸ are going   ❹ was traveling
  ❺ aren't, eat   ❻ Will, take
  ❼ going, buy   ❽ Are, climb

해석
A ❶ Sara는 휴가를 위해 그녀의 가방에 짐을 싸고 있다.
  ❷ 어제, 그들은 하루 종일 축구를 하고 있었다.
  ❸ 나는 다음주에 런던으로 여행을 갈 것이다.
  ❹ Jim은 좌석을 예약할 예정이다.
  ❺ 그는 다음 주에 파리를 향해 떠나지 않을 것이다.
  ❻ 그들은 곧 티켓을 사지 않을 것이다.
  ❼ 너는 내일 비행기를 탈 거니?
  ❽ 너는 지금 여행을 계획 중이니?

B ❶ 이 사진에서, 너는 물속에서 수영을 하고 있다.

❷ 그들은 자전거를 타고 있지 않다. 그들은 달리고 있다.

❸ 우리는 도쿄에서 비행기를 갈아탈 예정이다.

❹ 나는 지난 가을에 유럽에서 여행하고 있었다.

❺ 그들은 한국 음식을 먹지 않을 예정이다.

❻ 너는 서울에서 부산까지 버스를 탈 거니? – 아니, 그렇지 않아.

❼ Willy는 또 새 카메라를 살 예정이니?

❽ 그들은 이번 주말에 그 산을 등반할 예정이니?

TRAINING ② 통문장 전환하기

p. 46

❶ They are riding bikes in the park.

❷ She isn't going to the department store.

❸ We were having fun on the island last summer.

❹ Sam wasn't cooking dinner for his family.

❺ Were you skiing on the mountain?

❻ We will stay here for one week and then leave.
(또는 We are going to stay here for one week and then leave.)

❼ He will get on the plane to Beijing at 2 p.m.
(또는 He is going to get on the plane to Beijing at 2 p.m.)

❽ I won't go to the festival during the holidays.
(또는 I'm not going to go to the festival during the holidays.)

❾ The train to Seoul won't leave on time.
(또는 The train to Seoul isn't going to leave on time.)

❿ Will you try foreign foods during your trip?
(또는 Are you going to try foreign foods during your trip?)

해석

예) Jack은 그의 친구들과 함께 농구를 하고 있는 중이다.

❶ 그들은 공원에서 자전거를 타고 있는 중이다.

❷ 그녀는 백화점에 가고 있지 않다.

❸ 우리는 지난 여름 그 섬에서 재미있게 보내고 있었다.

❹ Sam은 그의 가족을 위해 요리하고 있지 않았다.

❺ 너는 산에서 스키를 타고 있었니?

예) 그들은 곧 다른 도시로 이사를 갈 것이다.

❻ 우리는 이곳에 일주일간 머물고 나서 떠날 것이다.

❼ 그는 오후 2시에 북경으로 가는 비행기를 탈 것이다.

---

❽ 나는 휴일 동안 그 축제에 가지 않을 것이다.

❾ 서울행 기차는 제시간에 떠나지 않을 것이다.

❿ 너는 여행 중에 외국 음식들을 먹어 볼 거니?

TRAINING ③ 영어 문장 완성하기

p. 47

❶ We were taking pictures at the beach.

❷ Are you going to take a train from Paris to London?

❸ I won't carry a map during the trip.

❹ Is she staying at this hotel now?

❺ They are going to leave Seoul after two days.

❻ to get off

❼ make a reservation for

❽ were riding bicycles

❾ make a plan

❿ take, from, to

TEST for Writing

pp. 48-49

01 will　　**02** was　　**03** won't

04 are going　　**05** Is, packing　　**06** I was

07 are going to get　　**08** for

09 are playing soccer now

10 cleanning → cleaning

11 (1) Yuna is talking about her cats.
(2) We will take a taxi to the restaurant. (또는 We are going to take a taxi to the restaurant.)
(3) He was reading an interesting book.

12 (1) [모범 답안] 그들은 휴가를 위한 계획을 세울 것이다.
(2) [모범 답안] 나는 그 공원에 다시는 가지 않을 것이다.
(3) [모범 답안] 너는 집에서 저녁을 먹을 예정이니?

13 (1) [모범 답안] Yes, I will. / No, I won't.
(2) [모범 답안] She is studying English now.

14 (1) is eating lunch
(2) is playing the piano
(3) were watching TV at home

15 (1) were → are
(2) 13:33 → 14:07

---

01 tomorrow라고 했으므로 미래를 나타내는 will을 쓴다.

해석 | 우리는 내일 학교에 가지 않을 것이다.

02 at this time yesterday는 과거의 특정 시점을 나타내므로 과거 진행형을 쓴다. 주어가 단수(Jane)일 때 be동사 과거형은 was를 쓴다.

해석 | Jane은 어제 이 시간에 그녀의 방에서 책을 읽고 있었다.

03 Will ~? 의문문에 대한 부정의 대답은 「No, 주어 + won't.」이다.

해석 | A: 우리와 함께 여행 갈래?
　　　 B: 아니, 안 갈래.

04 「be going to + 동사원형」: ~할 예정이다 (미래)

05 지금 '~하고 있다'는 현재진행형을 써서 나타낸다. 주어가 3인칭 단수(he)일 때 be동사 현재형은 is를 쓴다.

06 be동사 의문문이므로, 긍정의 대답은 「Yes, 주어 + be동사.」로 한다. 주어가 I가 되면 be동사 과거형은 was를 쓴다.

해석 | A: Sally, 너는 뉴욕에 머물고 있었니?
　　　 B: 응, 그랬어.

07 will + 동사원형 = be going to + 동사원형

해석 | 우리는 다음 정거장에서 내릴 것이다.

08 leave for: ~로 떠나다

make a reservation for: ~을 예약하다

해석 | · 나는 내일 캐나다로 떠날 것이다.
　　　 · Kathy는 방을 예약하고 있다.

09 현재진행형으로 물었으므로, 현재진행형을 써서 답한다. 주어가 복수(They)이므로 be동사 현재형은 are를 쓴다.

해석 | A: 그들은 지금 농구를 하고 있니?
　　　 B: 아니. 그들은 지금 축구를 하고 있어.

10 현재진행형 문장이며, clean의 -ing형은 cleaning이다.

해석 | 내 형은 지금 그의 방을 청소하고 있지 않다.

11 현재진행형, 미래 시제, 과거진행형에 맞게 바꿔 쓴다.

해석 | (1) 유나는 그녀의 고양이들에 대해 이야기하고 있다.
　　　 (2) 우리는 그 음식점까지 택시를 탈 것이다.
　　　 (3) 그는 재미있는 책을 읽고 있었다.

12 (1) make a plan: 계획을 세우다

(2) will: ~하겠다 (주어의 의지)

(3) be going to + 동사원형: ~할 예정이다 (미래)

13 (1) 미래 시제 의문문에 긍정 또는 부정으로 답한다.

(2) 친구가 지금 하고 있는 일을 현재진행형을 써서 나타낸다.

해석 | (1) Q: 너는 다음 달에 여행을 갈 거니?
　　　 (2) Q: 네 친구는 지금 무엇을 하고 있니?

14 (1)(2) 주어가 3인칭 단수이므로 현재진행형을 만들 때 be동사 현재형은 is를 쓴다. (3) 주어가 복수이므로 과거진행형을 만들 때 be동사 과거형은 were를 쓴다.

해석 | 지금은 1시 정각이다. 수진이는 그녀의 친구들과 함께 점심을 먹고 있다. 수진이의 여동생은 학교에서 피아노를 치고 있다. 어제 이 시간에, 수진이와 그녀의 여동생은 집에서 TV를 보고 있었다.

15 (1) 미래에 예정된 일을 묻고 있으므로 be동사 현재형을 써서 「be going to + 동사원형」으로 써야 한다.

---

(2) 기차 시간표에서 11:05에 출발하는 진주행 기차는 14:07에 도착한다는 것을 알 수 있다.

해석 | A: 우리는 오늘 기차로 진주에 갈 거야.
　　　 B: 너희들은 몇 시에 출발할 거니?
　　　 A: 우리는 11시 5분에 기차를 탈 예정이야.
　　　 B: 그러면, 너희들은 진주에 13시 33분에 도착하겠다.

CHAPTER REVIEW 2

pp. 50-51

Word **Review**

1. cartoonist　　2. president　　3. cloudy

Grammar **Review**

1. was　　2. were　　3. wasn't[was not]

4. weren't[were not]　　5. Was　　6. was

7. invented　8. wrote　　9. didn't[did not]

10. Did　　11. didn't　　12. are

13. eating[having]　　14. was

15. weren't[were not]　　16. will　　17. going

Chapter 3 문장의 종류 써먹기

명령문과 청유문

해석

A: 에취! 나 독감에 걸렸어.
B: 따뜻한 옷을 입고, 밖에 나가지 마.
A: 알았어. 나에게 차 한 잔 만들어 줄 수 있니?
B: 문제 없어. 침대로 가서 쉬어. 내일 의사에게 진료를 받으러 가자.

TRAINING 1 기본 형태 연습하기 p. 55

A ❶ Be   ❷ Drink   ❸ watch   ❹ Don't
  ❺ say   ❻ Never   ❼ Let's   ❽ think
B ❶ get   ❷ Wash   ❸ Be   ❹ stay
  ❺ Don't   ❻ enter   ❼ have   ❽ take

해석

A ❶ 네 오빠와 여동생에게 친절해라.
  ❷ 너의 감기를 위해 따뜻한 물을 많이 마셔라.
  ❸ 길 양쪽을 살피세요.
  ❹ 너의 부모님께 무례하게 굴지 마라.
  ❺ 너의 친구들에게 욕설을 하지 마라.
  ❻ 이 헬멧 없이는 너의 자전거를 타지 마라.
  ❼ 창문을 열어서 신선한 공기가 들어오게 하자.
  ❽ 건강한 습관들에 대해서 생각해 보자.

B ❶ 너의 약을 먹고 충분한 수면을 취해라.
  ❷ 매 식사 전에 너의 손을 씻어라.
  ❸ 너의 학교 선생님들께 예의 바르게 대해라.
  ❹ 밤에 늦게까지 깨어 있지 마라.
  ❺ 주차장에서 놀지 마라.
  ❻ 노크하지 않고 그 방에 절대 들어가지 마라.
  ❼ 오늘 저녁에 나가서 저녁 식사를 하자. – 좋아.
  ❽ 공원에서 산책을 하자. – 그거 좋은데.

TRAINING 2 통문장 전환하기 p. 56

❶ Be quiet in the library.
❷ Say sorry to your friend first.
❸ Don't[Do not] eat too much cold food.
❹ Don't[Do not] be rude to the teacher.
❺ Don't[Do not] go out late at night.
❻ Let's clean the classroom.
❼ Let's help old people.
❽ Let's go on a trip this summer.
❾ Let's go jogging in the morning.
❿ Let's learn a foreign language.

해석

예) 네 감기를 위해 따뜻한 차를 마셔라.
❶ 도서관에서는 조용히 해라.
❷ 네 친구에게 먼저 미안하다고 말해라.
❸ 찬 음식을 너무 많이 먹지 마라.
❹ 그 선생님에게 무례하게 굴지 마라.
❺ 밤에 늦게 밖에 나가지 마라.

예) 영화 보러 가자.
❻ 교실을 청소하자.
❼ 노인들을 돕자.
❽ 이번 여름에 여행을 가자.
❾ 아침에 조깅하러 가자.
❿ 외국어를 배우자.

TRAINING 3 영어 문장 완성하기 p. 57

❶ Do not skip breakfast every day.
❷ Never tell lies to your parents.
❸ Be honest and study hard at school.
❹ Don't be lazy on the weekend.
❺ Let's go to the teacher and get some advice.
❻ take a rest   ❼ take a walk

8 Don't think about   **9** stay up late

10 Put on, protect

TEST for Writing

pp. 58-59

01 be   **02** Wear   **03** Let's

04 Don't[Do not/Never] eat   **05** Let's walk

06 That's a good idea.   **07** Take[take]

08 (N)ever   **09** (I'm) Sorry, (but) I can't.

10 skipping → skip

11 (1) Clean your room.

(2) Don't[Do not/Never] be greedy.

(3) Let's go to see a movie.

12 (1) [모범 답안] 너의 가족과 친구들에게 다정하게 대해라.

(2) [모범 답안] 밤에 산책하지 마라.

(3) [모범 답안] 그 문제에 대해 생각해 보자.

13 [모범 답안] Let's clean the kitchen together.

14 (1) eat lots of green salad

(2) don't stay up late at night

15 Don't[Do not/Never] throw garbage in the hallway.

01 부정 명령문으로 뒤에 형용사 late가 있으므로 be동사의 원형 be를 쓴다.

해석 | 약속에 늦지 마라.

02 충고하는 말을 명령문으로 바꿔 쓸 수 있다. 명령문은 동사원형으로 시작한다.

해석 | 너는 헬멧을 써야 한다. = 헬멧을 쓰세요.

03 상대방에게 '~하자'라고 제안하는 말을 할 때 「Let's + 동사원형 ~.」을 쓴다.

해석 | 나와 함께 수영하러 갈래? = 수영하러 가자.

04 부정 명령문은 「Don't[Do not/Never] + 동사원형 ~.」의 형태로 쓴다.

05 상대방에게 '~하자'라고 제안하는 말을 할 때 「Let's + 동사원형 ~.」을 쓴다.

06 상대방의 제안을 수락할 때 「That's a good idea.(그거 좋은 생각이야.)」를 쓸 수 있다.

해석 | A: 주말에 운동을 좀 하자.

B: 그거 좋은 생각이야.

07 take medicine: 약을 먹다

take a rest: 휴식을 취하다

해석 | · 약을 좀 먹어라.

· 침대로 가서 쉬어라.

08 부정 명령문은 Don't[Do not] 또는 Never로 시작한다.

해석 | 다시는 거짓말을 하지 마라.

09 상대방의 제안을 거절할 때 「(I'm) Sorry, (but) I can't.(미안하지만, 안 돼.)」를 쓸 수 있다.

해석 | A: 방과 후에 농구를 하자.

10 부정 명령문은 don't 뒤에 동사원형을 쓴다.

해석 | Sam, 네 식사를 거르지 마라. 운동을 좀 하고 건강한 생활을 해라.

11 명령문, 부정 명령문, 청유문의 형태에 맞게 바꿔 쓴다.

해석 | (1) 네 방을 청소해라.

(2) 욕심을 부리지 마라.

(3) 영화 보러 가자.

12 (2) take a walk: 산책하다   (3) think about: ~에 대해 생각하다

13 청유문은 「Let's + 동사원형 ~.」을 쓴다.

해석 | Lily는 그녀의 어린 여동생을 위해 저녁을 만들어야 한다. 그런데 주방이 지저분하다. Lily는 여동생에게 뭐라고 말하겠는가?

→ 함께 주방을 청소하자.

14 (1) 동사원형으로 시작하는 명령문 형태로 쓴다.

(2) '~하지 마라'는 의미의 부정 명령문은 「Don't + 동사원형 ~.」의 형태로 쓴다.

해석 | 건강한 생활을 위해, 우리는 몇 가지 일을 할 수 있다. 첫째, 녹색 샐러드를 많이 먹어라. 둘째, 규칙적으로 약간의 운동을 해라. 다음으로, 밤에 늦게까지 깨어 있지 마라.

15 세 번째 그림에 쓰레기를 버리는 일은 금지되어 있으므로, 3번 문장을 「Don't[Do not/Never] + 동사원형 ~.」 형태의 부정 명령문으로 고친다.

해석 | 학교에서 규칙을 지킵시다.

1. 자전거를 타지 마세요.

2. 잔디밭에 들어가지 마세요.

3. 복도에 쓰레기를 버리지 마세요.

써먹기 문법 | 08
의문사 의문문

해석

우리는 Ben의 생일을 위해 깜짝 파티를 계획 중이다.

그가 무슨 선물을 원할까?

그는 어느 것을 더 좋아할까, 깜짝 파티 아니면 커다란 선물?

TRAINING ❶   기본 형태 연습하기

p. 61

A ❶ What   ❷ When   ❸ How   ❹ Whose

❺ Where   ❻ Why   ❼ Which   ❽ or

B ❶ What   ❷ Where   ❸ What   ❹ Why
　　❺ When   ❻ How   ❼ How   ❽ Which

해석

A ❶ 하나는 생일 선물로 무엇을 원할까?
　❷ 너희들은 그녀를 위해 언제 파티를 열 거니?
　❸ 그들은 그 파티를 위한 계획을 어떻게 세웠니?
　❹ 이것은 누구의 선물이야? – Sam의 것이야.
　❺ 너는 선물을 사러 어디에 가니?
　❻ 너는 왜 치즈케이크를 좋아하니?
　　– 그것은 달콤하기 때문이야.
　❼ 그녀는 어느 색을 좋아하니, 파란색이니 아니면 회색이니?
　❽ 너는 어느 날을 좋아하니, 크리스마스 아니면 새해 전날?

B ❶ 우리는 파티를 위해 무엇을 준비해야 하니? (약간의 꽃)
　❷ 너는 그 좋은 소식을 어디서 들었니? (Tina에게서)
　❸ 너는 무슨 종류의 음식을 가장 좋아하니? (프라이드 치킨)
　❹ 너는 왜 슬픈 얼굴을 하고 있니? (내 개가 없어졌기 때문이야.)
　❺ 우리는 언제 그녀의 집에 도착해야 하니? (1시간 뒤에)
　❻ 너는 얼마나 오래 버스를 기다렸니? (10분)
　❼ 얼마나 많은 사람들이 그 파티에 올까? (10명)
　❽ 어느 것이 네 케이크니, 이것이니 아니면 저것이니? (이것이 내 거야.)

TRAINING ② 통문장 전환하기　　　　　　p. 62

❶ Where did James go after school?
❷ When will they come to her house today?
❸ Who can prepare some food for the party?
❹ How long did she bake the cake?
❺ How did Hana feel at the party?
❻ Which do you like, strawberry pie or chocolate pie?
❼ Which movie are they watching, a horror or a comedy?
❽ Which present will she like, a teddy bear or a dress?
❾ Which does he want for his birthday present, a computer or a bicycle?
❿ Which food does her family eat on birthdays, steak or barbecue?

해석

예) 그녀는 생일 선물로 무엇을 원하니?
❶ James는 방과 후에 어디에 갔니?
❷ 그들이 오늘 그녀의 집에 언제 올 거니?
❸ 누가 파티를 위해 음식을 좀 준비할 수 있니?
❹ 얼마나 오래 그녀는 그 케이크를 구웠니?
❺ 하나는 파티에서 어떤 기분이었니?

예) 엄마가 어느 것을 좋아하실까, 선물일까 아니면 꽃일까?
❻ 너는 어느 게 좋니, 딸기 파이니 아니면 초콜릿 파이니?
❼ 그들은 어느 영화를 보고 있니, 공포 영화니 아니면 코미디 영화니?
❽ 그녀가 어느 선물을 좋아할까, 테디베어일까 아니면 드레스일까?
❾ 그가 그의 생일 선물로 어느 것을 원하니, 컴퓨터니 아니면 자전거니?
❿ 그녀의 가족은 생일에 어느 음식을 먹니, 스테이크니 아니면 바비큐니?

TRAINING ③ 영어 문장 완성하기　　　　　p. 63

❶ Where should we wait for him?
❷ Who will prepare balloons tomorrow?
❸ How are you feeling today?
❹ Why did he give the flowers to her?
❺ Which do you want for dinner, beef or fish?
❻ What kind of
❼ Where, have a party
❽ Why, make, face
❾ How, wait for
❿ What, prepare for

TEST for Writing　　　　　pp. 64-65

01 Where　　02 Whose　　03 Which bag
04 What kind　05 How old　　06 can speak
07 for　　　08 color, or
09 (A) Why (B) How
10 When year → What[Which] year
11 (1) What did he buy for his mom?
　 (2) When will they have a party?
　 (3) Which did she make for him, a cake or a pizza?
12 (1) [모범 답안] 너는 무슨 종류의 동물을 좋아하니?

(2) [모범 답안] 그녀는 언제 제주도에 도착할 예정이니?

(3) [모범 답안] 너는 그 선물이 얼마나 마음에 들었니?

13 (1) [모범 답안] When is Parents' Day?

(2) [모범 답안] What can we do for them?

14 (2) When did you make

(3) How many, did you make

(4) Which[What] movie do you

15 (1) to → for　　(2) and → or

---

01 where은 장소를 나타내는 의문사로 '어디에'를 뜻한다.

해석 | 나는 민호를 찾을 수 없어. 그는 지금 어디에 있니?

02 whose는 소유를 나타내는 의문사로 '누구의'를 뜻한다.

해석 | 이것은 내 펜이 아니다. 누구의 펜이니?

03 둘 중 하나를 선택할 때 「which + 명사」를 쓴다.

04 '무슨 종류의 ~'는 「what kind of + 명사」로 쓴다.

05 나이에 대한 질문이므로 「How old ~?」라고 묻는다.

해석 | A: 네 형은 몇 살이야?

B: 그는 16살이야.

06 조동사 can이 있는 의문사 의문문이므로, can을 써서 답한다. (can + 동사원형: ~할 수 있다)

해석 | A: 너는 어느 언어를 말할 수 있니, 중국어니 아니면 일본어니?

B: 나는 중국어를 말할 수 있어.

07 wait for: ~을 기다리다

prepare A for B: B를 위해 A를 준비하다

해석 | · 그는 왜 그녀를 기다리고 있니?

· 너는 그 파티를 위해 무엇을 준비할 거니?

08 「Which + 명사 ~, A or B?」 형태의 선택 의문문으로 쓴다.

해석 | Jason은 빨강을 좋아하니? 아니면 그는 파랑을 좋아하니?

→ Jason은 어느 색을 좋아하니, 빨강이니 아니면 파랑이니?

09 why는 이유를, how는 방법을 나타내는 의문사이다.

해석 | A: Kevin은 오늘 왜 늦었니?

B: 그는 오늘 아침에 버스를 놓쳤어.

A: 너는 그걸 어떻게 알았니?

B: 나는 그를 만났어. 나도 늦었거든.

10 '몇 년도에 태어났니?'라는 의미의 표현은 「What[Which] year ~?」가 되어야 한다.

해석 | 너는 몇 년도에 태어났니?

11 각각 의문문의 형태에 맞는 알맞은 의문사로 시작하는 의문문으로 바꿔 쓴다.

해석 | (1) 그는 그의 엄마를 위해 무엇을 샀니?

(2) 그들은 언제 파티를 할 거니?

(3) 그녀는 그를 위해 어느 것을 만들었니, 케이크니 아니면 피자니?

12 (1) 「what kind of + 명사」: 무슨 종류의 ~

(2) arrive at: ~에 도착하다

(3) how much: 얼마나 많이

---

13 (1) 의문사 when: 언제

(2) what으로 시작하는 조동사 의문문이다.

해석 | A: 어버이날이 언제니? 엄마와 아빠를 위해 무언가를 하자.

B: 좋아. 우리가 그분들을 위해 무엇을 할 수 있을까?

A: 그분들을 위해 요리를 하자. 아니면 우리는 선물을 살 수 있어.

14 (2) 때/연도를 묻는 의문문에는 의문사 when을 쓴다.

(4) 개수를 물을 때는 「How many + 복수명사 ~?」를 쓴다.

해석 | 인터뷰 질문들

(1) 당신은 어떤 종류의 영화를 만드나요?

(2) 당신은 언제 첫 영화를 만들었나요?

(3) 당신은 몇 편의 영화를 만들었나요?

(4) 당신은 어떤 영화를 가장 좋아하나요?

15 (1) prepare A for B: B를 위해 A를 준비하다

(2) 선택 의문문은 「Which + 명사 ~, A or B?」를 쓰므로 and를 or로 바꿔야 한다.

해석 | 우리는 어제 하나를 위한 파티를 했다. 우리는 그녀를 위해 케이크, 드레스, 그리고 커다란 선물을 준비했다. 우리는 하나에게 물었다. "너는 어느 선물이 마음에 드니, 드레스니 아니면 테디베어니?" 그녀는 대답했다. "나는 둘 다 마음에 들어!"

써먹기 문법 | 09
부가 의문문과 감탄문

해석

A: 내 개는 무척 다정해, 그렇지 않니?

B: 응, 그렇네! 내 고양이는 멋진 재주를 부릴 수 있어.
얼마나 영리한 고양이인지!

A: 그들은 정말 사랑스럽다! 우리처럼!

TRAINING ❶ 기본 형태 연습하기　　p. 67

A ❶ don't　　❷ didn't　　❸ can　　❹ we
　❺ don't　　❻ What　　❼ a　　❽ How

B ❶ don't they　　❷ did you
　❸ can　　❹ aren't　　❺ What　　❻ How
　❼ What　　❽ How

해석

A ❶ 원숭이들은 두 발로 서지, 그렇지 않니?

❷ 그 사슴은 사자들로부터 도망갔어, 그렇지 않니?

❸ 개들은 높은 곳에 올라갈 수 없어, 그렇지?

④ 우리는 야생 동물들을 보호해야 해, 그렇지 않니?

⑤ 돼지와 하마는 긴 꼬리를 가지지 않았어, 그렇지?

⑥ 정말 아름다운 새구나!

⑦ 나는 이 강아지가 너무 좋아. 얼마나 사랑스러운 강아지인지!

⑧ 저 치타를 봐! 얼마나 빠른 치타인지!

B ① 개들은 좋은 후각을 가졌어, 그렇지 않니?

② 너는 휴일 동안 그 식물에 물을 주지 않았어, 그렇지?

③ 돌고래들은 서로 도울 수 있어, 그렇지 않니?

④ 그들은 우리에게 가까워지고 있어, 그렇지 않니?

⑤ 얼마나 귀여운 토끼인지!

⑥ 고래는 얼마나 영리한지!

⑦ 앵무새는 얼마나 영리한 새인지!

⑧ 그 곰이 얼마나 크고 무서웠는데!

p. 68

TRAINING ② 통문장 전환하기

① doesn't he

② aren't they

③ can't they

④ do you

⑤ can they

⑥ How heavy the stones were!

⑦ How big the elephants are!

⑧ What a tall giraffe we saw!

⑨ What a good race the horses had!

⑩ How large and dry the desert was!

해석

예) 햄스터들은 매우 부드러운 털을 가졌어, 그렇지 않니?

① Sam은 길거리 개들을 돌본다, 그렇지 않니?

② 그 낙타들은 물을 마시고 있어, 그렇지 않니?

③ 개구리들은 물과 땅에서 둘 다 살 수 있어, 그렇지 않니?

④ 너는 바다 동물들을 좋아하지 않아, 그렇지?

⑤ 동물들을 언어를 사용할 수 없어, 그렇지?

예) 이건 얼마나 슬픈 동물 이야기인가!

⑥ 그 돌들이 얼마나 무거웠었는지!

⑦ 얼마나 큰 코끼리들인가!

⑧ 우리는 얼마나 큰 기린을 봤는가!

⑨ 그 말들은 얼마나 훌륭한 경주를 했는가!

⑩ 그 사막은 얼마나 크고 건조했었는가!

p. 69

TRAINING ③ 영어 문장 완성하기

① Frogs can jump high, can't they?

② Mary didn't feed the goldfish, did she?

③ Your dog can't climb up a tree, can it?

④ How big and hard the eggs were!

⑤ What a cute kitten you have!

⑥ help each other

⑦ stood, feet, it

⑧ jumped up, didn't

⑨ shouldn't run away

⑩ What, sense, have

TEST for Writing
pp. 70-71

01 is 02 aren't 03 can't 04 don't they

05 it is 06 I do 07 those oranges are

08 (A) from (B) to

09 Some animals help each other

10 don't → didn't

11 (1) The parrot speaks very well, doesn't it?
(2) He isn't walking with his dog, is he?
(3) What a clean animal the cat is!

12 (1) [모범 답안] 우리는 숲 속에서 큰 곰을 봤어, 그렇지 않니?
(2) [모범 답안] Jerry는 말을 탈 수 있어, 그렇지 않니?
(3) [모범 답안] 그 동물 이야기는 얼마나 재미있었는가!

13 (1) [모범 답안] Yes, I do. / No, I don't.
(2) [모범 답안] Yes, I do. / No, I don't.

14 (1) No, I don't.
(2) What a beautiful sunflower it is!

15 (1) is it → isn't it
(2) How → What

01 앞이 부정(isn't)이므로, 긍정형 is를 써서 부가 의문문을 완성한다.
해석 | 그것은 산이 아니다, 그렇지?

02 앞이 긍정(are)이므로 부정형 aren't를 써서 부가 의문문을 완성한다.
해석 | 동물들은 사람에게 친구야, 그렇지 않니?

03 의문문의 종류에 관계없이 대답의 내용이 부정이면 「No, 주어 +조동사 not.」으로 대답한다.
해석 | A : 개는 그 색을 볼 수 없어, 그렇지?

B: 아니. 못 봐.

04 부가 의문문은 앞이 긍정이면 「be동사/조동사/do동사의 부정형 + 대명사 주어?」 형태로 쓴다. 주어 camels는 they로 받는다.

05 「What + a(n) + 형용사 + 명사 + 주어 + 동사!」 어순에 맞게 「주어 + 동사」를 쓴다.

06 Yes라고 답했으므로 긍정의 답변을 완성한다.

해석 | A: 너는 금붕어를 키우지, 그렇지 않니?
　　 B: 응, 그래. 나에겐 5마리의 금붕어가 있어.

07 「How + 형용사/부사 + 주어 + 동사!」 어순에 맞게 「주어 + 동사」 순으로 쓴다.

해석 | 저 오렌지들은 얼마나 신선한가!

08 (A) run away from: ~로부터 도망가다
(B) get close to: ~에 다가가다

해석 | · 우리는 그 호랑이로부터 도망쳐야 한다.
　　 · 그것은 우리에게 가까이 오고 있어, 그렇지 않니?

09 뒤의 부가 의문문이 부정형이므로, 앞은 긍정문으로 쓴다.

해석 | A: 어떤 동물들은 서로 돕는다, 그렇지 않니?
　　 B: 응, 그래.

10 과거형 동사 lost가 있고, 앞이 긍정이므로 부가 의문문에는 부정형 didn't를 써야 한다.

해석 | 그 새들은 그들의 둥지를 잃었어, 그렇지 않니?

11 부가 의문문과 감탄문 형태에 맞게 바꿔 쓴다.

해석 | (1) 그 앵무새는 말을 매우 잘한다, 그렇지 않니?
　　 (2) 그는 그의 개와 함께 걷지 않고 있어, 그렇지?
　　 (3) 고양이는 얼마나 깨끗한 동물인가!

12 (2) ride a horse: 말을 타다

13 (1)(2) 부가 의문문에 알맞게 대답한다.

해석 | (1) Q: 너는 동물을 좋아하지, 그렇지 않니?
　　 (2) Q: 너는 집에서 반려동물을 기르지 않지, 그렇지?

14 (1) 동물을 좋아하지 않는다는 부정의 답변이 되어야 한다.
(2) What 감탄문으로 쓴다. 「What + a(n) + 형용사 + 명사 + 주어 + 동사!」

해석 | Sally: Tom, 너는 동물을 좋아하지 않지, 그렇지?
　　 Tom: 아니, 좋아하지 않아. 나는 식물을 좋아해. 나는 나무들을 무척 좋아해. 너도 식물들을 좋아하지, 그렇지 않니?
　　 Sally: 응. 나는 꽃을 좋아해.
　　 Tom: 저것 봐! 해바라기야.
　　 Sally: 그것은 얼마나 아름다운 해바라기인지!

15 (1) 앞이 긍정(is)이므로 뒤는 부정형 부가 의문문이 되어야 한다.
(2) 「What+a(n) + 형용사 + 명사 + 주어 + 동사!」의 감탄문을 쓴다.

해석 | 원숭이들은 바나나를 먹고 있어, 그렇지 않니? 악어는 물에서 수영하고 있어, 그렇지 않니? 악어가 뱀에게 다가가고 있어. 그건 뱀을 먹을 거야, 그렇지 않니? 불쌍한 뱀!

CHAPTER REVIEW 3

Word **Review**
1. honest　　2. rude　　3. deer

Grammar **Review**
1. Put　　　　2. Be　　　　3. Don't
4. Never　　　5. Let's　　　6. What
7. Why　　　　8. Which　　　9. can't they
10. do they　　11. What　　　12. How

Chapter 4 문장의 형식 써먹기

써먹기 문법 | 10
2형식

해석

츄러스는 스페인에서 온 유명한 디저트이다.
그것들은 달콤한 냄새가 나고 맛이 있다.
그것들은 설탕과 계피 가루가 덮인 긴 막대기 같이 생겼다.
그것들은 한국에서도 매우 인기를 얻었다.

TRAINING 1 기본 형태 연습하기

A ❶ excellent ❷ bakers ❸ sweet
❹ busy ❺ tired ❻ a donut
❼ helpful ❽ excited

B ❶ get ❷ became ❸ look
❹ smells ❺ sound ❻ looks
❼ feel ❽ tastes

해석

A ❶ 그 요리사들은 훌륭했다.
❷ 그들은 2년 후에 제빵사들이 될 것이다.
❸ 그 아이스크림은 달콤하고 맛있다.
❹ 해마다 이맘때 그 음식점은 바빠진다.
❺ 어제 퇴근 후 그는 피곤해 보였다.
❻ 그 빵은 꼭 도넛처럼 생겼었다.
❼ 네 아이디어는 나에게 도움이 될 것 같지 않아.
❽ 너는 요리 수업에 신이 났었니?

B ❶ 우리는 곧 배고파질 거야. 서둘러 집에 가자.
❷ 그 반죽은 2시간 후에 커졌다.
❸ 너는 오늘 왜 우울해 보이니?
❹ 이 치즈는 고약한 냄새가 나지만 맛은 아주 좋다.
❺ 그것은 전혀 재미있게 들리지 않았다.
❻ 그 흰색 앞치마는 네게 아주 잘 어울린다.
❼ 너는 초콜릿을 먹고 나면 기분이 좋아질 거야.
❽ 그 빵은 딱딱한 촉감에 좀 짠맛이 난다.

TRAINING 2 통문장 전환하기

❶ It's not[It isn't] getting warm outside.
❷ The sauce won't[will not] become sticky in 30 minutes.
❸ The sandwiches don't[do not] look fresh.
❹ The pie doesn't[does not] look like the full moon.
❺ Jason didn't[did not] feel tired after making pizza.
❻ Did the new restaurant become popular?
❼ Is it becoming summer now?
❽ Did this tomato spaghetti taste hot and spicy?
❾ Is she feeling hungry during class?
❿ Do the bagels look like donuts?

해석

예) 그녀는 오늘 멋져 보이지 않는다.
❶ 밖은 따뜻해지고 있지 않다.
❷ 그 소스는 30분 후에 끈적해지지 않을 것이다.
❸ 그 샌드위치들은 신선해 보이지 않는다.
❹ 그 파이는 보름달처럼 생기지 않았다.
❺ Jason은 피자를 만들고 난 후 피곤하지 않았다.

예) 해마다 이맘때 날씨가 시원해지니?
❻ 그 레스토랑은 인기를 얻었니?
❼ 지금 여름이 되고 있니?
❽ 이 토마토 스파게티는 맵고 양념이 강했니?
❾ 그녀는 수업 도중에 배고픔을 느끼고 있니?
❿ 베이글은 도넛처럼 생겼니?

TRAINING 3 영어 문장 완성하기

❶ Do you feel better now?
❷ The noodles didn't smell good.
❸ The brownie tastes better with ice cream.
❹ It gets hot at this time of the year.
❺ The bread became brownish in the oven.

❻ became[got] popular in

❼ taste sour in ❽ looks[seems] down, year

❾ looks great on ❿ looks[seems] just like

TEST for Writing

pp. 80-81

01 spring 02 pretty 03 sounds 04 cold

05 sour, tastes 06 will become warm

07 like 08 smells good

09 feels better 10 look like → look

11 (1) This cake tastes sweet.
   (2) He looks down today.
   (3) It will become summer soon.

12 (1) [모범 답안] 이 음식은 짠맛이 나지만 맛있다.
   (2) [모범 답안] 그 모자는 네게 잘 어울린다.
   (3) [모범 답안] 이 방의 공기는 상쾌하게 느껴지지 않는다.

13 (1) [모범 답안] I feel good today.
   (2) [모범 답안] I became 14 years old this year.

14 (1) smell sweet   (2) like donuts
   (3) taste delicious

15 (1) softly → soft   (2) on → in[after]
   (3) well → good

---

01 become(되다)은 2형식 동사로 뒤에 형용사/명사 보어를 취한다. greatly는 부사로 적절하지 않다.
해석 | 다음 달이면 봄이 될 거야.

02 look(~하게 보이다)은 감각동사로 뒤에 형용사 보어를 취한다. beautifully는 형용사로 적절하지 않다.
해석 | 너는 오늘 예뻐 보인다.

03 음악은 '~하게 들리다'라는 뜻의 sounds를 써야 한다.
해석 | 그 음악은 내게 끔찍하게 들린다.

04 get은 '~하게 되다'라는 뜻의 2형식 동사로 쓰일 때, 뒤에 형용사 보어를 취한다. coldly는 부사이므로 형용사인 cold를 써야 한다.
해석 | 겨울에 바람은 차가워진다.

05 sour: 시큼한 / taste: ~한 맛이 나다

06 「조동사 will + become + 형용사」 순서로 와야 한다.
해석 | A: 봄인데, 밖이 너무 춥다.
       B: 곧 따뜻해질 거야.

07 like는 '좋아하다'라는 뜻의 동사로 쓰이며, '~처럼'이라는 뜻의 전치사로도 쓰인다. / look just like: 마치 ~처럼 보이다
해석 | · 우리는 이 도넛을 좋아한다. 그것은 맛있다.
       · 그 도넛은 마치 고리처럼 보인다.

---

08 smell은 '냄새'라는 뜻의 명사로 쓰이며, '~한 냄새가 나다'라는 뜻의 감각동사로도 쓰인다.
해석 | 이 수프는 좋은 냄새를 가졌다.
       = 이 수프는 좋은 냄새가 난다.

09 feel better: 기분이[상태가] 나아지다
해석 | A: 너의 어머니는 오늘 상태가 어떠시니?
       B: 그녀는 상태가 나아지셨어.

10 look + 형용사: ~하게 보이다
   look like + 명사: ~처럼 보이다
해석 | 그 생선은 저녁 식사로 먹기엔 신선해 보이지 않는다.

11 2형식 문장의 순서에 맞게 동사 뒤에 형용사/명사 보어를 쓴다.

12 (2) look great on: ~에게 잘 어울린다
   (3) feel fresh: 상쾌하게 느껴지다

13 오늘 기분을 묻는 질문에 「feel + 형용사」를 써서 답한다.
   (2) 올해 나이를 묻는 질문에 2형식으로 답한다.
해석 | (1) Q: 오늘 네 기분이 어떠니?
       (2) Q: 너는 올해 몇 살이 되었니?

14 감각동사 smell, taste 뒤에 형용사를 쓰고, look like 뒤에는 명사를 쓴다.
해석 | 츄러스는 긴 막대기처럼 생겼다. 그것들은 달콤한 냄새가 난다. 베이글은 도넛처럼 생겼다. 그것들은 좋은 냄새가 난다. 둘 다 맛있다.

15 (1)(3) 감각동사 feel, smell 뒤에는 형용사 보어가 온다.
   (2) in + 시간 표현: ~이 지나서
해석 | 먼저, 그녀는 밀가루로 반죽을 만들었다. 그것은 매우 부드러웠다. 두 번째로, 그녀는 그것을 비닐에 쌌다. 30분이 지나자 그것은 커졌다. 그리고 나서, 그녀는 모양을 만들었다. 마지막으로 그녀는 오븐에 그것을 구웠다. 갓 구운 빵은 냄새가 좋았다.

써먹기 문법 | 11
3형식과 4형식

해석

나의 선생님은 수업 중에 우리에게 영화를 보여 주셨다.
그것은 매우 슬프고 감동적이었다.
그것은 우리에게 중요한 교훈을 주었다.
나는 이제부터 바람직한 삶을 살아야겠다.

TRAINING ① 기본 형태 연습하기   p. 83

A ❶ I bought a bunch of flowers for my dad. (3형식)

  ❷ The teacher told an interesting story to us.
     (3형식)

❸ They'll show <u>you</u> <u>the way to the station.</u> (4형식)

❹ Mom gave <u>me</u> <u>30 dollars</u> a week. (4형식)

❺ He brought <u>some books</u> to the children. (3형식)

❻ I will write <u>you</u> <u>a Christmas card</u> this year. (4형식)

❼ She made <u>me</u> <u>a cake</u> for my birthday. (4형식)

❽ Can you cook <u>some food</u> for your parents? (3형식)

B ❶ to　　❷ of　　❸ to　　❹ for
　 ❺ to　　❻ for　　❼ to　　❽ to

해석

A ❶ 나는 나의 아빠께 꽃 한 다발을 사 드렸다.
　 ❷ 그 선생님은 우리에게 재미있는 이야기를 해 주셨다.
　 ❸ 그들은 너에게 역으로 가는 길을 알려 줄 거야.
　 ❹ 엄마는 나에게 일주일에 30달러를 주신다.
　 ❺ 그는 그 어린이들에게 몇 권의 책을 사 주었다.
　 ❻ 나는 올해 너에게 크리스마스 카드를 써 줄게.
　 ❼ 그녀는 내 생일을 위해 내게 케이크를 만들어 주었다.
　 ❽ 너는 너의 부모님을 위해 음식을 요리할 수 있니?

B ❶ 그 여자는 우리에게 유용한 조언을 하나 해 주었다.
　 ❷ 너는 그에게 같은 질문을 했니?
　 ❸ 너는 돈이 떨어졌구나. 내가 너에게 10달러를 빌려줄게.
　 ❹ James는 나에게 초콜릿 쿠키를 만들어 주었다.
　 ❺ 탁자 위에 있는 접시를 나에게 건네줄 수 있니?
　 ❻ 아빠는 나에게 돼지 저금통을 사 주셨다.
　 ❼ Johns 선생님은 작년에 우리에게 수학을 가르쳐 주셨다.
　 ❽ 밤에 나에게 문자 메시지를 보내지 마라.

TRAINING ② 통문장 전환하기　　p. 84

❶ Bob lent me 5 dollars yesterday.

❷ Ms. Dwain tells her grandson old stories.

❸ Could you make me a hamburger?

❹ We'll ask our science teacher some questions.

❺ Did you write him a thank-you letter?

❻ I'll send a text message to you this afternoon.

❼ The teacher asked an easy question of me.

❽ Did you buy a present for Danny for his birthday?

❾ Can you teach the Korean language to him?

❿ Who showed the way to the library to them?

해석

예) 그녀는 나에게 손으로 뜬 스웨터를 주었다.

❶ Bob은 어제 나에게 5달러를 빌려주었다.

❷ Dwain 부인은 그녀의 손자에게 옛날 이야기들을 들려준다.

❸ 나에게 햄버거를 하나 만들어 줄 수 있나요?

❹ 우리는 우리 과학 선생님께 몇 가지 질문을 할 것이다.

❺ 너는 그에게 감사 편지를 썼니?

예) 그 이야기는 우리에게 인생의 교훈을 준다.

❻ 내가 오늘 오후에 너에게 문자 메시지를 보낼게.

❼ 그 선생님은 나에게 쉬운 질문을 하나 하셨다.

❽ 너는 Danny의 생일에 그에게 선물을 사 줬니?

❾ 너는 그에게 한국어를 가르쳐 줄 수 있니?

❿ 누가 그들에게 도서관에 가는 길을 알려 주었니?

TRAINING ③ 영어 문장 완성하기　　p. 85

❶ Does your uncle give you an allowance?

❷ Jane made a muffler for her dad.

❸ The books give important messages to us.

❹ Who sent me this text message last night?

❺ Will you buy a present for your sister?

❻ buy me, bunch

❼ showed me, way

❽ send you, text

❾ for, out of

❿ tell you, now

TEST for Writing　　pp. 86-87

01 to　　02 for　　03 teaches us

04 cook you　　05 of　　06 show you the way

07 (A) on　(B) of　　08 bought a present for me

09 sent her a text message　　10 to me → me

11 (1) He bought a bunch of flowers for me.
　 (2) They asked a silly question of me.
　 (3) I'll show you my family picture.

12 (1) [모범 답안] 그 의사는 나에게 건강에 관한 조언을 해 주었다.

(2) [모범 답안] 엄마는 너에게 용돈을 주시지 않을 거야.

(3) [모범 답안] 너는 나에게 팬케이크를 만들어 줄 수 있니?

13 (1) [모범 답안] I will buy a present for her.

(2) [모범 답안] I will send her some flowers.
(또는 I will send some flowers to her.)

14 (1) a book for Tim (또는 Tim a book)

(2) a drink for Jen (또는 Jen a drink)

(3) 10 dollars to the poor (또는 the poor 10 dollars)

15 (1) Tom lent her some money.
(또는 Tom lent some money to her.)

(2) Lucy could buy the muffler for her dad.
(또는 Lucy could buy her dad the muffler.)

---

01 lend는 3형식으로 쓸 때 전치사 to를 쓴다.

해석 | 나는 네게 돈을 빌려주지 않을 거야.

02 buy(bought)는 3형식으로 쓸 때 전치사 for를 쓴다.

해석 | 누가 그녀에게 그 스웨터를 사 주었니?

03-04 4형식 어순: 「동사 + 간접목적어(사람) + 직접목적어(사물)」

05 ask는 3형식으로 쓸 때 전치사 of를 쓴다.

해석 | 내가 너에게 질문을 하나 해도 될까?

06 show ~ the way: ~에게 길을 가르쳐 주다 (4형식)

해석 | A: 제가 역까지 어떻게 갈 수 있을까요?
B: 내가 당신에게 길을 알려 줄게요. 저를 따라오세요.

07 (A) from now on: 지금부터

(B) be out of: ~가 떨어지다

해석 | · 지금부터 우리는 너에게 아무것도 말하지 않을 것이다.
· 그 프린터는 잉크가 다 떨어졌다.

08 4형식: 「동사 + 간접목적어(사람) + 직접목적어(사물)」
→ 3형식: 「동사 + 목적어(사물) + 전치사 + 사람」

해석 | 엄마는 어제 내게 선물을 하나 사 주셨다.

09 send ~ a text message: ~에게 문자 메시지를 보내다(4형식)

해석 | A: 너는 그녀에게 감사 카드를 썼니?
B: 아니. 하지만 나는 그녀에게 문자 메시지를 보냈어.

10 4형식에서 간접목적어(사람) 앞에 전치사를 쓰지 않는다.

해석 | 내게 물 한 잔 가져다주겠니?

11 4형식: 「동사 + 간접목적어(사람) + 직접목적어(사물)」
↔ 3형식: 「동사 + 목적어(사물) + 전치사 + 사람」

해석 | (1) 그는 내게 꽃 한 다발을 사 주었다.
(2) 그들은 나에게 바보 같은 질문을 했다.
(3) 내가 너에게 나의 가족 사진을 보여 줄게.

12 (1) give a tip: 조언을 해 주다

(2) give ~ an allowance: ~에게 용돈을 주다

13 (1) buy와 전치사 for를 사용해 3형식 문장으로 쓴다.

---

(2) send와 flowers를 사용해 3형식 또는 4형식 문장으로 쓴다.

해석 | A: Lisa는 내게 영어를 가르쳐 줬어. 그녀는 아주 친절해.
B: 그녀는 나에게 책을 빌려줬어. 그녀는 우리를 많이 도와줘.
A: 그녀를 위해 무언가 하자.
B: 그거 좋은 생각이야. 나는 그녀에게 선물을 하나 사 줄 거야.
A: 나는 그녀에게 꽃을 좀 보낼게.

14 3형식 또는 4형식 어순에 맞춰서 쓴다.

해석 | 지난주에 엄마는 진수에게 30달러를 주셨다. 진수는 Tim에게 책을 한 권 사 주었다. 그는 Jen에게 음료를 하나 사 주었다. 그 다음에, 그는 불쌍한 사람들에게 10달러를 주었다. 이제, 그는 돈이 떨어졌다!

15 3형식 또는 4형식 어순에 맞춰서 쓴다.

해석 | Lucy는 그녀의 친구 Tom과 쇼핑을 갔다. 그녀는 그녀의 아빠를 위한 멋진 머플러를 하나 골랐는데, 그것은 비쌌다. Tom이 그녀에게 돈을 좀 빌려주었다. Lucy는 그녀의 아빠에게 그 머플러를 사 줄 수 있었다.

써먹기 문법 | 12

5형식

해석

나는 내 친구가 조금 우울한 걸 알았다.
그건 그녀가 체중이 늘었기 때문이다.
그녀는 항상 간식 시간을 기다린다.
초콜릿을 먹는 것은 그녀를 행복하게 한다.

 TRAINING 1 기본 형태 연습하기   p. 89

A ❶ happy   ❷ open   ❸ cheerful   ❹ cool
  ❺ strange   ❻ alone   ❼ fat   ❽ dirty

B ❶ yourself   ❷ comfortable   ❸ call
  ❹ this movie ❺ made   ❻ found
  ❼ healthy   ❽ named

해석

A ❶ 음악을 듣는 것은 나를 행복하게 만든다.
  ❷ 신선한 공기를 위해 창문들을 열어 둬.
  ❸ 자전거 타기는 우리를 기분 좋게 만들었어.
  ❹ 내가 이 요구르트를 시원하게 유지해야 하나요?
  ❺ 우리는 그 이야기가 좀 이상하다고 생각했다.
  ❻ 제발 저를 방에 혼자 있게 두세요.
  ❼ 너무 많은 단것들은 너를 살찌게 할 것이다.
  ❽ 네 셔츠를 더러운 채로 두지 마라.

B ❶ 추운 날에는 네 자신을 따뜻하게 유지해라.

❷ 나는 이 운동화들이 편안하다고 느꼈다.

❸ 그들은 연어를 슈퍼푸드 중 하나라고 부른다.

❹ 우리는 이 영화가 재미있다고 생각하지 않는다.

❺ 그 책은 그를 전 세계적으로 유명하게 만들었다.

❻ 우리는 그 도로가 주자들에게 위험하다는 것을 알았다.

❼ 그녀는 자신의 개를 깨끗하고 건강하게 유지한다.

❽ 누가 너의 반려동물을 Edward라고 이름 지었니? 그것은 멋진 이름이야.

TRAINING ② 통문장 전환하기   p. 90

❶ My friends don't[do not] call my dog Little Genius.

❷ Don't[Do not] leave the soup cold on the table.

❸ I didn't[did not] find the movie boring.

❹ Dancing to music doesn't[does not] make us happy.

❺ This kind of food won't[will not] make you strong.

❻ Do you keep your room clean all the time?

❼ Will he keep the salad fresh for me?

❽ Did she find the exercise dangerous?

❾ Do they call running the perfect sport?

❿ Does a balanced diet make people healthy?

해석

예) 패스트푸드는 그를 살찌게 만들지 않았다.

❶ 내 친구들은 내 개를 '작은 천재'라고 부르지 않는다.

❷ 그 수프를 테이블 위에 차게 두지 마라.

❸ 나는 그 영화가 지루하다고 느끼지 않았다.

❹ 음악에 맞춰 춤추는 것은 우리를 행복하게 하지 않았다.

❺ 이런 종류의 음식은 너를 튼튼하게 만들지 않을 것이다.

예) 밖에서 노는 것이 아이들을 행복하게 만드니?

❻ 너는 항상 네 방을 깨끗하게 유지하니?

❼ 그가 나를 위해 샐러드를 신선하게 유지할까?

❽ 그녀는 그 운동이 위험하다고 생각했니?

❾ 그들은 달리기를 완벽한 스포츠라고 부르니?

❿ 균형 잡힌 식단이 사람들을 건강하게 만드니?

TRAINING ③ 영어 문장 완성하기

❶ Who named you Samantha?

❷ Why did you find the movie sad?

❸ Your food made Grandma pleased.

❹ Keep the vegetables cool and dry.

❺ Enough sleep will make us cheerful.

❻ Leave, a while

❼ found him, bit

❽ Keep yourself warm

❾ made, famous, world

❿ leave me alone

TEST for Writing   pp. 92-93

01 makes   **02** keep   **03** boring   **04** open

05 named my cat   **06** call me Genius

07 make your body strong   **08** for

09 keep them cool and dry

10 danger → dangerous

11 (1) Will you leave the door open?
(2) Don't[Do not] keep the fruit warm.
(3) My pet will make me happy.

12 (1) [모범 답안] 할아버지께서 나를 Noah라고 이름 지으셨다.
(2) [모범 답안] 사람들은 그를 영웅이라고 불렀다.
(3) [모범 답안] 너는 그 물을 시원하게 유지했니?

13 (1) [모범 답안] My friends call me Jihae.
(2) [모범 답안] Dancing to music makes me happy.

14 (1) You should keep it cold.
(2) Don't[Do not] leave it open.

15 (1) 1. Keep yourself warm.
(2) 3. Make your food healthy.

01 목적어를 '~하게 만들다'라는 의미로 쓰이는 5형식 동사는 make이다. 3인칭 단수 현재형 makes로 쓴다.

해석 | 그 게임은 나를 신나게 만든다.

02 목적어를 '~하게 유지하다'라는 의미로 쓰이는 5형식 동사는 keep 이다. 명령문이므로 동사원형을 쓴다.

해석 | 그 요리를 따뜻하게 유지해라.

03 목적어가 '~한 것을 알다'라는 동사 find의 목적격보어로 '지루한' 이라는 뜻의 형용사 boring이 알맞다. bore는 '지루하게 하다'라는

뜻의 동사이다.

해석 | 나는 그 영화가 지루하다고 느꼈다.

04 목적어를 '～한 채로 두다'라는 뜻의 동사 leave의 목적격보어로 '열린'이라는 뜻의 형용사 open이 알맞다.

해석 | 그 냄비를 열어 둬. 그건 아직 뜨겁거든.

05 목적어를 '～라고 이름 짓다'라는 뜻의 동사 name을 사용해 「name + 목적어 + 목적격보어」 형태로 쓴다.

06 목적어를 '～라고 부르다'라는 의미로 쓰이는 5형식 동사는 call이며, 뒤에 목적어로 me, 목적격보어로 Genius가 와야 한다.

해석 | A: 네 별명이 뭐니?
　　　 B: 내 친구들은 나를 '지니어스'라고 불러.

07 목적어를 '～하게 만들다'라는 의미의 make 뒤에는 목적어와 목적격보어(형용사)가 차례대로 온다.

해석 | 채소들은 너의 몸을 튼튼하게 만든다.

08 wait for: ～을 기다리다

for a while: 잠시

해석 | · 우리는 공원에서 그들을 기다렸다.
　　　 · 그 방을 잠시 비워 둬라.

09 「keep + 목적어(them) + 목적격보어(cool and dry)」 순서로 쓴다.

해석 | A: 내가 이 드라이플라워들을 어떻게 보관해야 하나요?
　　　 B: 그것들을 시원하고 건조하게 유지하세요.

10 5형식 동사 find의 목적격보어로 형용사가 와야 한다. danger(위험)는 명사이며, 형용사는 dangerous(위험한)이다.

해석 | 너는 그 길이 위험하다는 걸 알았니?

11 주어진 5형식 문장들을 의문문, 부정문, 미래 시제에 맞게 바꿔 쓴다.

해석 | (1) 너는 그 문을 열어 둘 거니?
　　　 (2) 그 과일을 따뜻하게 유지하지 마라.
　　　 (3) 내 반려동물은 나를 행복하게 만들어 줄 것이다.

12 (1) name A B: A를 B라고 이름 짓다
(2) call A B: A를 B라고 부르다
(3) keep + 목적어 + 형용사: ～을 …하게 유지하다

13 (1) 친구들이 자신을 뭐라고 부르는지를 묻는 질문에 5형식 문장을 써서 답한다.
(2) 나를 행복하게 만드는 것을 묻는 질문에 5형식 문장을 써서 답한다.

해석 | (1) Q: 네 친구들이 너를 뭐라고 부르니?
　　　 (2) Q: 무엇이 너를 행복하게 만드니?

14 (1) '～한 상태를 유지하다'라는 뜻의 keep 뒤에 목적어(it), 목적격보어(cold)가 차례대로 와야 한다.
(2) '～한 상태로 두다'라는 뜻의 leave 뒤에 목적어(it), 목적격보어(open)가 와야 한다. Don't[Do not]으로 시작하는 부정 명령문 형태로 쓴다.

해석 | 엄마: 미라야, 우유 어디 있니?
　　　 미라: 식탁 위에 있어요.
　　　 엄마: 오, 안 돼! 너는 그것을 차게 유지해야 한단다.
　　　 미라: 죄송해요, 엄마. 저는 엄마를 위해 그걸 열어 뒀어요.
　　　 엄마: 그것을 연 채로 두지 마라. 닫아 두고 냉장고에 넣어라.

15 (1) keep + 목적어 + 목적격보어(형용사): 목적어를 ～한 상태로 유지하다 / 부사 warmly(따뜻하게)를 형용사 warm(따뜻한)으로 고친다.
(2) make + 목적어 + 목적격보어(형용사): 목적어를 ～하게 만들다 / 명사 health(건강)를 형용사 healthy(건강한)로 고친다.

해석 | 건강한 생활을 위해…
　　　 1. 네 자신을 따뜻하게 유지해라.
　　　 2. 네 손을 깨끗하게 유지해라.
　　　 3. 네가 먹는 음식들을 건강하게 만들어라.
　　　 4. 네 옷을 더러운 채로 두지 마라.

CHAPTER REVIEW 4

pp. 94-95

Word Review

1. sweet
2. spicy
3. colorful
4. useful[helpful]

Grammar Review

1. teenagers
2. warm
3. tastes
4. fresh
5. like
6. English
7. me
8. for
9. happy
10. named
11. alone
12. cold

Chapter 5 동명사, to부정사 써먹기

써먹기 문법 | 13
동명사

해석

안녕, 나는 런던에서 온 David야.
나는 이번에 처음 한국에 왔어. 모든 것이 새롭고 신나!
식탁에서 젓가락을 사용하는 것은 내게 어려워.
하지만 나는 다양한 한국 음식을 먹는 걸 즐겨!

TRAINING 1 기본 형태 연습하기
p. 99

A ❶ Wearing ❷ Being ❸ taking
❹ learning ❺ using ❻ drinking
❼ eating ❽ talking

B ❶ Eating ❷ Shaking ❸ setting
❹ meeting ❺ giving ❻ trying
❼ cooking ❽ knocking

해석

A ❶ 한복을 입는 것은 멋진 체험이다.
❷ 외국인들에게 친절한 것은 좋은 매너이다.
❸ 한 가지 차이점은 현관에서 신발을 벗는 것이다.
❹ 내 취미는 외국어를 배우는 것이다.
❺ 그들은 식탁에서 젓가락 사용하는 것을 연습한다.
❻ 영국 사람들은 차를 마시는 것으로 유명하다.
❼ 우리는 뉴욕에서 베이글을 먹는 것을 즐겼다.
❽ 너는 외국인과 영어로 말하는 것을 꺼리니?

B ❶ 칠면조를 먹는 것은 추수감사절 전통이다.
❷ 머리를 끄덕이는 것은 다양한 의미를 가질 수 있다.
❸ 너는 손님들을 위해 식탁을 차리는 것을 끝마쳤니?
❹ 그녀는 다른 나라에서 온 친구들을 만나는 것을 꺼리지 않는다.
❺ Josh는 한국에서 어른들께 고개 숙여 절하는 것을 연습했다.
❻ Wilson은 새로운 음식을 먹어 보거나 새로운 사람들을 만나는 것을 싫어한다.
❼ 나는 비빔밥 같은 한국 음식을 요리하는 것에 익숙하지 않다.
❽ 한 가지 중요한 점은 문에 노크를 한다는 것이다.

TRAINING 2 통문장 전환하기
p. 100

❶ Speaking in English isn't[is not] difficult for me.
❷ Decorating a Christmas tree isn't[is not] a world-wide tradition.
❸ Dad didn't[did not] finish cooking dinner for the guests.
❹ Harry doesn't[does not] mind eating the food with his fingers.
❺ People won't[will not] keep traveling to Europe.
❻ Is riding a horse a popular activity on the island?
❼ Did Clark give up walking to the old castle?
❽ Does Irene avoid meeting people from other countries?
❾ Are the foreigners familiar with sleeping in *hanok*?
❿ Was walking around the palace an exciting activity?

해석

예) 그는 무례한 말을 사용하는 것을 부인하지 않는다.
❶ 영어로 말하는 것은 내게 어렵지 않다.
❷ 크리스마스 나무를 장식하는 것은 세계적인 전통이 아니다.
❸ 아빠는 손님들을 위해 저녁을 요리하는 것을 끝마치지 못했다.
❹ Harry는 손가락으로 그 음식을 먹는 것을 꺼리지 않는다.
❺ 사람들은 계속해서 유럽으로 여행가지는 않을 것이다.

예) 그들은 그 시장에서 쇼핑하는 것을 즐겼니?
❻ 말을 타는 것은 그 섬에서 인기 있는 활동이니?
❼ Clark은 그 고성으로 걸어가는 것을 포기했니?
❽ Irene은 다른 나라에서 온 사람들을 만나는 것을 피하니?
❾ 외국인들은 한옥에서 잠자는 것에 익숙하니?
❿ 그 궁전을 걸어 다니는 것은 신나는 활동이었니?

TRAINING 3 영어 문장 완성하기
p. 101

❶ Making a foreign friend is an interesting thing.
❷ Was visiting Korea a good experience?

❸ Ben minded taking off his shoes.
(또는 Ben minded taking his shoes off.)

❹ Does he hate eating sushi?

❺ Playing *yunnori* is a famous New Year's tradition.

❻ familiar with eating

❼ giving a bow

❽ finished setting, table

❾ shaking his head

❿ Knocking on, entering

TEST for Writing

pp. 102-103

01 Visiting 02 eating

03 (1) Speaking (2) speaking

04 mind speaking

05 dislike[don't like]/hate eating

06 is 07 (A) giving (B) Taking

08 gave up studying it

09 setting the table for her guests

10 take → taking

11 (1) Riding a horse is not easy.
(2) Being polite is important etiquette.
(3) Sara avoids eating raw fish.

12 (1) [모범 답안] 쌀을 먹는 것이 (하나의) 큰 차이점이다.
(2) [모범 답안] 너는 문에 노크하는 것을 꺼리니?
(3) [모범 답안] 그는 한국 음식을 먹는 것에 익숙하지 않다.

13 (1) Eating *tteokguk* is a tradition.
(2) I like[love] playing *yunnori*.

14 (1) making *songpyeon*
(2) seeing[to see] the full moon
(3) spending time with family

15 (1) Taking off shoes inside is important in India too.
(2) But using chopsticks is not easy for me.

01 주어 자리에 동명사가 와야 하므로 Visiting을 써야 한다.
해석 | 태국을 방문한 것은 좋은 경험이었다.

02 enjoy는 동명사를 목적어로 취하므로 eating이 와야 한다.
해석 | 너는 그 식당에서 먹는 걸 즐겼니?

03 (A) 주어 역할을 하므로 동명사 Speaking을 쓴다.
(B) 동사 practice의 목적어로 동명사를 쓴다.

해석 | 영어를 말하는 것은 매우 중요하다. 그래서 너는 영어로 말하는 것을 연습해야 한다.

04 mind는 '~하는 것을 꺼리다[싫어하다]'를 뜻하는 동사로 뒤에 동명사 목적어를 취한다.

05 '싫어하다'를 뜻하는 동사로 dislike[don't like] 또는 hate를 쓸 수 있다.

06 주어가 동명사(living in a foreign country)이므로 3인칭 단수형 be동사 is를 쓴다.
해석 | A: 너는 한국에서 어떻게 지내니?
B: 글쎄. 외국에 사는 것은 쉽지 않아.

07 give a bow: (고개 숙여) 절을 하다 / take off: ~을 벗다
해석 | · 그 배우는 무대에서 계속 머리 숙여 절을 했다.
· 실내에서 신발을 벗는 것은 규칙이다.

08 '~하는 것을 포기하다'를 뜻하는 give up은 뒤에 동명사 목적어를 취한다.
해석 | A: Clare가 프랑스어를 공부하고 있니?
B: 아니. 그녀는 그것을 공부하는 것을 포기했어.

09 finish는 '~하는 것을 끝내다'를 뜻하는 동사로 뒤에 동명사 목적어를 쓴다. / set the table: 식탁을 차리다
해석 | Jane은 손님들을 위해 식탁을 차리는 것을 끝마쳤다.

10 avoid는 '~하는 것을 피하다'를 뜻하는 동사로 뒤에 동명사 목적어를 취한다.
해석 | 그는 그의 모자를 벗는 것을 피한다.

11 동사원형에 -ing를 붙여 동명사를 만든다.
해석 | (1) 말을 타는 것은 쉽지 않다.
(2) 예의 바른 것은 중요한 에티켓이다.
(3) Sara는 날 생선을 먹는 것을 피한다.

12 (2) knock on the door: 문에 노크를 하다
(3) be familiar with: ~에 익숙하다

13 (1) 동명사 주어를 쓴다. (2) 동명사 목적어를 쓴다.
해석 | A: 한국에서 새해 전통이 뭐니?
B: 떡국을 먹는 것이 하나의 전통이야.
A: 와! 또 다른 건 없니?
B: 우리는 한복을 입고 윷놀이를 해. 나는 윷놀이하는 것을 좋아해.

14 (1)(2) 동명사 목적어 (3) 동명사 주어
해석 | 추수감사절에 미국 사람들은 칠면조를 즐겨 먹는다. 그들은 또 쇼핑을 하러 가는 것을 좋아한다. 추석에 한국 사람들은 송편을 만드는 것을 즐긴다. 그들은 보름달 보는 것을 좋아한다. 두 나라 모두 가족과 함께 시간을 보내는 것이 전통이다.

15 (1) 동명사 주어로 시작하도록 Taking ~으로 고쳐 쓴다.
(2) 주어가 동명사 using이므로 be동사는 is를 쓴다. chopsticks를 주어로 보고 are를 쓰지 않도록 주의한다.
해석 | 안녕. 나는 인도에서 온 Priyanka라고 해. 나는 이번에 한국에 처음 왔어. 실내에서 신발을 벗는 것은 인도에서도 중요해. 쌀을 먹는 것도 비슷해. 하지만 젓가락을 사용하는 것은 내게 쉽지 않아. 나는 손으로 먹는 것에 익숙해.

써먹기 문법 | 14

to부정사 1

해석

미래에 나는 이탈리아 요리사가 되고 싶어.

나는 맛있는 피자와 파스타를 만들고 싶어.

요리사가 되는 것은 쉽지 않아.

하지만 나는 내 꿈을 실현하기 위해 노력할 거야!

TRAINING 1 기본 형태 연습하기

p. 105

A ❶ To be ❷ To take ❸ to know

❹ to go ❺ to achieve ❻ to become

❼ to travel ❽ to live

B ❶ to go ❷ to move

❸ learn ❹ to follow

❺ to study[studying] ❻ to think[thinking]

❼ to continue ❽ take

해석

A ❶ 영화감독이 되는 것은 내 꿈이다.

❷ 좋은 사진을 찍는 것은 그녀의 취미이다.

❸ Ron은 우주 과학에 관해 알기 원한다.

❹ 우리는 고등학교를 졸업한 후에 해외로 나가길 희망한다.

❺ 그들은 그들의 목표를 이루기 위해 노력할 것이다.

❻ 그녀의 꿈은 음악가가 되는 것이다.

❼ 나의 계획은 전 세계 곳곳을 여행하는 것이다.

❽ 우리의 목표는 행복한 삶을 사는 것이다.

B ❶ 나는 예술 학교에 가는 것을 계획 중이다.

❷ 그녀는 대학을 위해 서울로 이사하기로 결심했다.

❸ Jackson 선생님은 십대들의 흥미에 대해 알려고 노력한다.

❹ Greg는 그의 엄마의 충고에 따르기를 원치 않는다.

❺ 너는 오늘 시험에 대비해 공부를 시작할 거니?

❻ 우리는 우리의 장래 직업에 대해 생각하기 시작해야 하니?

❼ 우리는 계속해서 당신과 함께 일하기를 희망한다.

❽ 네 행동에 대해 책임을 져야 한다는 걸 기억해라.

TRAINING 2 통문장 전환하기

❶ He doesn't[does not] hope to get a job in the U.S.

❷ They didn't[did not] try to find their own interests.

❸ She doesn't[does not] want to work for the company.

❹ I didn't[did not] begin to think about my dreams for the future.

❺ The best way isn't[is not] to follow others' opinions.

❻ Do you want to become a car designer?

❼ Does she hate to try new things?

❽ Did he decide to think about going to university?

❾ Do you wish to realize your dream?

❿ Did Jimin forget to visit his counselor?

해석

예) 그는 해외에서 공부하는 것을 원하지 않는다.

❶ 그는 미국에서 일자리를 얻기를 희망하지 않는다.

❷ 그들은 그들만의 흥미를 찾기 위해 노력하지 않았다.

❸ 그녀는 그 회사를 위해 일하기를 원하지 않는다.

❹ 나는 미래를 위해 내 꿈들에 대해 생각하는 것을 시작하지 않았다.

❺ 최선의 방법은 다른 사람들의 의견을 따르지 않는 것이다.

예) 소민이는 병든 사람들을 위해 일하기를 계획했니?

❻ 너는 자동차 디자이너가 되길 원하니?

❼ 그녀는 새로운 것을 시도하는 걸 싫어하니?

❽ 그는 대학에 가는 것에 대해 생각하기로 결심했니?

❾ 너는 너의 꿈을 실현하기를 소망하니?

❿ 지민이는 그의 상담사를 방문하는 것을 잊었니?

TRAINING 3 영어 문장 완성하기

p. 107

❶ I will learn to drive a car at 20.

❷ Begin to think about your dreams.

❸ His job is to teach students math.

❹ Is she planning to move to China?

❺ Do you want to study in another country?

❻ to realize, dreams

❼ to achieve, goals **❽** to work for

❾ to take responsibility **❿** to follow, advice

TEST for Writing

pp. 108-109

01 to be **02** to see **03** to make[cook]

04 to live **05** to become **06** started to learn

07 for **08** make my dream come true

09 want to become an English teacher

10 playing → to play

11 (1) We didn't[did not] plan to go abroad last year.
(2) Do you wish to become a movie star?
(3) Fred hates to follow his father's advice.

12 (1) [모범 답안] 그들은 서울로 이사하기로 결심했다.
(2) [모범 답안] 그 문제에 대해 생각해 보려고 노력해.
(3) [모범 답안] 그는 대학에 가는 것을 원치 않는다.

13 (1) [모범 답안] My dream is to become a dentist.
(2) [모범 답안] I want to learn Chinese.

14 (1) to become a chef (또는 becoming a chef)
(2) to study abroad
(3) to work for an Italian restaurant

15 (1) I began to play the piano at 5.
(또는 I began playing the piano at 5.)
(2) I hope to play my own song on the stage in the future.

01 want(원하다)는 목적어로 to부정사를 취한다.
해석 | 제훈이는 과학자가 되길 원한다.

02 hope(희망하다)는 목적어로 to부정사를 취한다.
해석 | 우리는 너를 곧 다시 만나기를 희망한다.

03 to부정사는 명사처럼 주격보어 자리에 올 수 있다.

04 decide(결심하다)는 목적어로 to부정사를 취한다.

05 주격보어로 to부정사 to become을 쓴다.
해석 | 나의 꿈은 상담사가 되는 것이다.

06 start(시작하다) 뒤에 목적어로 to부정사/동명사 모두 올 수 있다.
해석 | 우리는 5년 전에 영어를 배우기 시작했다.

07 work for: ~을 위해 일하다
take responsibility for: ~에 대한 책임을 지다
해석 | · 나는 은행에서 일하고 싶다.
· 너는 네 행동에 책임을 져야 한다.

08 try(노력하다) 뒤에 목적어로 to부정사를 취한다.
make one's dream come true: ~의 꿈을 실현시키다

해석 | 나는 내 꿈을 실현시키기 위해서 노력할 것이다.

09 want(원하다)는 뒤에 목적어로 to부정사를 취한다.
해석 | A: 너는 장래에 무엇이 되길 원하니?

10 learn(배우다)은 뒤에 목적어로 to부정사를 취한다.
해석 | 그녀는 캠프에서 그 게임을 하는 법을 배웠다.

11 to부정사를 포함한 문장을 각 형식에 맞게 바꿔 쓴다.
(3) hate(싫어하다)는 뒤에 목적어로 to부정사/동명사 모두 올 수 있다.
해석 | (1) 우리는 작년에 해외에 나가는 것을 계획하지 않았다.
(2) 너는 영화 배우가 되기를 소망하니?
(3) Fred는 그의 아버지의 충고를 따르는 것을 싫어한다.

12 (2) try + to부정사: ~하려고 노력하다

13 (1) 자신의 장래 희망을 묻는 질문에 to부정사를 사용해서 답한다.
(2) 배우고 싶은 언어를 to부정사를 사용해서 답한다.
해석 | (1) Q: 너의 장래 희망이 뭐니?
(2) Q: 너는 어떤 언어를 배우고 싶니?

14 (1) 주격보어로 오는 to부정사/동명사를 쓴다.
(2)(3) plan, want의 목적어로 오는 to부정사를 쓴다.
해석 | 민조의 꿈은 파일럿이 되는 것이다. 그는 고등학교 졸업 후에 대학에 가는 것을 계획 중이다. 그는 항공사에서 일하길 원한다. 세원이의 꿈은 요리사가 되는 것이다. 그녀는 고등학교 졸업 후에 해외에서 공부하는 것을 계획 중이다. 그녀는 이탈리아 식당에서 일하기를 원한다.

15 (1) begin(시작하다)은 목적어로 to부정사/동명사를 쓴다.
(2) hope(희망하다)는 목적어로 to부정사를 쓴다.
해석 | 나는 피아니스트가 되고 싶다. 나는 5살에 피아노를 치기 시작했다. 여전히, 매주 피아노 레슨을 받고 있다. 나는 장래에 무대에서 나만의 곡을 연주하길 바란다.

써먹기 문법 | 15
to부정사 2

해석

A: 지금은 환경을 보호해야 할 때이다.
우리가 먼저 무엇을 할 수 있을까?
B: 우선 쓰레기부터 줄이자!
우리는 지구를 구하기 위해 재활용도 시작할 수 있어.

TRAINING ❶ 기본 형태 연습하기 p. 111

A ❶ to protect ❷ to share ❸ to reduce
❹ to throw ❺ to help ❻ to hear

❼ to pick   **❽** to save

B **❶** to save   **❷** to discuss   **❸** to make

    ❹ to take   **❺** to solve   **❻** to breathe

    ❼ to keep   **❽** to see

해석

A **❶** 우리는 환경을 보호하기 위해 무엇을 할 수 있니?

    ❷ 나는 너와 공유할 좋은 생각이 있다.

    ❸ 우리는 쓰레기를 줄이기 위해 물건들을 재사용할 수 있다.

    ❹ 너는 지금 버릴 것이 있니?

    ❺ 우리는 그 동물들을 돕기 위해 무슨 일이든 할 것이다.

    ❻ 그들은 그 나쁜 소식을 듣고 매우 언짢았다.

    ❼ 그는 쓰레기를 줍기 위해 걸음을 멈췄다.

    ❽ 숲을 보호하기 위해 나무 베는 것을 멈춰라.

B **❶** 그것은 집에서 물을 절약할 좋은 방법이다.

    ❷ 우리는 오염을 논의하기 위해 회의를 했다.

    ❸ 우리 학교를 친환경적으로 만들기 위한 가장 좋은 방법이 뭐니?

    ❹ 우리 지구를 구할 조치를 취할 때이다.

    ❺ 그 문제를 해결해서 우리는 행복하다.

    ❻ 우리는 숨 쉴 신선한 공기가 필요할 것이다.

    ❼ 우리 마을을 깨끗하게 유지하기 위해서 당신의 쓰레기를 줄이세요.

    ❽ 진 선생님은 우리 재활용 통을 보시고는 놀라셨다.

TRAINING ❷   통문장 전환하기   p. 112

❶ The animal doesn't[does not] have a place to live.

❷ They can't[cannot] find a way to recycle the cans.

❸ We won't[will not] make a plan to reduce trash from now on.

❹ People didn't[did not] pick up the garbage to clean the mountain.

❺ The students aren't[are not] gathering ideas to save trees.

❻ Will we need clean air to breathe?

❼ Are there some rules to keep for our environment?

❽ Did they take actions to remove smog from the air?

❾ Did teachers find a way to solve the problem?

❿ Do we have to live a green life to save the Earth?

해석

예) 그들은 마실 깨끗한 물이 없다.

❶ 그 동물은 살 곳이 없다.

❷ 그들은 그 깡통들을 재활용하기 위한 방법을 찾을 수 없다.

❸ 우리는 지금부터 쓰레기를 줄일 계획을 세우지 않을 것이다.

❹ 사람들은 그 산을 청소하기 위해서 쓰레기를 줍지 않았다.

❺ 학생들은 나무를 보호하기 위한 아이디어를 모으고 있지 않다.

예) 우리는 숲을 보호하기 위해 무언가 해야 하니?

❻ 우리는 숨 쉴 깨끗한 공기가 필요할까?

❼ 우리 환경을 위해 지켜야 할 몇 가지 규칙이 있니?

❽ 그들은 대기에서 스모그를 없애기 위해 조치를 취했니?

❾ 교사들은 그 문제를 해결하기 위한 방법을 찾을 생각들을 공유했니?

❿ 우리는 지구를 구하기 위해서 친환경적인 생활을 해야만 하니?

TRAINING ❸   영어 문장 완성하기   p. 113

❶ They stopped talking to listen to his opinion.

❷ Do you have any ideas to reduce garbage?

❸ People won't have water to use in the future.

❹ They had a meeting to make the environment cleaner.

❺ What should we do to keep our planet healthy?

❻ take actions to protect

❼ to solve, problem

❽ To save, share, with

❾ must be, to talk

❿ cut down, to make

TEST for Writing   pp. 114-115

01 to do   **02** to discuss   **03** to share

04 to save water   **05** boxes to make

06 (A) away (B) up   **07** to become

08 surprised to hear the news   **09** to save trees

10 taking → to take

11 (1) We will make a recycling bin to gather plastics.

     (2) They recycle to protect the environment.

     (3) Did you feel sorry to see the dead fish?

12 (1) [모범 답안] 너는 지구를 구할 방법이 있니?

     (2) [모범 답안] 우리는 숨 쉴 신선한 공기를 가지지 못할 것이다.

(3) [모범 답안] 그렇게 말하는 걸 보니, 그녀는 자원봉사자임이 틀림없다.

13 (1) [모범 답안] I can pick up garbage on the mountain to protect the environment.

(2) [모범 답안] We can turn off the lights to save energy at home.

14 (1) to use it again

(2) to gather cans for recycling

(3) a meeting to make her school green

15 (1) The trucks come to take it to the recycling plant.

(2) A machine works to cut the paper into small pieces.

---

01 to부정사가 앞에 있는 대명사 something을 수식하는 형용사적 용법이다.

해석 | 그는 지금 당장 할 일이 있다.

02 '～하기 위해서'를 뜻하는 to부정사의 부사적 용법으로 쓴다.

해석 | 우리는 그 주제를 논의하기 위해서 회의를 가진다.

03 share A with B: A를 B와 공유하다

to share는 idea를 수식하는 형용사 용법으로 쓰였다.

해석 | A: 우리는 환경을 보호해야 해.

　　B: 네 말이 맞아. 나는 너와 공유할 좋은 생각이 있어.

04 앞의 명사구 the best way를 수식하는 형용사적 용법의 to부정사를 쓴다.

05 '～하기 위해서'를 뜻하는 to부정사의 부사적 용법으로 쓴다.

06 (A) throw away: 내다 버리다 (B) pick up: 줍다

해석 | A: 사람들은 그 호수에 그들의 쓰레기를 버렸어.

　　B: 그곳을 청소하기 위해서 쓰레기를 줍자.

07 '(…해서 결국) ～하다'를 뜻하는 to부정사 부사적 용법(결과)으로 쓴다.

해석 | 그 땅은 점점 건조해졌다. 그래서 사막이 되었다.

　　= 그 땅은 점점 건조해져서 (결국) 사막이 되었다.

08 감정의 원인을 나타내는 부사적 용법으로 쓰였다.

해석 | 나는 그 소식을 듣고 놀랐다.

09 '～하기 위해서'를 뜻하는 to부정사의 부사적용법으로 쓴다.

해석 | A: 우리는 환경을 위해 무엇을 할 수 있니?

　　B: 우리는 나무들을 보호하기 위해서 종이를 재활용할 수 있어.

10 it's time + to부정사: ～할 때이다 / take actions: 조치를 취하다

taking은 time을 수식하는 형용사적 용법에 맞게 to take로 고쳐 써야 한다.

해석 | 그 문제를 해결하기 위해 조치를 취해야 할 때이다.

11 (1)(2) 목적을 나타내는 to부정사의 부사적 용법이다.

(3) 감정의 원인을 나타내는 to부정사의 부사적 용법이다.

해석 | (1) 우리는 플라스틱을 모으기 위해 재활용 통을 만들 것이다.

　　(2) 그들은 환경을 보호하기 위해 재활용을 한다.

　　(3) 너는 그 죽은 물고기를 보고 안타까운 느낌이 들었니?

12 (1)(2) 형용사적 용법(～할). (3) 부사적 용법(판단의 근거: ～인 것을 보니)이다.

13 (1) 환경을 보호하기 위해 할 수 있는 일을 to부정사를 사용해서 답한다. (2) 집에서 에너지를 절약하기 위해 할 일을 to부정사를 사용해서 답한다.

해석 | (1) Q: 너는 환경을 보호하기 위해 무엇을 할 수 있니?

　　(2) Q: 너는 집에서 에너지를 절약하기 위한 아이디어가 있니?

14 모두 목적을 나타내는 to부정사의 부사적 용법으로 쓴다.

해석 | Jino는 음식물 쓰레기를 줄이기 위해 그의 식사를 다 먹었다. 또한, 그는 빈 병을 다시 사용하기 위해 보관했다. Meg는 재활용을 위해 캔을 모으기 위해서 상자를 만들었다. 그녀는 또한 그녀의 학교를 친환경으로 만들기 위해 회의를 열었다.

15 (1)(2) 부사적 용법(목적: ～하기 위해서)의 to부정사 to take, to cut으로 고쳐 쓴다.

해석 | 종이를 재활용할 때이다! 우리는 맞는 통에 종이를 넣는다. 그리고 트럭이 와서 그것을 재활용 공장으로 가져간다. 기계가 작동해 종이를 작은 조각으로 자른다. 그리고 나서, 박스들이 나온다.

CHAPTER REVIEW 5

pp. 116-117

Word Review

1. similar　　2. college　　3. reduce　　4. dead

Grammar Review

1. Learning　　2. trying　　3. meeting

4. speaking　　5. To see　　6. to have

7. to see　　8. likes　　9. planning

10. to live　　11. to solve　　12. to see

Chapter 6 분사, 비교급, 최상급 써먹기

써먹기 문법 | 16
분사

해석

나는 떨어지는 눈송이를 바라보는 것을 좋아해.
오, 안 돼! 내 머리 위에 떨어진 눈송이가 몇 개 있어.
내 머리에서 그것들을 털어내는 것은 매우 성가셔.

TRAINING 1 기본 형태 연습하기
p. 121

A ❶ falling ❷ running ❸ burning
　❹ amazing ❺ shocked ❻ tired
　❼ annoyed ❽ frozen

B ❶ crying ❷ shocking ❸ rising
　❹ rolling ❺ broken ❻ interested
　❼ worried ❽ excited

해석

A ❶ 너는 어젯밤에 떨어지는 별들을 봤니?
❷ 출구로 달려가는 사람들을 봐.
❸ 그는 불을 끄기 위해 불타는 집으로 들어갔다.
❹ 그 지진은 놀라웠다. 그건 5분 동안 지속되었다.
❺ 우리는 그 소식을 듣고 깜짝 놀랐다.
❻ 비가 오는 날들은 우리를 지루하고 지치게 만들었다.
❼ 우리는 울리는 경보음 때문에 짜증이 났다.
❽ 빙판길을 조심해! 미끄러워.

B ❶ 울고 있는 아이는 거리에서 길을 잃었다.
❷ 그 항공기 사고는 매우 충격적이었다.
❸ 그 차에서 올라오는 검은 연기가 있었다.
❹ 그 산에서 굴러 떨어지는 돌들은 위험하다.
❺ 그들은 고장난 엘리베이터를 고치려고 노력했다.
❻ 암호로 쓰여진 책은 나를 흥미 있게 만들었다.
❼ Jenny는 런던에 있는 그녀의 가족이 걱정되었다.
❽ 그의 전화는 우리를 흥분되고 희망차게 만들었다.

TRAINING 2 통문장 전환하기
p. 122

❶ Watch out for the boiling water.
❷ I found the stolen wallet.
❸ The man entered through the broken window.
❹ We fell down on the frozen ground.
❺ The leaves falling from the tree are beautiful.
❻ They were shocked at the earthquake.
❼ I'm very annoyed at the sound from the machine.
❽ We are tired of waiting for a long time.
❾ I'm not very interested in his story.
❿ She was surprised at the result of their research.

해석

예) 나는 그 빛나는 별을 바라보았다.
❶ 끓는 물을 조심해라.
❷ 나는 도난당한 지갑을 발견했다.
❸ 그 남자는 깨진 창문을 통해 들어갔다.
❹ 우리는 언 땅바닥에 넘어졌다.
❺ 나무에서 떨어지는 그 잎들은 아름답다.

예) 우리는 그 그림을 보고 경이로웠다.
❻ 그들은 그 지진에 깜짝 놀랐다.
❼ 나는 그 기계에서 나는 소리에 매우 짜증이 났다.
❽ 우리는 장시간 기다리는 것에 지친다.
❾ 나는 그의 이야기에 별로 흥미가 없다.
❿ 그녀는 그들의 연구 결과에 놀라워했다.

TRAINING 3 영어 문장 완성하기
p. 123

❶ I took the crying child to the police.
❷ The man caught the thief running away.
❸ He could find out the hidden truth.
❹ We were amazed to know his secret.
❺ She was shocked at the smoke rising from her house.

❻ tired, got lost

❼ amazing, put out

❽ rolling down

❾ written in

❿ are worried about

TEST for Writing

pp. 124-125

01 surprising 02 interesting

03 tired 04 wearing glasses

05 broken bicycle[bike] 06 (r)unning

07 (A) about (B) in 08 (A) boring (B) bored

09 was shocked at it 10 interesting → interested

11 (1) I saw the rising sun.
(2) I was shocked at the earthquake.
(3) I picked up the fallen leaf.

12 (1) [모범 답안] 울고 있는 그 소녀는 엄마를 찾고 있었다.
(2) [모범 답안] 누가 그 도난당한 차를 운전하고 있니?
(3) [모범 답안] 나는 그 소식에 매우 놀랐다.

13 (1) wearing a cap
(2) reading a book

14 (1) the boiling water
(2) melt the frozen snow

15 (1) exciting → excited
(2) the fell snowflakes → the falling snowflakes

---

01 사물의 상태를 나타낼 때는 현재분사 형용사를 쓴다.
해석 | 그 뉴스는 매우 놀라웠다.

02 능동 또는 진행의 의미를 갖는 현재분사가 들어가야 한다.
해석 | 나는 재미있는 TV쇼를 보는 것을 좋아한다.

03 사람의 감정이나 상태를 나타낼 때는 과거분사를 쓴다.
해석 | 나는 어제 매우 피곤했다. 그래서, 나는 방과 후에 곧바로 잠자리에 들었다.

04 능동 또는 진행의 의미를 갖는 현재분사가 들어가야 한다. 목적어를 가지는 분사구의 경우 뒤에서 명사를 수식한다.

05 수동 또는 완료의 의미를 갖는 과거분사가 들어가야 한다.

06 능동 또는 진행의 의미를 갖는 현재분사가 들어가야 한다.
watch out for: ~을 조심하다
해석 | A: 달리는 그 개를 조심해!
B: 엇! 정말 고마워.

07 (A) be worried about: ~에 대해 걱정하다
(B) written in: ~로 쓰여진

해석 | · 그들은 날씨에 관해 걱정한다.
· 그는 중국어로 쓰여진 편지를 읽었다.

08 (A) 사물의 상태를 나타낼 때는 현재분사를, (B) 사람의 감정 상태를 나타낼 때는 과거분사를 쓴다.
해석 | 그의 책은 나를 지루하게 한다.
= 그의 책은 지루하다.
= 우리는 그의 책을 읽을 때, 지루하게 느낀다.

09 be shocked at: ~에 충격을 받다
해석 | A: 너는 그 사고에 대해 알고 있니?
B: 응. 나는 그것에 충격을 받았어.

10 사람의 감정 상태를 나타낼 때는 과거분사를 쓴다.
해석 | 그들은 소방수 일에 흥미가 있다.

11 지시에 맞게 현재분사, 과거분사를 포함하는 한 문장으로 바꿔 쓴다.
해석 | (1) 나는 떠오르는 해를 보았다.
(2) 나는 그 지진에 깜짝 놀랐다.
(3) 나는 그 떨어진 나뭇잎을 주웠다.

12 (1) look for: ~을 찾다
(3) be surprised at: ~에 놀라다

13 능동 또는 진행의 의미를 갖는 현재분사가 명사를 뒤에서 수식하는 형태로 쓴다.
해석 | A: Tom은 어디 있니?
B: 그는 저쪽에서 우리를 기다리고 있어.
A: 나는 그가 보이지 않는데. 야구 모자를 쓴 소년이 Tom이니?
B: 아니, 그렇지 않아. 그는 벤치에서 책을 읽고 있는 소년이야.

14 (1) '끓는 물'은 현재분사를 써서 boiling water로 쓴다.
(2) '언 눈'은 과거분사를 써서 frozen snow로 쓴다.
해석 | 우리가 필요한 것: 물 3컵, 과일 껍질 1컵, 소금 1 숟가락
과일 껍질을 물에 넣어라. 약 20분 동안 그것을 끓여라. 그리고 나서, 끓는 물에 소금을 넣어라. 완성되었다! 내린 눈은 금방 언다. 하지만, 이 혼합물은 언 눈을 녹일 것이다.

15 (1) 사람의 감정을 나타낼 때는 과거분사로 된 형용사를 쓴다.
(2) '떨어지고 있는' 진행의 상태를 나타낼 때는 현재분사를 쓴다.
해석 | 나는 내 가족과 스키장에 갔다. 우리는 매우 신이 났다. 나는 넘어져서 팔이 부러졌다. 나는 스키를 탈 수는 없었지만, 전혀 지루하지 않았다. 나는 창문을 통해 떨어지는 눈송이들을 보는 것이 좋았다.

써먹기 문법 | 17
비교급과 최상급

해석

에디슨은 전구를 최초로 발명하지 않았다.
많은 사람들이 그보다 먼저 시도했다.
하지만 에디슨의 전구가 가장 좋았다.
지금 그는 다른 발명가들보다 더 유명하다.

TRAINING ① 기본 형태 연습하기

A
① brighter ② earlier ③ more famous
④ better ⑤ earliest ⑥ most useful
⑦ best ⑧ worst

B
① best ② higher ③ easier
④ more expensive ⑤ greatest
⑥ biggest ⑦ most famous ⑧ most

해석

A
① 이 그림의 색상은 다른 것들보다 밝다.
② Bell은 Gray보다 전화를 더 일찍 만들지 않았다.
③ 반 고흐가 고갱보다 더 유명했니?
④ 에디슨은 더 나은 전구를 발명했다.
⑤ 나는 박물관에서 최초의 비행기를 보았다.
⑥ 그의 발명품들은 오늘날 가장 유용하다.
⑦ 네 인생에서 최고의 순간은 언제였니?
⑧ 역사상 최악의 발명품은 뭐니?

B
① 그 경주에서, 그는 처음으로 최선을 다했다.
② 알프스와 히말라야 중 어느 것이 더 높니?
③ 컴퓨터 덕분에, 우리는 그 언제보다 더 수월한 삶을 살 수 있다.
④ 그 자동 운전 승용차는 집 한 채보다 훨씬 더 비싸다.
⑤ 그는 여태껏 가장 위대한 것을 발견했다.
⑥ 중국은 세계에서 가장 큰 인구를 가진다.
⑦ 그는 세계에서 가장 유명한 사람 중 한 명이 되었다.
⑧ 그녀는 생물과 물리를 가장 좋아했다.

TRAINING ② 통문장 전환하기

① The KTX runs faster than the subway.
② Grace finished the project earlier than you.
③ Kevin's laptop is heavier than Ian's (laptop).
④ Your smartphone is more expensive than mine[my smartphone].
⑤ Sean's idea was better than Dana's (idea).
⑥ Tyler is the smartest student in my school.
⑦ She hoped to make the lightest sneakers.
⑧ What is the most important thing in your life?
⑨ Danny is the most brilliant student in the class.
⑩ Dynamite could be the worst invention in history.

해석

예) 오래된 TV는 새 TV보다 더 작았다.
① KTX는 지하철보다 더 빠르게 달린다.
② Grace는 그 프로젝트를 너보다 더 빨리 끝냈다.
③ Kevin의 노트북 컴퓨터는 Ian의 것보다 더 무겁다.
④ 너의 스마트폰은 나의 것[스마트폰]보다 더 비싸다.
⑤ Sean의 아이디어는 Dana의 것보다 더 낫다.

예) 그는 역사상 가장 위대한 과학자이다.
⑥ Tyler는 나의 학교에서 가장 똑똑한 학생이다.
⑦ 그녀는 가장 가벼운 운동화를 만들기를 희망했다.
⑧ 당신의 인생에게 가장 중요한 것은 무엇입니까?
⑨ Danny는 반에서 가장 뛰어난 학생이다.
⑩ 다이너마이트는 역사상 최악의 발명품일 수 있다.

TRAINING ③ 영어 문장 완성하기

① What is the greatest invention in history?
② His paintings are more beautiful than others.
③ Which is higher between Mt. Halla and Mt. Baekdu?
④ The Eiffel Tower is the tallest building in Paris.
⑤ The river isn't longer than the Amazon.
⑥ the happiest, my life
⑦ greatest people in history
⑧ better between, and
⑨ smarter than ever
⑩ Thanks to, easier

TEST for Writing

01 taller
02 longest
03 higher than
04 one, most famous
05 faster
06 his light bulb was the most useful
07 in
08 faster than ever before
09 (A) bigger (B) most
10 most easy → easiest
11 (1) Computers became faster and lighter.
   (2) This is the tallest building in the world.
   (3) Tina got the worst score in my class.

12 (1) [모범 답안] 전화는 가장 위대한 발명품 중 하나이다.

(2) [모범 답안] 너는 책과 영화 중 어느 것을 더 좋아하니?

(3) [모범 답안] 엘리베이터 덕분에 우리는 위층으로 더 빠르게 갈 수 있다.

13 (1) [모범 답안] The wheel is the greatest invention in the world.

(2) [모범 답안] My happiest moment was my birthday last month.

14 (1) faster than   (2) higher than Mike

(3) was longer than

15 (1) artist → artists   (2) early → earlier

---

01 뒤에 「than + 비교 대상」이 나오므로 비교급을 쓴다.

해석 | 그 타워는 그 빌딩보다 더 높다.

02 앞에 the가 오고, 뒤에 '일 년 중에'라는 말이 오므로 최상급을 쓴다.

해석 | 연중 가장 (해가) 긴 날은 언제인가?

03 '높은'을 뜻하는 형용사는 high이며, 「비교급 than ~」의 형태로 쓴다.

04 「one of the 최상급 + 복수명사」: 가장 ~한 것들 중 하나

05 누가 더 빨리 달렸냐고 물었으므로, 비교급 faster를 써야 한다.

해석 | A: 누가 더 빨리 달렸니, 진수니 아니면 Tom이니?

　　 B: 진수가 더 빨리 달렸어.

06 '가장 ~한'은 최상급으로 쓰며, useful의 최상급은 the most useful이다.

해석 | A: 에디슨이 전구를 최초로 발명했니?

　　 B: 아니, 그렇지 않아. 하지만 그의 전구가 가장 유용했어.

07 in one's life: ~의 일생에서 / in history: 역사

해석 | · 이때가 내 인생에서 가장 행복한 순간이야.

　　 · 그는 역사상 가장 위대한 화가이다.

08 「비교급 than ~」 형태로 쓴다. / than ever before: 이전보다

해석 | 스마트폰 덕분에, 우리는 이전보다 더 빠르게 정보를 찾을 수 있다.

09 (A) 비교급, (B) 최상급의 형태로 쓴다. / big은 〈단모음 + 단자음〉으로 끝나므로 끝 자음 g를 하나 더 붙이고 -er을 붙인다.

해석 | A: 어느 나라가 더 크니, 중국이니 아니면 러시아니?

　　 B: 러시아가 더 커. 그것은 세계에서 가장 많은 땅을 가졌어.

10 easy의 최상급은 easiest이다.

해석 | 영어를 배우는 가장 쉬운 방법이 뭐니?

11 비교급, 최상급에 맞게 바꿔 쓴다.

해석 | (1) 컴퓨터는 더 빨라지고 더 가벼워졌다.

　　 (2) 이것이 세계에서 가장 높은 건물이다.

　　 (3) Tina가 나의 반에서 가장 안 좋은 점수를 받았다.

12 (1) 「one of the 최상급 + 복수명사」: 가장 ~한 것들 중 하나

(2) between A and B: A와 B 둘 중에

(3) thanks to: ~ 덕분에

13 (1) 세계에서 가장 위대한 발명품을 묻는 질문에 최상급을 써서 답한다.

(2) 가장 행복한 순간이 언제였는지 묻는 질문에 최상급을 써서 답한다.

해석 | (1) Q: 세계에서 가장 위대한 발명품은 뭐니?

　　 (2) Q: 너의 가장 행복한 순간이 언제였니?

14 (1)~(3) 「비교급 than ~」 구문에 맞게 쓴다.

해석 | 학교 운동회 날, Mike와 주원이는 세 가지 종목에 나갔다. 100미터에서 Mike는 주원이보다 빨리 달렸다. 높이뛰기에서는 주원이가 Mike보다 더 높이 뛰었다. 멀리뛰기에서는 Mike의 점프가 주원이의 점프보다 더 길었다.

15 (1) 「one of the 최상급」 다음에는 복수명사가 와서 '가장 ~한 것들 중 하나'라는 뜻을 나타낸다.

(2) early는 「자음 + y」로 끝나므로, y를 i로 바꾸고 -er을 붙여 비교급을 만든다.

해석 | 라이트 형제는 최초의 비행기를 발명했다. 하지만 위대한 예술가 중 한 명인 레오나르도 다빈치도 또한 같은 아이디어가 있었다. 그는 다른 사람들보다 먼저 나는 기계를 스케치했다. 그 후에 많은 사람들이 시도했지만, 라이트 형제가 성공했다!

써먹기 문법 | 18
비교 표현

해석

학교 축제에서, 우리는 댄스 경연 대회에 나갈 것이다.

우리는 다른 팀들보다 훨씬 더 자신이 있다.

우리가 더 열심히 연습할수록, 춤을 더 잘 출 수 있다.

점점 더 많은 사람이 우리 공연을 보러 모일 것이다!

TRAINING 1   기본 형태 연습하기

p. 133

A ❶ many   ❷ nicer   ❸ much   ❹ faster

❺ more   ❻ bigger   ❼ higher   ❽ earlier

B ❶ large   ❷ fast

❸ more crowded   ❹ taller, taller

❺ More, more   ❻ harder, harder

❼ the longer   ❽ the better

해석

A ❶ 오늘, 우리는 어제만큼 많은 손님이 있었다.

❷ 그의 공연은 다른 것들보다 훨씬 더 멋지다.

❸ 나의 가판대는 너의 가판대보다 더 작다.

❹ 그는 그녀를 따라잡기 위해서 점점 빠르게 걸었다.

⑤ 점점 더 많은 학생들이 줄을 섰다.

⑥ 그 풍선은 점점 더 커졌다.

⑦ 네가 더 많이 연습할수록, 너는 더 높은 점수를 받는다.

⑧ 네가 더 일찍 일어날수록, 너는 더 많은 일을 할 수 있어.

B ① 숫자 16은 숫자 4의 네 배만큼 크다.

② 시간은 (쏜) 화살과 같이 빠르다. 나는 지금 14살이다.

③ 올해 축제는 작년보다 훨씬 더 붐볐다.

④ 그 사과나무는 점점 크게 자랐다.

⑤ 점점 더 많은 학생들이 그 가수를 쫓아갔다.

⑥ 나는 그 시험 때문에 더욱 더 열심히 공부했다.

⑦ 그가 더 많은 거짓말을 할수록, 그의 코가 더 길어진다.

⑧ 네가 더 일찍 올수록, 너는 더 좋은 자리를 얻을 수 있다.

TRAINING ② 통문장 전환하기　　　p. 134

① This summer wasn't twice as hot as last summer.

② Is the number ten times as large as 10?

③ She is three times as old as the boy.

④ The balloon isn't five times as big as yours.

⑤ Our stand had four times as many visitors as your stand.

⑥ The festival became far more popular than before.

⑦ Are their scores still higher than yours?

⑧ The stage wasn't much bigger than this room.

⑨ Was the concert even better than the TV show?

⑩ Girls grow a lot faster than boys until they become teenagers.

해석

예) 무대는 교실보다 두 배만큼 컸다.

① 이번 여름은 작년 여름의 두 배만큼 덥지는 않다.

② 그 숫자는 10의 열 배만큼 크니?

③ 그녀는 그 소년의 3배만큼 나이가 많다.

④ 그 풍선은 네 것의 5배만큼 크지는 않다.

⑤ 우리 가판대는 너희 가판대의 4배만큼 많은 방문객이 있었다.

예) 그들은 대회를 위해서 훨씬 더 열심히 연습했다.

⑥ 그 축제는 전보다 훨씬 더 인기를 얻었다.

⑦ 그들의 점수는 너의 것보다 훨씬 높니?

⑧ 그 무대는 이 방보다 훨씬 더 크지는 않았다.

⑨ 그 콘서트는 TV쇼보다 훨씬 더 좋았니?

⑩ 여학생들은 십대가 될 때까지는 남학생들보다 훨씬 더 빠르게 자란다.

TRAINING ③ 영어 문장 완성하기　　　p. 135

① The ticket price was as cheap as a candy bar.

② We sold twice as many drinks as yesterday.

③ Their performance was much more exciting than a movie.

④ More and more visitors gathered at the festival.

⑤ The faster the music became, the faster they danced.

⑥ more, lined up

⑦ ran after, much

⑧ richer, because of

⑨ flies, fast, wind

⑩ more lies, fewer

TEST for Writing　　　pp. 136-137

01 big

02 more popular

03 much

04 four times, big

05 warmer and warmer

06 better than

07 the colder it becomes

08 (A) after (B) up

09 three times as expensive as the movie ticket

10 good → better

11 (1) We're much more confident at singing.
(2) The stage is eight times as big as the classroom.
(3) The place got more and more crowded with people.

12 (1) [모범 답안] 여름에 (날씨가) 점점 더 더워지고 있다.
(2) [모범 답안] 네가 더 많은 거짓말을 할수록, 너는 더 많은 친구들을 잃는다.
(3) [모범 답안] 그 영화는 소설만큼 재미있었다.

13 (1) [모범 답안] No. He[She] is not as tall as me.
(2) [모범 답안] I like fried chicken much more than pizza.

14 (1) as old as Peter's dog
(2) three times as high as Peter's dog

15 (1) very → much[far, still, even, a lot 등]
(2) hot → hotter

01 「as + 형용사 원급 + as」: ~만큼 …한

해석 | Ken은 그의 선생님 만큼 몸집이 크다.

02 뒤에 「than + 비교 대상」이 있고, 앞에 수식어 far가 온 것으로 보아, 비교급이 들어가야 한다.

해석 | 그 축제는 전보다 훨씬 더 인기 있다.

03 비교급을 수식할 때는 앞에 much, far, still, a lot 등을 쓴다. very는 원급을 수식할 때 쓴다.

해석 | 그녀의 춤은 다른 사람들보다 훨씬 더 멋있었다.

04 「배수 표현 + as 형용사 원급 as」: ~보다 - 배 더 …한

05 「비교급 and 비교급」: 점점 더 ~한

06 'TV쇼보다 더 좋았다'라는 뜻이 되어야 하므로 「비교급(better) + than」을 쓴다.

해석 | A: 콘서트는 좋았니?
B: 물론이지! TV쇼보다 더 좋았어.

07 「the 비교급」 뒤에는 「주어 + 동사」형태가 와야 한다.

해석 | 더 많이 쏟아지는 비와 함께 (날씨는) 더 추워진다.
= 비가 더 많이 쏟아질수록, (날씨는) 더 추워진다.

08 run after: ~의 뒤를 쫓다 / line up: 줄을 서다

해석 | · 그 남자는 점점 빠르게 내 뒤를 쫓았다.
· 사람들은 오늘 훨씬 더 일찍 줄을 섰다.

09 「배수 표현 + as 원급 as」: ~보다 - 배 더 …한

해석 | A: 콘서트 티켓이 영화 티켓보다 훨씬 더 비싸니?
B: 응. 그것은 영화 티켓의 세 배만큼 비싸.

10 「the 비교급 ~, the 비교급 …」으로 쓰였으므로, good은 better로 고쳐야 한다.

해석 | 네가 더욱 연습할수록, 너는 더 잘하게 된다.

11 (1) 비교급 수식 (2) 배수 표현 (3) 「비교급 and 비교급」을 써서 문장을 바꿔 쓴다.

해석 | (1) 우리는 노래 부르기에 훨씬 더 자신 있다.
(2) 무대는 교실의 8배만큼 크다.
(3) 그 장소는 사람들로 점점 더 붐비게 되었다.

12 (1)「비교급 and 비교급」 (2)「the 비교급 ~ the 비교급 …」
(3)「원급 비교 표현」에 유의해서 해석한다.

13 (1) 영어 선생님의 키와 자신의 키를 비교하여 원급 비교 표현을 써서 답한다. (2) 피자보다 무엇을 훨씬 더 좋아하는지 묻는 질문에 비교급수식 표현을 써서 답한다.

해석 | (1) Q: 너의 영어 선생님은 너만큼 키가 크니?
(2) Q: 너는 피자보다 무엇을 훨씬 더 좋아하니?

14 (1)(2)「배수 표현 + as 원급 as」: ~보다 - 배 더 …한

해석 | Peter의 개는 Ann의 고양이만큼 무게가 나간다. 하지만, Ann의 고양이는 Peter의 개의 2배만큼 나이가 많다. 그 고양이는 Peter의 개의 3배만큼 높게 점프한다.

15 (1) 비교급을 수식할 때는 very가 아니라 much[far, still, even, a lot 등]를 써야 한다.
(2)「the 비교급 ~, the 비교급 …」으로 써야 한다.

해석 | 학교 축제에서 B반 음식 가판대는 A반 음식 가판대보다 훨씬 더

인기 있었다. 점점 더 많은 사람들이 과일 주스를 위해 줄을 섰다. 날씨가 더 더워질수록, 그들은 더 많은 주스를 원했다.

CHAPTER REVIEW 6

Word **Review**

1. ringing   2. harder   3. invention   4. inventor

Grammar **Review**

1. falling   2. stolen   3. shocking
4. interested   5. smarter[more brilliant]
6. more beautiful   7. the most   8. the most
9. as cute   10. twice as big as
11. much[still/even/far/a lot 등]
12. More and more
13. the healthier

WORKBOOK 정답

A ① is ② are ③ are ④ isn't[is not]
⑤ am not ⑥ Is ⑦ is ⑧ Are
⑨ are ⑩ isn't[is not]

B ① Jina isn't[is not] a middle school student now.
② Tom is from England, but he lives in Korea.
③ Your friend Jisu is good at sports.
④ Are you interested in music and art?
⑤ They aren't[are not] from the same elementary school.
⑥ I'm[I am] not in Mr. Chang's class but in Ms. Han's class.
⑦ Your sisters are different from you.
⑧ Andrew isn't[is not] nice to everyone.

C ① are → is ② is'nt → isn't[is not]
③ They're are → They're[They are]
④ Are Dona is → Is Dona
⑤ am → is ⑥ I amn't → I'm[I am] not
⑦ are → is ⑧ Is Jessie is → Is Jessie
⑨ no → not ⑩ are → is

D ① Ms. Jin is one of our teachers.
② You are in the same class with us.
③ My friend Mina isn't shy and calm.
④ I am a sixth grader at this school.
⑤ Is Mr. Green nice to his neighbors?
⑥ She is different from her friends.
⑦ Jenny is interested in the movie club.
⑧ Is P.E. your favorite subject?
(또는 Is your favorite subject P.E.?)

E ① 너는 수업에 늦는다.
② 너는 중학생이니?
③ Jackson 씨는 나의 새 이웃이다.
④ 당신은 영어 선생님이 아니라 수학 선생님입니다.
⑤ 너는 이 영어 반이니?
⑥ Grace는 그림에 흥미가 있다.
⑦ 그가 새 영어 선생님이시니?
⑧ 그녀는 우리의 담임 선생님이시다.
⑨ Minji isn't[is not] my classmate.
⑩ Are you Dona's new friend?

⑪ Tom is very good at sports.
⑫ Kelly is skinny but very strong.
⑬ Are you a seventh grader, too?
⑭ I'm[I am] not interested in music.
⑮ Sam isn't[is not] from London but from New York.
⑯ Amy and Tom are from a different school.

A ① get[wake] ② eat[have] ③ sleeps
④ Do ⑤ doesn't[does not] ⑥ go
⑦ don't[do not] ⑧ takes ⑨ do
⑩ Does

B ① Do they play basketball every weekend?
② Connor doesn't[does not] get up early on Saturdays.
③ Jane eats snacks after lunch.
④ She likes horror movies.
⑤ They don't[do not] go shopping at the shoe shop.
⑥ Does Mr. Frank walk to school every morning?
⑦ You play baseball after school.
⑧ We study hard even on the weekend.

C ① takes → take
② don't → doesn't[does not]
③ doesn't → don't[do not] ④ Does → Do
⑤ go → goes ⑥ Do → Does
⑦ brushes → brush ⑧ takes → take
⑨ doesn't → don't[do not] ⑩ don't → doesn't

D ① Ms. Johns eats lunch at work.
② Bomi walks to school every day.
③ Do you take piano lessons twice a week?
④ You go to the library after school.
⑤ Do Jina and her sisters go to bed before 10?
⑥ My brothers don't come home at 6 on weekdays.
⑦ Does Bobbie skip lunch during the mid-terms?
⑧ Does he drink a cup of coffee every morning?

E ① 미나는 지하철을 타고 학교에 간다.
② 그는 점심을 먹고 난 후 양치질을 하니?
③ 그녀는 여름에 수영하러 가지 않는다.

④ Henry는 매일 아침 운동을 한다.

⑤ 나는 보통 저녁에 샤워를 한다.

⑥ 그녀는 주말에는 공부를 하지 않는다.

⑦ 그는 휴일에 늦잠을 잔다.

⑧ 엄마는 8시에 집을 나서서 직장까지 지하철을 타고 가신다.

⑨ Do you go to bed after 10 p.m.?

⑩ Kelly doesn't[does not] like horror movies.

⑪ Do you have English lessons today?

⑫ Does Ms. Dane go to work by car?

⑬ I don't[do not] come back home late on weekdays.

⑭ Do they take a train to Busan?

⑮ He doesn't[does not] get up early in the morning.

⑯ I don't[do not] like sports, but I go jogging on the weekend.

써먹기 문법 | 03 pp. 08-10

A ① can't[cannot] ② should[must/have to]
③ Can ④ shouldn't[should not/must not]
⑤ have ⑥ Should[Must] ⑦ can
⑧ shouldn't[should not/must not]
⑨ Can ⑩ should[must/have to]

B ① Can Esther read the Spanish words?
② You have to be quiet in the library.
③ They can finish the project by 6.
④ You shouldn't[should not] eat fast food.
⑤ Can Craig do his best on the test?
⑥ My uncle has to get exercise regularly.
⑦ I should write down the answer in English.
⑧ You can't[cannot] take a picture in the museum.

C ① makes → make ② speaks → speak
③ should'nt → shouldn't[should not]
④ plays → play ⑤ has → have
⑥ musts → must ⑦ cheats → cheat
⑧ is able not → isn't[is not] able
⑨ has → have ⑩ are → be

D ① I don't have to take the English test again.
② I can get a good score on my essay.
③ We should eat more fresh food.
④ Can you help me with this math problem?
⑤ We must not tell lies to our parents.
⑥ Is Helen able to talk with foreigners in English?
⑦ You should not cheat on the test.

⑧ Do I have to finish my school project by today?

E ① 너는 다섯 시까지는 그 방에 머물 수 있다.
② 우리는 영화관에서 반드시 우리의 스마트폰을 꺼야 한다.
③ 너는 네 숙제를 제시간에 끝낼 수 있니?
④ 너는 시험에서 최선을 다해야 한다.
⑤ 학생들은 시험을 치르는 동안 이야기를 해서는 안 된다.
⑥ 그녀는 자신의 에세이를 선생님께 제출해야 한다.
⑦ 너는 그 어려운 문제를 풀 수 있니?
⑧ 너는 다시는 수업에 늦어서는 안 된다.
⑨ You should get some exercise regularly.
⑩ Is she able to read Chinese characters?
⑪ For a healthy life, children should sleep enough.
⑫ You don't have to come to school on the weekend.
⑬ Is he able to get a good score on the exam?
⑭ You should not write in the books.
⑮ You should be on time for class.
⑯ I can do my best on the test next time.

Review Test 1 [01-03] p. 11

01 ③ 02 ① 03 ②, ③
04 are 05 does 06 can't
07 must[should] 08 We can clean the house
09 I'm not → I don't[do not]
10 is, can, can't[cannot], don't[do not]

써먹기 문법 | 04 pp. 12-14

A ① was ② were ③ was ④ wasn't[was not]
⑤ weren't[were not] ⑥ Was ⑦ were
⑧ Were ⑨ was ⑩ weren't

B ① The sky was blue and the wind was cool.
② You were happy at that time.
③ There weren't[were not] many people at the park.
④ Was the festival popular in the past?
⑤ The concert hall was full of people.
⑥ Roy was not[wasn't] at home last Sunday.
⑦ Were they in the stadium after school?
⑧ You weren't[were not] short and skinny at ten.

C ① Are → Were ② weren't → wasn't[was not]
③ is → was ④ was → were
⑤ were → was ⑥ aren't → weren't[were not]

⑦ weren't → wasn't[was not]　⑧ Were → Was

⑨ were → was　⑩ are → were

D ❶ The weather wasn't cool and pleasant.

❷ My family was at the river park on Sunday.

❸ Were there many visitors in this city?

❹ The hero movies weren't very exciting.

❺ Was the forest thick and green before?

❻ I was not at home on Friday night.

❼ Was this island clean and beautiful?

❽ Was Andy at his grandma's on Saturday?

E ❶ 그 산은 아주 높거나 가파르지 않았다.

❷ 이번 주에 날씨가 화창했다.

❸ 일요일에 너는 영화관에 있었니?

❹ 그 학교는 축구 팀으로 유명했다.

❺ 어제 경기장에는 많은 사람들이 있었니?

❻ 그들은 지난 방학 동안 집에 없었다.

❼ 그는 과거에 유명한 가수였니?

❽ 너는 한 시간 전에 어디에 있었니?

❾ The park was full of people on the weekend.

❿ Was it rainy all last week?

⓫ We were very young at that time.

⓬ There weren't[were not] buildings here 10 years ago.

⓭ The mountain was famous for pine trees.

⓮ Stella wasn't[was not] happy at all.

⓯ Jason was short and small at twelve.

⓰ Yesterday, Cindy was sick in her bed all day long.

써먹기 문법 | 05
pp. 15-17

A ❶ happened　❷ lived　❸ did

❹ have　❺ ended　❻ didn't[did not]

❼ built　❽ took　❾ lose　❿ did

B ❶ They fought for peace in the country.

❷ The president didn't[did not] give a speech.

❸ Did Cindy get a call from the famous artist?

❹ We went on a field trip to the science museum.

❺ The inventor didn't[did not] create the airplane.

❻ Did Beethoven write the Moonlight Sonata?

❼ We had a good time during the festival.

❽ Many people didn't[did not] die after the accident.

C ❶ invents → invented　❷ tooks → took

❸ used → use　❹ realized → realize

⑤ readed → read　⑥ does → did

⑦ gave → give　⑧ goed → went

⑨ paints → painted　⑩ planed → planned

D ❶ People painted the wall beautifully.
(또는 People beautifully painted the wall.)

❷ Did they build the castle in the 1800s?

❸ The actor didn't die after the accident.

❹ Did your friends have a good time in the museum?

❺ The doctor went to Africa and helped people.

❻ Did the French soldiers win the battle?

❼ Mother Teresa took care of many poor children.

❽ Did the prince become king after 13 years?

E ❶ 그는 1963년에 훌륭한 연설을 했다.

❷ 그녀는 유명한 만화가가 되었니?

❸ 결국, 그들은 그들의 삶에서 행복을 찾았다.

❹ 그 영화는 두 시간 후에 끝났니?

❺ 어제, 나는 Daniel에게서 전화 한 통을 받았다.

❻ 마침내 그의 꿈이 실현되었니?

❼ 그들은 전쟁 후에 평화를 다시 찾았다.

❽ 오래전, 그 나라에는 위대한 왕이 살았다.

❾ They fought for peace, and they finally won.

❿ They didn't[did not] live next door at that time.

⓫ Thomas Edison invented many great things.

⓬ Did they build the bridge 30 years ago?

⓭ The people lost their families.

⓮ Did the war happen in 1950?

⓯ He finished the painting in 1900.

⓰ Did you have a good time last Sunday?

써먹기 문법 | 06
pp. 18-20

A ❶ are talking　❷ am making

❸ were playing　❹ was packing

❺ will go　❻ Are, making

❼ was traveling　❽ Will, take

❾ aren't[are not], take　❿ wasn't[was not] riding

B ❶ Wendy is staying in Hawaii during the vacation.

❷ You were taking many pictures during the trip.

❸ Will Mr. Lee leave China after a week?

❹ I won't[will not] carry lots of money in Spain.

❺ Alex will get off at the next station. (또는 Alex is going to get off at the next station.)

❻ I am[I'm] going to visit the tallest tower.

⑦ Is she going to make a plan for her winter break?

⑧ They weren't[were not] snorkeling in the clear seas.

C **①** <u>was</u> → were **②** <u>am</u> → are

③ <u>to go</u> → go **④** <u>leaving</u> → leave

⑤ <u>Do</u> → Are **⑥** <u>puting</u> → putting

⑦ <u>talks</u> → talk **⑧** <u>doesn't</u> → isn't[is not]

⑨ <u>go</u> → going **⑩** <u>do</u> → will

D **①** They are riding bikes in the park.

② We were having fun on the island last summer.

③ Sam wasn't cooking dinner for his family.

④ Were you skiing on the mountain?

⑤ They will move to another city soon.

⑥ The train to Seoul won't leave on time.

⑦ Are you going to try foreign foods during your trip?

⑧ We're going to stay here for one week.

E **①** 나는 그 여행 동안 지도를 가지고 다니지 않을 것이다.

② 우리는 그 해변에서 사진을 찍고 있었다.

③ 그녀는 지금 이 호텔에 머무르고 있니?

④ 그들은 이틀 후에 서울을 떠날 예정이다.

⑤ 내가 테이블을 예약할게.

⑥ 그는 자신의 제주도 여행에 대해 이야기하고 있다.

⑦ 네가 우리 소풍 계획을 짤 거니?

⑧ 우리는 다음 역에서 내릴 예정이다.

⑨ Will you get on the plane tomorrow?

⑩ They aren't[are not] riding bicycles now.

⑪ We are going to transfer flights in Tokyo.

⑫ Will you take a bus from Seoul to Busan?

⑬ Were you staying in New York?

⑭ Is he packing his bag now?

⑮ We will take a taxi to the restaurant.

⑯ Jane was sleeping in her room at this time yesterday.

Review Test 2 [04-06] p. 21

01 ④ **02** ② **03** ①, ⑤

04 was **05** cleaning **06** it was

07 for **08** are going to leave

09 They are swimming now.

10 are, were[went], had, going

써먹기 문법 | 07 pp. 22-24

A **①** Put **②** Be **③** Don't[Do not]

④ Let's **⑤** Brush **⑥** stay **⑦** Take

⑧ Don't[Do not] **⑨** Never **⑩** play

B **①** Take some rest today.

② Let's move these boxes.

③ Don't[Do not] eat too many sweets.

④ Never say bad words to your family.

⑤ Be quiet in this gallery.

⑥ Let's have dinner tonight.

⑦ Never cheat on a test.

⑧ Let's watch horror movies.

C **①** <u>Lets</u> → Let's **②** <u>Do</u> → Be

③ <u>do throw</u> → throw **④** <u>tells</u> → tell

⑤ <u>going</u> → go **⑥** <u>eats</u> → eat

⑦ <u>be get</u> → get **⑧** <u>to speak</u> → speak

⑨ <u>Doesn't</u> → Don't[Do not] **⑩** <u>I'm not</u> → I can't

D **①** Be quiet in the library.

② Say sorry to your friend first.

③ Don't go out late at night.

④ Don't be rude to the teacher.

⑤ Never tell lies again.

⑥ Let's go to see a movie.

⑦ Let's go jogging in the morning.

⑧ Let's learn a foreign language.

E **①** 학교에서는 정직하고 열심히 공부해라.

② 너의 부모님께 절대 거짓말을 하지 마라.

③ 규칙적으로 약간의 운동을 해라.

④ 매일 아침 식사를 거르지 마라.

⑤ 나쁜 일들에 대해 생각하지 마라.

⑥ 교실을 청소하자.

⑦ 점심 식사 후에 산책을 하자.

⑧ 선생님께 가서 조언을 얻자.

⑨ Go to bed and take a rest.

⑩ Wash your hands before every meal.

⑪ Take your medicine and get enough sleep.

⑫ Don't[Do not] stay up late at night.

⑬ Never ride a bike without this helmet.

⑭ Let's think about healthy habits.

⑮ Let's go to a doctor tomorrow.

⑯ Let's go out and have dinner tonight.

A ❶ When ❷ What ❸ Who ❹ Where ❺ Why ❻ How ❼ What ❽ Which ❾ How ❿ Which

B ❶ Where will they go tonight?

❷ What will you buy for Mom?

❸ How long will Mr. Baker stay in the city?

❹ When will they leave for Paris?

❺ Which does Gary like, fish or chicken?

❻ Whose jacket is it?

❼ Who made a special dinner for the family?

❽ Which does Kate want for her birthday present, a bag or shoes?

C ❶ How → What　　❷ Where → When

❸ Who → Whose　　❹ do → does

❺ is → are　　❻ it will → will it

❼ Whose → Which　　❽ When → Where

❾ To whom → Whom　　❿ and → or

D ❶ Where did James go after school?

❷ Who can prepare some food for the party?

❸ How long did she bake the cake?

❹ What does she want for her birthday?

❺ When will they come to her house today?

❻ Which will Mom like, a present or some flowers?

❼ Which movie are they watching, a horror or a comedy?

❽ Which food does her family eat on birthdays, steak or barbecue?

E ❶ 누가 내일 풍선들을 준비할 거니?

❷ 너는 오늘 몇 시에 일어났니?

❸ 그는 왜 그 꽃들을 그녀에게 주었니?

❹ 너는 저녁 식사로 어느 것을 원하니, 소고기를 원하니 아니면 생선을 원하니?

❺ 너희들은 어디에서 그녀를 위한 파티를 열 거니?

❻ 너는 여기서 나를 얼마나 오래 기다렸니?

❼ 너는 Sara의 생일을 위해 무슨 선물을 준비했니?

❽ 그는 그의 생일 선물로 무엇을 원하니, 컴퓨터니 아니면 자전거니?

❾ Why do you make a sad face?

❿ How much did you like the present?

⓫ When will they have a party?

⓬ What kind of food does he want?

⓭ When will we arrive at their house?

⓮ Which color do you like, blue or grey?

⓯ Which present do you like, the dress or the teddy bear?

⓰ Which language can you speak, Chinese or Japanese?

A ❶ can ❷ don't ❸ should ❹ How ❺ aren't ❻ What ❼ they ❽ can ❾ is ❿ a

B ❶ Stray dogs are everywhere, aren't they?

❷ How scary lions are!

❸ What a unique pattern zebras have!

❹ Koalas can sleep more than 15 hours a day, can't they?

❺ How beautiful the peacock's wings are!

❻ Simon has a big dog, doesn't he?

❼ What a fast race the cheetahs had!

❽ You are afraid of frogs and snakes, aren't you?

C ❶ don't → aren't　　❷ isn't → doesn't

❸ How → What　　❹ it → they

❺ What → How　　❻ she → he

❼ do → can　　❽ it → it is

❾ quietly → quiet　　❿ isn't → won't

D ❶ Hamsters have very soft fur, don't they?

❷ Animals can't use language, can they?
(또는 Animals can use language, can't they?)

❸ Sam takes care of stray dogs, doesn't he?

❹ The camels are drinking water, aren't they?
(또는 The camels aren't drinking water, are they?)

❺ What a tall giraffe we saw!

❻ How big the elephants are!

❼ What a good race the horses had!

❽ How large and dry the desert was!

E ❶ 너의 개는 나무 위에 올라갈 수 없어, 그렇지?

❷ 오늘 Mary는 금붕어들에게 먹이를 주지 않았어, 그렇지?

❸ 거북이는 수영을 잘해, 그렇지 않니?

❹ 우리는 그 늑대로부터 도망치면 안 돼, 그렇지?

❺ 너는 정말 귀여운 아기 고양이를 가졌구나!

❻ 그 알들은 얼마나 크고 딱딱했는지!

❼ 돼지들은 얼마나 좋은 후각을 가졌는가!

❽ 그 동물 이야기는 얼마나 재미있었는가!

❾ Dogs can't[cannot] jump up to a high place, can they?

⑩ You didn't[did not] water the plant during the holidays, did you?

⑪ Dolphins can help each other, can't they?

⑫ They are getting close to us, aren't they?

⑬ How big and scary the bear was!

⑭ How fresh those oranges are!

⑮ What a lovely puppy it is!

⑯ What a smart bird the parrot is!

Review Test 3 [07–09]　　p. 31

01 ⑤	02 ③	03 ②, ③

04 can't　　05 Don't[Do not]

06 Why　　07 Which, or

08 Whose hat is this?

09 How → What　　10 Let's, be, don't[do not], is

써먹기 문법 | 10　　pp. 32-34

A ❶ be[become]　❷ get　❸ tastes　❹ smells
　❺ looks　❻ sounds　❼ feel　❽ like
　❾ look　❿ Were

B ❶ The salmon doesn't[does not] look fresh.
　❷ Is it getting hot and sunny outside?
　❸ The fried chicken tasted yummy.
　❹ Suzy feels nervous before an exam.
　❺ You don't[do not] look very surprised at the news.
　❻ The steak smells fantastic.
　❼ Was your advice very helpful for Ms. Jung?
　❽ Mandy looks like a new person in that dress.

C ❶ nicely → nice　❷ looks → looks like
　❸ cools → cool　❹ greatly → great
　❺ Are → Do　❻ look → look like
　❼ salt → salty　❽ do → are
　❾ happily → happy　❿ well → good

D ❶ The sandwiches look fresh.
　❷ Jason didn't feel tired after cooking pizza.
　❸ Did the restaurant become popular?
　❹ It's getting warm outside.
　❺ The sauce won't become sticky in 30 minutes.
　❻ Is she feeling hungry during class?
　❼ She doesn't look nice today.

❽ Do the bagels look like donuts?

E ❶ 너는 이제 상태가 나아졌니?
　❷ 그 브라우니는 아이스크림과 함께 먹으면 맛이 더 좋다.
　❸ 일 년 중 이맘때 날씨가 더워진다.
　❹ 그 빵은 오븐에서 약간 갈색이 되었다.
　❺ 날이 어두워져서, 우리는 집으로 급히 갔다.
　❻ 그 흰 모자는 그녀에게 잘 어울린다!
　❼ 2주가 지나서 그 우유는 신맛이 날 것이다.
　❽ 프레첼은 뉴욕에서 인기를 얻게 되었다.
　❾ Did you feel excited about the cooking class?
　❿ This soup smells good.
　⑪ Why do you look down today?
　⑫ It didn't sound funny at all.
　⑬ You will feel better after eating chocolate.
　⑭ This food tastes salty but yummy.
　⑮ The dough will become bigger in two hours.
　⑯ This orange looks sour but tastes sweet.

써먹기 문법 | 11　　pp. 35-37

A ❶ gave　❷ to　❸ lent　❹ for　❺ showed
　❻ sent　❼ for　❽ of　❾ for　❿ pass

B ❶ Can you buy ice cream for me?
　❷ He will send you a text message soon.
　❸ I will make some sandwiches for you.
　❹ Ms. Choi teaches the seventh graders math.
　❺ My uncle gave a present to me.
　❻ Jina asked you some interesting questions.
　❼ Who lent that uniform to you?
　❽ Could you find me the key?

C ❶ to → for
　❷ an umbrella me → an umbrella to[for] me
　　(또는 me an umbrella)
　❸ of → to　❹ her mom → for her mom
　❺ your → you　❻ for → to
　❼ he → him　❽ of → to
　❾ me → for me　❿ for us → us

D ❶ Bob lent me 5 dollars yesterday.
　❷ Could you make me a hamburger?
　❸ We'll ask our science teacher some questions.
　❹ Did you write him a thank-you letter?
　❺ I'll send a text message to you this afternoon.
　❻ Who showed the way to the library to them?

⑦ The teacher asked an easy question of me.

⑧ Can you teach the Korean language to him?

E ① 그는 나에게 자신의 휴대용[노트북] 컴퓨터를 빌려주었다.

② 그 책들은 우리에게 중요한 메시지들을 준다.

③ 너의 삼촌은 네게 용돈을 주시니?

④ 너는 네 여동생[언니/누나]에게 선물을 사 줄 거니?

⑤ Ted는 내게 그 버스 정류장에 가는 길을 알려 주었다.

⑥ 그 선생님은 나에게 좋은 조언을 하나 해 주셨다.

⑦ 그들은 너에게 전화하거나 문자를 보내지 않을 것이다.

⑧ 너는 나에게 꽃을 한 다발 사 줄 수 있니?

⑨ Mr. Johns taught math to us last year.

⑩ Dad bought a piggy-bank for me.

⑪ Did you ask the same question of him?

⑫ You are[You're] out of money.

⑬ The woman gave a useful tip to us.

⑭ Mom won't[will not] give you an allowance.
(또는 Mom won't[will not] give an allowance to you.)

⑮ She will cook dinner for you today.

⑯ Could you bring me a glass of water?
(또는 Could you bring a glass of water to[for] me?)

써먹기 문법 | 12   pp. 38-40

A ① dirty　② make　③ Keep　④ call　⑤ named
⑥ open　⑦ happy　⑧ found　⑨ hero　⑩ you

B ① The novel didn't[did not] make the author famous all around the world.

② Does yoga make her relaxed?

③ The test result will make you happy.

④ I didn't[did not] find the story a little boring.

⑤ Will sound sleep make us refreshed?

⑥ They call their daughter "Baby."

⑦ Don't[Do not] leave the windows closed for a while.

⑧ Did your dad name you Carrie?

C ① opening → open　　② happily → happy
③ I → me　　④ be alone → alone
⑤ health → healthy　　⑥ she → her
⑦ interested → interesting　⑧ strongly → strong
⑨ freshly → fresh　　⑩ his → him

D ① Dancing to music makes us happy.

② I didn't find the movie boring.

③ My friends call my dog Little Genius.

④ This kind of food won't make you strong.

⑤ Will he keep the salad fresh for me?

⑥ Do people call running the perfect sport?

⑦ Does playing outside make the children happy?

⑧ Did you find the exercise dangerous?

E ① 나를 Sweaty라고 부르지마!

② 네 음식은 할머니를 기쁘게 해 드렸다.

③ 그 채소들을 시원하고 건조하게 유지해라.

④ 충분한 수면은 우리를 활기차게 만들어 줄 것이다.

⑤ 우리는 항상 손을 깨끗이 유지해야 한다.

⑥ 나는 그가 조금 화가 난 것을 알았다.

⑦ 저를 혼자 두지 마세요.

⑧ 수영을 하고 나서는 몸을 따뜻하게 유지해라.

⑨ My pet makes me happy.

⑩ I named my cat Mimi.

⑪ Don't keep the fruit warm.

⑫ A balanced diet makes people healthy.

⑬ Leave the windows open for a while.

⑭ I found the story mysterious.

⑮ The book made him famous all around the world.

⑯ We found the story a bit strange.

Review Test 4 [10-12]   p. 41

| 01 | ④ | 02 | ③, ⑤ | 03 | ②, ③ |

04 soft　　05 strange　　06 good[great] on
07 for　　08 I will keep the door open.
09 cheer → cheerful　　10 makes, makes, tasted, is

써먹기 문법 | 13   pp. 42-44

A ① making　② giving　③ Eating　④ minds
⑤ enjoys　⑥ cooking　⑦ Learning
⑧ using　⑨ sleeping　⑩ Experiencing

B ① My grandfather didn't[did not] give up learning English.

② Did the kids enjoy wearing Halloween costumes?

③ Mr. Jung minds eating food with his fingers.

④ Western people aren't[are not] familiar with using chopsticks.

⑤ Is taking off your hat inside good etiquette?

⑥ Hyera hates eating Chinese food.

⑦ Mike doesn't[does not] keep traveling across Europe.

⑧ Did Ella try speaking in Spanish?

C ❶ make → making　❷ eats → eating[to eat]
❸ Live → Living　❹ took → taking
❺ to learn → learning　❻ be → being
❼ collect → collecting[to collect]
❽ were → was　❾ to visit → visiting
❿ to travel → traveling

D ❶ Speaking in English is difficult for me.
❷ Is riding a horse a popular activity on the island?
(또는 Is riding a horse on the island a popular activity?)
❸ Dad didn't finish cooking dinner for the guests.
❹ Was walking around the palace an exciting activity?
❺ People will keep traveling to Europe.
❻ Did Clark give up walking to the old castle?
❼ Harry doesn't mind eating the food with his fingers.
❽ Are the foreigners familiar with sleeping in *hanok*?

E ❶ 외국인 친구를 사귀는 것은 흥미로운 일이다.
❷ 그들은 바닥에 앉는 것을 좋아하지 않는다.
❸ 그는 초밥 먹는 것을 싫어하니?
❹ Ben은 그의 신발을 벗는 것을 피했다.
❺ 한국을 방문한 것은 좋은 경험이었니?
❻ 한 가지 차이점은 서로 머리 숙여 절한다는 것이다.
❼ 들어가기 전에 노크를 하는 것은 규칙이다.
❽ 불고기와 같은 한국 음식을 먹은 것은 대단히 좋았다.
❾ She gave up studying it.
❿ He is[He's] not familiar with eating Korean food.
⑪ I hate eating[to eat] spicy food.
⑫ He doesn't[does not] mind speaking in English.
⑬ My hobby is learning[to learn] foreign languages.
⑭ Shaking one's head can have different meanings.
⑮ Using chopsticks at the table is hard for me.
⑯ The British are famous for drinking tea.

써먹기 문법 | 14
pp. 45-47

A ❶ to be[become]　❷ to find　❸ to do
❹ to visit　❺ to go　❻ to be[become]
❼ to study (또는 studying)
❽ to teach (또는 teaching)
❾ to move　❿ to achieve

B ❶ She doesn't[does not] try to follow her parents' advice.

❷ Does Rita wish to become a robot scientist?
❸ My teacher likes to learn about our interests.
❹ We don't[do not] wish to continue working with you.
❺ Should they plan to realize their dream first?
❻ Yuri started to drive after graduating from high school.
❼ We don't[do not] want to live and study abroad.
❽ I really hate to take tests at school.

C ❶ be → to be (또는 being)
❷ working → to work
❸ meeting → meet
❹ learn → to learn (또는 learning)
❺ doing → do
❻ write → to write (또는 writing)
❼ in → for
❽ followed → to follow (또는 following)
❾ to working → to work (또는 working)
❿ had → to have

D ❶ They tried to find their own interests.
❷ Do you want to become a car designer?
❸ He doesn't want to study abroad.
❹ Do you wish to realize your dream?
❺ The best way isn't to follow others' opinions.
❻ Did Somin plan to work for sick people?
❼ He hopes to get a job in the U.S.
❽ Does she hate to try new things?

E ❶ 그녀는 중국으로 이사를 갈 계획이니?
❷ 그녀는 사진작가가 되기를 희망한다.
❸ 그의 직업은 학생들에게 수학을 가르치는 것이다.
❹ 너는 다른 나라에서 공부하길 원하니?
❺ 네 꿈들에 대해서 생각하기 시작해라.
❻ 우리는 우리의 행동에 책임을 지려고 노력할 것이다.
❼ 나는 그 시험에서 나의 목표를 달성하길 희망한다.
❽ 보는 것이 믿는 것이다.
❾ They decided to move to Seoul.
❿ Try to think about the problem.
⑪ He doesn't[does not] want to go to university.
⑫ Fred hates to follow his father's advice.
⑬ They wish to realize their dreams.
⑭ We hope to go abroad after high school.
⑮ Our goal is to live a happy life.
⑯ Ron wants to know about space science.

A　❶ to take　❷ to make　❸ to share　❹ to protect
　❺ to say　❻ to gather　❼ to hear　❽ to reduce
　❾ to help　❿ to save

B　❶ People won't[will not] have fresh air to breathe.
　❷ Should we hold a meeting to discuss our problem?
　❸ Lizzie is picking up the garbage to clean the park.
　❹ The trucks didn't[did not] come to take the trash to the garbage dump.
　❺ Were you sad to see the dead elephant?
　❻ I am[I'm] taking actions to prevent wasting power.
　❼ You must not be an animal activist to behave in such a way.
　❽ Do they have a good plan to reduce air pollution?

C　❶ protecting → to protect　❷ sharing → share
　❸ reduces → reduce　❹ saving → to save
　❺ saving → save　❻ being → to be
　❼ saw → see　❽ uses → to use
　❾ reading → read　❿ make → to make

D　❶ They have clean water to drink.
　❷ Will we need clean air to breathe?
　❸ They can't find the way to recycle cans.
　❹ Did they take actions to remove smog from the air?
　❺ The animal doesn't have a place to live.
　❻ Should we do something to save the forest?
　❼ People picked up the garbage to clean the mountain.
　❽ Are there some rules to keep for our environment?

E　❶ 사람들은 미래에 사용할 물이 없을 것이다.
　❷ 너는 쓰레기를 줄이기 위한 생각들이 있니?
　❸ 그들은 그의 의견을 듣기 위해서 말하는 것을 멈췄다.
　❹ 우리가 우리 행성을 건강하게 지키기 위해 무엇을 해야 하나요?
　❺ 그 문제를 해결할 좋은 방법이 있다.
　❻ 그들은 돈을 벌기 위해 나무들을 베어 넘어뜨렸다.
　❼ 우리의 생각을 바꾸어야 할 때이다.
　❽ 그렇게 말하는 것을 보니, 그는 반장임이 틀림없다.
　❾ We can start[begin] recycling to save the Earth.
　❿ They were upset to hear the bad news.
　⓫ Do you have something to throw away now?
　⓬ Reduce your waste to keep our village clean.

⓭ It's time to protect the environment.
⓮ We are happy to solve the problem.
⓯ We need fresh air to breathe.
⓰ We had a meeting to discuss the pollution.

Review Test 5 [13-15]　　　p. 51

01 ②　**02** ④　**03** ③
04 setting　**05** to protect　**06** is
07 discussing　**08** I recycle paper to save trees.
09 of → for
10 living[to live], eating, using, Learning

A　❶ amazing　❷ worried　❸ broken　❹ burning
　❺ interested　❻ falling　❼ bored　❽ rising
　❾ annoying　❿ shocked

B　❶ Look at the crying boy.
　❷ We couldn't find out the unknown fact.
　❸ We were surprised at the news flash.
　❹ Watch out for the rushing car.
　❺ Can you read the directions written in English?
　❻ He was annoyed at the false alarm.
　❼ The broken branches fell across the roads.
　❽ I was amazed at the flood.

C　❶ tiring → tired　❷ cried → crying
　❸ stealing → stolen　❹ interesting → interested
　❺ bored → boring　❻ run → running
　❼ surprising → surprised　❽ freeze → frozen
　❾ shocked → shocking　❿ breaking → broken

D　❶ I found the stolen wallet.
　❷ I looked at the shining star.
　❸ We fell down on the frozen ground.
　❹ Watch out for the boiling water.
　❺ We were shocked at the earthquake.
　❻ I'm not very interested in his story.
　❼ We were amazed at the painting.
　❽ We are tired of waiting for a long time.

E　❶ 너는 그 깨진 창문을 보았니?
　❷ 그는 숨겨진 진실을 알아낼 수 있었다.
　❸ 우리는 그의 비밀을 알고 놀랐다.

④ 그녀는 그녀의 집에서 올라오는 연기를 보고 충격을 받았다.

⑤ 그들은 불타는 그 방 안으로 들어갔다.

⑥ 지붕에서 굴러떨어지는 저 물은 비가 틀림없다.

⑦ 너는 암호로 쓰인 그 소설을 읽을 수 있니?

⑧ 우리는 그 비행기 사고에 대해 걱정한다.

⑨ The crying child got lost on the street.

⑩ We were shocked to hear the news.

⑪ He went into the burning house to put out the fire.

⑫ We were annoyed because of the ringing alarm.

⑬ His phone call made us excited.

⑭ Who is driving the stolen car?

⑮ Did you fix your broken bicycle?

⑯ He read the letter written in Chinese.

써먹기 문법 | 17　　　　pp. 55-57

A ① greatest ② easier ③ smarter[more brilliant]
④ biggest ⑤ harder ⑥ worst
⑦ cheaper ⑧ best ⑨ tallest ⑩ longer

B ① Your computer isn't[is not] newer than mine.
② Is the Moon smaller than the Sun?
③ August isn't[is not] the hottest month of the year.
④ Was Einstein the most famous scientist in the world?
⑤ Watching a movie isn't[is not] much easier than reading a novel.
⑥ Is a digital world better than an analog one?
⑦ Emails aren't[are not] more useful than letters.
⑧ Is that the most beautiful building in Europe?

C ① better → best　　　② badder → worse
③ the powerfulest → the most powerful
④ famouser → more famous ⑤ much → more
⑥ beautifuler → more beautiful
⑦ smartest → the smartest ⑧ bigest → biggest
⑨ more high → higher
⑩ happyest → happiest

D ① The KTX runs faster than the subway.
② Grace finished the project earlier than you.
③ Your smartphone is more expensive than mine.
④ Sean's idea was better than Dana's.
⑤ Tyler is the smartest student in my school.
⑥ Danny is the most brilliant student in the class.

⑦ What is the most important thing in your life?

⑧ Dynamite could be the worst invention.

E ① 그의 그림들은 다른 것들보다 더 아름답다.
② 러시아는 세계에서 가장 큰 나라이다.
③ 그 강은 아마존 강보다 더 길지 않다.
④ 역사상 가장 위대한 발명품은 뭐니?
⑤ 나는 처음으로 최선을 다했다.
⑥ 홍콩과 싱가포르 중에 어느 곳이 더 나았니?
⑦ 스마트폰 덕분에 우리는 더 수월한 삶을 살 수 있다.
⑧ 그때가 우리의 일생에서 가장 행복한 시간이었다.
⑨ He is one of the most famous inventors.
⑩ Which do you like better between a book and a movie?
⑪ His light bulb was the most useful.
⑫ He studied harder than his friends.
⑬ He discovered the greatest thing ever.
⑭ What is the worst invention in history?
⑮ Bell didn't[did not] make the telephone earlier than Gray.
⑯ Thanks to elevators, we can go upstairs faster.

써먹기 문법 | 18　　　　pp. 58-60

A ① as fun[interesting] as ② More and more
③ as handsome as ④ twice
⑤ more popular ⑥ faster and faster
⑦ the better ⑧ as old as
⑨ The longer ⑩ hotter and hotter

B ① His voice is twice as loud as mine.
② They sold five times as many tickets as yesterday.
③ The score was much higher than we expected.
④ This activity is a lot harder than it looks.
⑤ We made three times as much money as you did.
⑥ The dancer looks even better than her picture.
⑦ Our food tastes ten times as delicious as your food.
⑧ The ticket price is far more expensive than last year.

C ① good → better　　　② bigger → big
③ more cold and cold → colder and colder
④ early → earlier　　　⑤ hot → hotter
⑥ more → much　　　⑦ loud → louder
⑧ than → as　　　　⑨ Much → More

ⓘ <u>better</u> → the better

D ❶ She is three times as old as the boy.

  ❷ The balloon isn't five times as big as yours.

  ❸ Is the number ten times as large as 10?

  ❹ They practiced much harder for the contest.

  ❺ Are their scores still higher than yours?

  ❻ The festival became far more popular than before.

  ❼ The stage wasn't much bigger than the room.

  ❽ Was the concert even better than the TV show?

E ❶ 시간은 바람처럼 빨리 지나간다.

  ❷ 그 티켓 가격은 막대 사탕 하나만큼 저렴했다.

  ❸ 우리는 어제의 두 배만큼 많은 음료를 팔았다.

  ❹ 음악이 더 빨라질수록, 그들은 더 빠르게 춤을 췄다.

  ❺ 그녀는 그 훌륭한 아이디어로 인해 점점 더 부자가 되었다.

  ❻ 점점 더 많은 방문객들이 축제에 모였다.

  ❼ 나는 다른 사람들보다 훨씬 빠르게 그 가수의 뒤를 쫓았다.

  ❽ 네가 더 많은 거짓말을 할수록, 더 적은 친구를 가진다.

  ❾ The weather became warmer and warmer.

  ⓾ It is three times as expensive as the movie ticket.

  ⑪ More and more students lined up.

  ⑫ We are much more confident at singing.

  ⑬ The place got more and more crowded with people.

  ⑭ My balloon is four times as big as yours.

  ⑮ The earlier you get up, the more things you can do.

  ⑯ The more you practice, the better you become.

Review Test 6 [16–18]   p. 61

| 01 ⑤ | 02 ③ | 03 ②, ④ |

04 shocking 05 greatest 06 between

07 amazed

08 The more you practice, the better you can do.

09 more fast → faster

10 worried, best, harder, highest

LISTENING Q

중학영어듣기 **모의고사 시리즈**

① 최신 기출을 분석한 유형별 공략

· 최근 출제되는 모든 유형별 문제 풀이 방법 제시
· 오답 함정과 정답 근거를 통해 문제 분석
· 꼭 알아두야 할 주요 어휘와 표현 정리

② 실전모의고사로 문제 풀이 감각 익히기

실전 모의고사 20회로 듣기 기본기를 다지고,
고난도 모의고사 4회로 최종 실력 점검까지!

③ 매 회 제공되는 받아쓰기 훈련 (딕테이션)

· 문제풀이에 중요한 단서가 되는
  핵심 어휘와 표현을 받아 적으면서 듣기 훈련!
· 듣기 발음 중 헷갈리는 발음에 대한 '리스닝 팁' 제공
· 교육부에서 지정한 '의사소통 기능 표현' 정리

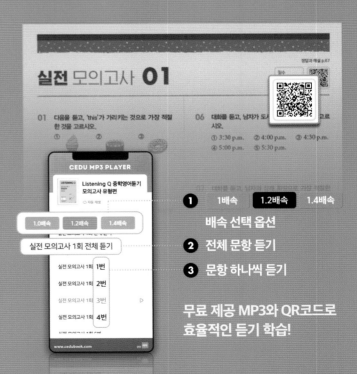

① 1배속 **1.2배속** 1.4배속
   배속 선택 옵션
② 전체 문항 듣기
③ 문항 하나씩 듣기

**무료 제공 MP3와 QR코드로
효율적인 듣기 학습!**

쎄듀 초등 커리큘럼

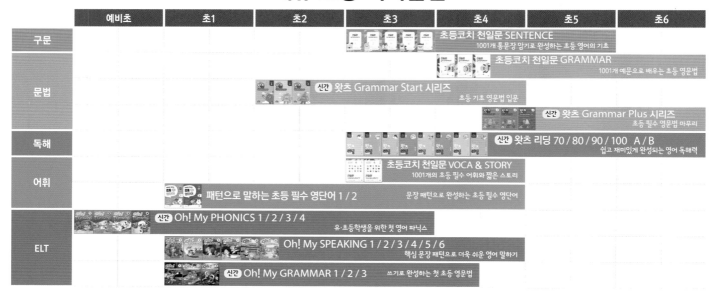

	예비초	초1	초2	초3	초4	초5	초6
구문				초등코치 천일문 SENTENCE 1001개 통문장 암기로 완성하는 초등 영어의 기초			
문법					초등코치 천일문 GRAMMAR 1001개 예문으로 배우는 초등 영문법		
문법			신간 왓츠 Grammar Start 시리즈 초등 기초 영문법 입문				
문법					신간 왓츠 Grammar Plus 시리즈 초등 필수 영문법 마무리		
독해				신간 왓츠 리딩 70 / 80 / 90 / 100 A / B 쉽고 재미있게 완성되는 영어 독해력			
어휘				초등코치 천일문 VOCA & STORY 1001개의 초등 필수 어휘와 짧은 스토리			
어휘		패턴으로 말하는 초등 필수 영단어 1 / 2 문장 패턴으로 완성하는 초등 필수 영단어					
ELT	신간 Oh! My PHONICS 1 / 2 / 3 / 4 유·초등학생을 위한 첫 영어 파닉스						
ELT		Oh! My SPEAKING 1 / 2 / 3 / 4 / 5 / 6 핵심 문장 패턴으로 더욱 쉬운 영어 말하기					
ELT		신간 Oh! My GRAMMAR 1 / 2 / 3 쓰기로 완성하는 첫 초등 영문법					

쎄듀 중등 커리큘럼

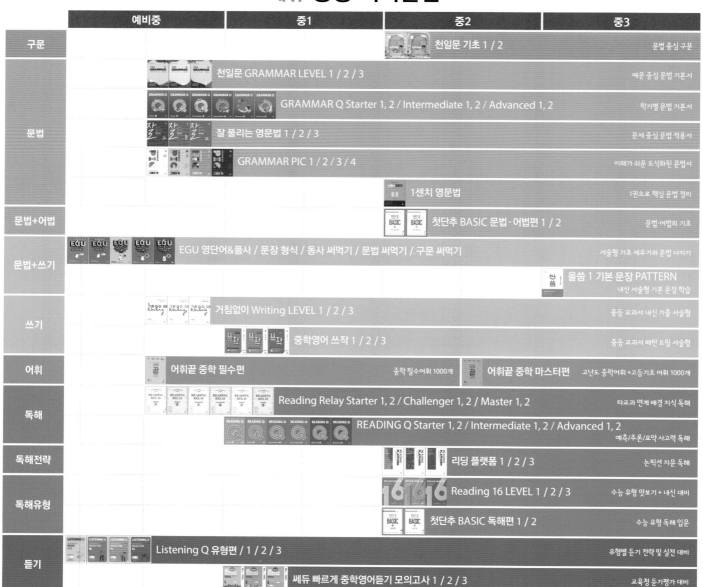

	예비중	중1	중2	중3
구문			천일문 기초 1 / 2	문법 중심 구문
문법	천일문 GRAMMAR LEVEL 1 / 2 / 3			예문 중심 문법 기본서
문법	GRAMMAR Q Starter 1, 2 / Intermediate 1, 2 / Advanced 1, 2			학기별 문법 기본서
문법	잘 풀리는 영문법 1 / 2 / 3			문제 중심 문법 적용서
문법	GRAMMAR PIC 1 / 2 / 3 / 4			이해가 쉬운 도식화된 문법서
문법			1센치 영문법	1권으로 핵심 문법 정리
문법+어법		첫단추 BASIC 문법·어법편 1 / 2		문법·어법의 기초
문법+쓰기	EGU 영단어&품사 / 문장 형식 / 동사 써먹기 / 문법 써먹기 / 구문 써먹기			서술형 기초 세우기와 문법 다지기
문법+쓰기			올씀 1 기본 문장 PATTERN	내신 서술형 기본 문장 학습
쓰기	거침없이 Writing LEVEL 1 / 2 / 3			중등 교과서 내신 기출 서술형
쓰기		중학영어 쓰작 1 / 2 / 3		중등 교과서 패턴 드릴 서술형
어휘	어휘끝 중학 필수편		중학 필수어휘 1000개 어휘끝 중학 마스터편	고난도 중학어휘 +고등기초 어휘 1000개
독해	Reading Relay Starter 1, 2 / Challenger 1, 2 / Master 1, 2			타교과 연계 배경 지식 독해
독해	READING Q Starter 1, 2 / Intermediate 1, 2 / Advanced 1, 2			예측/추론/요약 사고력 독해
독해전략			리딩 플랫폼 1 / 2 / 3	논픽션 지문 독해
독해유형			Reading 16 LEVEL 1 / 2 / 3	수능 유형 맛보기 + 내신 대비
독해유형			첫단추 BASIC 독해편 1 / 2	수능 유형 독해 입문
듣기	Listening Q 유형편 / 1 / 2 / 3			유형별 듣기 전략 및 실전 대비
듣기		쎄듀 빠르게 중학영어듣기 모의고사 1 / 2 / 3		교육청 듣기평가 대비